2018

宁夏反腐倡廉建设报告

《宁夏反腐倡廉建设报告（2018）》

执行主编　李保平

宁夏蓝皮书
BLUE BOOK OF NINGXIA

宁夏反腐倡廉建设报告

ANNUAL REPORT ON COMBATING CORRUPTION AND UPHOLDING INTEGRITY IN NINGXIA

（2018）

宁夏社会科学院 编

黄河出版传媒集团
宁夏人民出版社

图书在版编目(CIP)数据

宁夏反腐倡廉建设报告. 2018 / 宁夏社会科学院编.
—银川：宁夏人民出版社，2017.12
（宁夏蓝皮书）
ISBN 978-7-227-06851-8

Ⅰ. ①宁… Ⅱ. ①宁… Ⅲ. ①反腐倡廉—研究报告—宁夏—2018 Ⅳ. ①D630.9

中国版本图书馆 CIP 数据核字(2017)第 330218 号

宁夏蓝皮书
宁夏反腐倡廉建设报告(2018)　　宁夏社会科学院　编

责任编辑　杨敏媛
责任校对　管世献
封面设计　张　宁
责任印制　肖　艳

黄河出版传媒集团
宁夏人民出版社　出版发行

出 版 人　王杨宝
地　　址　宁夏银川市北京东路 139 号出版大厦(750001)
网　　址　http://www.nxpph.com　http://www.yrpubm.com
网上书店　http://shop126547358.taobao.com　http://www.hh-book.com
电子信箱　nxrmcbs@126.com　renminshe@yrpubm.com
邮购电话　0951-5019391　5052104
经　　销　全国新华书店
印刷装订　宁夏精捷彩色印务有限公司
印刷委托书号　(宁)0008161

开本　720 mm × 980 mm　1/16
印张　17　　字数　260 千字
版次　2018 年 1 月第 1 版
印次　2018 年 1 月第 1 次印刷
书号　ISBN 978-7-227-06851-8
定价　42.00 元

目　录

总　报　告

理论研究篇

专题工作篇

区域工作篇

亮点工作篇

调　研　篇

大　事　记

总报告
ZONG BAOGAO

2017年宁夏党风廉政建设和反腐败斗争形势总报告

李保平　张　勇

党的十八大以来，在以习近平同志为核心的党中央坚强领导下，党风廉政建设和反腐败工作取得重大成绩，立案审查省军级以上党员干部及其他中管干部440人。其中，十八届中央委员、候补委员43人，中央纪委委员9人。全国纪检监察机关共接受信访举报1218.6万件(次)，处置问题线索267.4万件，立案154.5万件，处分153.7万人，其中厅局级干部8900人，县处级干部6.3万人，涉嫌犯罪被移送司法机关处理5.8万人。2017年是全面从严治党的关键之年，也是宁夏反腐倡廉建设取得重大成就的一年。在中央纪委和自治区党委的坚强领导下，全区各级纪检监察机关深入贯彻党的十九大、十八届中央纪委七次全会和自治区第十二次党代会精神，持续用力改进作风，旗帜鲜明惩治腐败，实践运用监督执纪“四种形态”，着力解决群众身边不正之风和腐败问题，党风廉政建设和反腐败工作取得了新进展、新成效，全面从严治党不断向纵深推进。

一、2017年宁夏党风廉政建设和反腐败斗争基本情况

（一）强化责任担当，持续压紧压实“两个责任”

坚持党要管党、全面从严治党，加强领导，明确任务，主动作为，抓

作者简介　李保平，宁夏社科院社会学法学研究所研究员；张勇，自治区纪委办公厅综合处处长。

好落实。一是“一把手”负总责、亲自抓。自治区党委加强组织领导，持续传导压力，连续16年对全区落实党风廉政建设责任制情况进行检查考核，推动主体责任具体深入、落地生根。每年召开五市党委书记党建工作述职和述廉述责大会，由自治区党委常委分别进行点评，督促和推动主体责任落实。在全区推行主要领导干部向上级纪委述责述廉并接受评议制度，约谈区直部门、市、县（区）党委书记、纪委书记，加强对党政主要负责同志落实第一责任人情况的监督。二是对党风廉政建设和反腐败主要任务进行分解，明确工作标准和完成时限，督促各地各部门落实分工要求。抓好责任制检查考核，对存在的问题建立台账，督促整改，对单销号，形成抓落实的长效机制。三是认真落实《自治区党委关于推进全面从严治党若干问题的意见》，推动各地各部门建立全面从严治党责任清单、问题清单和问责清单，落实签字背书、全程纪实等制度，推动“两个责任”落到实处。四是认真贯彻《中国共产党问责条例》和自治区实施办法，对责任落实不力的严肃问责，全区查处落实“两个责任”不到位问题74起，问责处理131人，给予党纪政纪处分35人，组织处理96人，对4起典型问题公开通报曝光，推动失责必问、问责必严成为常态。五是发挥巡视利剑作用，圆满完成了上届党委巡视全覆盖任务，对巡视发现的问题认真梳理、即时反馈、紧盯整改，取得积极效果。新一届自治区党委认真学习贯彻新修订的《巡视工作条例》和《中央办公厅关于市县党委建立巡察制度的意见》，修订自治区巡视工作办法，制定五年巡视规划，出台《关于市县（区）党委建立巡察制度的实施意见》，全面推开并不断规范巡察工作，构建巡视巡察上下联动、整体推进的监督格局。完成第一轮对司法厅等8个单位的巡视，发现并推动解决党的领导弱化、党的建设缺失、全面从严治党不力等方面的问题86个，移交问题线索33件，其中涉及厅级干部9人、处级干部20人。

（二）严肃党内政治生活，严明政治纪律和政治规矩

一是切实履行党内监督专责机关职责，督促各级党组织认真执行党内政治生活若干准则，切实把严肃党内政治生活的主体责任扛起来，查找政治偏差，解决突出问题，维护好党内政治生态。严格落实述廉述责、约谈提醒、派员参加民主生活会等制度，加强对党员领导干部的监督，督促党员领导干部带头弘扬正气、抵制歪风邪气。二是紧紧围绕中央和自治区党委重大决策部署，加强监督检查，坚决纠正上有政策、下有对策，有令不行、有禁不止，各行其是、阳奉阴违等不守纪律、不讲规矩行为，对不作为、乱作为的严肃问责，对违法乱纪的坚决查处，以严明的纪律确保政令畅通。三是会同自治区党委组织部成立自治区第十二次党代会纪律监督组，组织全体代表签订《严格会风会纪承诺书》，集中观看警示教育片《警钟》《镜鉴》，加强会风会纪监督，坚决防止拉票贿选等违反换届纪律的行为，确保党代会风清气正。以自治区“两委”委员人选和出席党的十九大代表为重点，严把干部选任政治关、廉洁关，自治区纪委回复党风廉政意见征求函800人（次），坚决防止“带病提拔”“带病上岗”。

（三）驰而不息纠治“四风”，推动中央“八项规定”精神落地生根

一是着眼在坚持中深化、在深化中坚持，下发《关于进一步巩固深化“回头看”推进中央八项规定精神落实的通知》，聚焦“查漏洞”“抓死角”，强化对距离主管监督部门较远、平时关注较少、编制人数不多、财务相对独立的区属“小散远直”单位的督查，深挖细查隐形变异“四风”问题，推动反“四风”工作从面上纠治向纵深推进。自治区纪委先后组织4轮专项督查，发现各类问题139个，跟踪督办整改，目前已问责处理35人。二是坚持经常抓、抓经常，看住关键节点，聚焦“关键少数”，建立常态化工作机制，全区共查处违反中央“八项规定”精神问题206起，处理321人，给予党纪政纪处分238人，先后10次对39起典型问题公开通报曝光，持续释放监督执纪越往后越严的强烈信号。按照中央纪委统一部署，针对“四风”新动向，在全区开展公款购买消费高档白酒专项排查活动，发现问题4个，问责处理8人，把纠正“四风”问题往深里抓、实里做。三是坚决整治“为官不为”问题，对中央环保督察移交问题、银川市“1·05”公交车纵火案、石嘴山市林利煤矿“9·27”重大瓦斯爆炸事故和固原六盘山自然保护区狩猎场项目相关违纪人员严肃追究责任，引导党员干部进一步增强依法履职、为民尽责意识。

（四）坚持把纪律挺在前面，用好监督执纪“四种形态”

一是扎实推进“两学一做”学习教育常态化制度化，督促党员干部深入学习党章党规党纪，分期分批组织全区310个单位1.65万名党员干部到自治区廉政警示教育中心接受警示教育，对115名新提拔任用的区管干部进行集体廉政谈话，汇编违纪干部忏悔录和警示录，拍摄警示教育片，警示广大党员干部自觉遵规守纪。把党风廉政宣传纳入党委宣传工作格局，开展五年成就系列宣传报道，摄制三集电视专题片《只有进行时》，营造反腐倡廉良好舆论氛围。二是严格执行《自治区纪委机关谈话函询办法（试行）》，对苗头性、倾向性问题及时开展谈话提醒、约谈函询，让红脸出汗成为常态，对回复没有问题的按不低于30%的比例进行抽查，对不如实说明问题、隐瞒情况、欺骗组织的严肃处理。三是综合分析违纪行为情节性质、造成的后果影响、认错悔错态度以及配合组织审查等情况，给予恰当处分，确保错责相当、宽严相济，对严重违反党纪后知错、悔错、改错、态度诚恳的干部，依纪依规从轻处理。四是"四种形态"制度化建设取得成效，确保监督执纪有章可循。全区各市纪委积极探索"四种形态"在实践中的运用，出台了落实"四种形态"的实施办法或细则，明确了每一种形态的边界，有效保证了执纪监督的严肃性。

（五）坚定不移惩治腐败，巩固反腐败斗争压倒性态势

一是坚持有腐必反、有贪必肃，始终保持惩治腐败高压态势。2017年1—11月，全区纪检机关共受理信访举报5539件，处置问题线索5620件，初核4799件，立案2337件，处分2288人，分别比2016年同期上升7.7%、65.1%、68.3%、92.8%、91.5%。严肃查处了吴万俊、陈延、董锋、司继涛、叶铁强、张湧、张八五严重违纪案件，对杨银学、王永忠、许学民、周舒立案审查，持续强化不敢腐的氛围。二是严格执行监督执纪工作规则，保证执纪审查质量和安全。采取集中学习、举办讲座、讨论交流等多种形式，组织全区纪检监察干部认真学习监督执纪工作规则，力求学深学透、入脑入心。对现有执纪审查制度进行系统梳理，研究制定宁夏实施办法，健全完善内控机制，保证执纪审查质量，防止权力滥用。认真贯彻全国执纪审查安全工作电视电话会议精神，严格落实安全工作责任制，层层签订安全责任书，对全区纪检监察机关执纪审查安全工作进行专项检查，排查安全隐患，堵塞管理漏洞，坚决守住不发生安全事故的底线。三是坚持追防并举、重在防控原则，扎实开展“天网行动”，进一步完善人员监管、证照管理、边境管控、资金监控、应急处置等措施，织密防逃网络，2017 年追回外逃人员 7 名。四是深入贯彻中央纪委扶贫领域监督执纪问责工作电视电话会议精神，大力解决群众身边不正之风和腐败问题。聚焦脱贫攻坚、农村集体“三资”管理、惠农资金等领域，在全区开展查处涉农扶贫领域腐败问题专项行动，严肃查处骗取冒领、截留挪用、优亲厚友、吃拿卡要、挥霍浪费、监守自盗等六个方面的突出问题，坚决纠正以形式主义、官僚主义对待扶贫工作、做表面文章等问题，为打赢脱贫攻坚战提供坚强保障。全区共查处侵害群众利益的不正之风和腐败问题 590 个，处理 828 人，给予党纪政纪处分 726 人，移送司法机关 20 人，先后 11 次对 24 起典型问题公开通报曝光。

（六）强化巡视巡察工作，推动党风廉政建设持续深入

巡视巡察是党内监督的重要制度安排，也是党风廉政建设的制度创新，对强化党的领导、纠正“四风”、查处腐败发挥了巡视利剑作用。2016 年，宁夏完成一届任期内巡视全覆盖，并积极开展市县巡查工作。2017 年，新一轮巡视工作已经开展，市县巡查工作取得明显成效。2016 以来巡视的 62 个地方、部门(单位)党组织，共发现“四个意识”不强、学习贯彻中央精神不深入等违反党的政治纪律、政治规矩方面的问题 137 个，“政治体检”的作用越来越明显。银川市将全市划分为 9 个片区，规定了专项巡察、突出问题巡察、驻点巡察、述职点评、暗访巡察等 5 种巡察方式。中卫市针对媒体反映腾格里沙漠污染问题，对市工业园区污水处理提升改造工程等 3 个项目开展了专项巡察。固原市把巡察与党风廉政建设重点工作督促检查相结合，以开展落实“两个责任”专项检查、财务管理专项检查、整治和查处侵害群众利益的不正之风等为抓手，开展巡察工作。通过开展巡察，层层传导压力，把管党治党意识树了起来，把纪律规矩挺了起来，既增强了基层党组织和党员干部全面从严治党的紧迫感和廉洁用权的自觉性，又进一步强化了党的领导，密切了党群干群关系，厚植了党的执政基础。

（七）大力整治微腐败，为脱贫攻坚提供坚强保障，增强人民群众获得感

随着精准扶贫工作的深入开展，基层腐败问题成为侵害群众利益的重要方面，十八大以来，全国纪检监察机关共处分村党支部书记、村委会主任27.8万人，数量之大，前所未有。加大基层腐败治理，坚决遏制农村扶贫领域贪污挪用、截留私分、优亲厚友、虚报冒领、雁过拔毛、强占掠夺等问题，是2017年宁夏各级纪检监察机关工作的重心。2017年，固原市纪委以民政资金和危窑危房改造补助资金为重点，共排查清理涉农扶贫领域问题线索428件，查处159起，处理党员干部200人，其中，党纪处分179人，组织处理27人，通报涉农腐败问题13期44起66人。与2016年相比，查处侵害群众利益腐败案件上升了105%，处理干部人数上升了97%，群众对整治基层腐败满意度达96%。吴忠市把基层涉农领域腐败问题的查处工作作为全面从严治党向基层延伸的重大举措，采取市县联动方式，精准发力开展涉农扶贫领域专项巡察。成立三个巡察组，分别由市纪委监察局班子成员任组长，重点对扶贫、农牧、园林、民政、水务等关联单位落实中央涉农扶贫工作方针政策和自治区、市委重大决策部署、开展涉农扶贫领域腐败问题专项查处行动推进、项目和资金监管使用、问题线索处置等情况进行巡察。巡察了12个市直部门(单位)、5个县(市、区)、10个县（市、区）直部门、5个乡镇，延伸巡察35个村，共受理信访举报89个，发现问题267个，梳理移交问题线索88个。截至2017年11月，立案20件，给予党纪政纪处分29人。

（八）坚持不懈加强自身建设，打造忠诚干净担当的干部队伍

十八届中央纪律检查委员会向中国共产党第十九次全国代表大会的工作报告指出，党中央高度重视纪检监察队伍建设，要求解决“谁来监督纪委”问题，防止灯下黑。2017年，自治区纪委高度重视自身建设，采取多种办法提高政治站位，强化政治担当。

1. 高度重视常委会自身建设。扎实开展“两学一做”学习教育，落实常态化制度化要求，树牢“四个意识”，始终在思想上政治上行动上同以习近平同志为核心的党中央保持高度一致。顺利完成自治区纪委换届，制定出台加强常委会自身建设的意见和议事规则，切实提高新一届纪委常委会思想政治水平和领导能力。

2. 扎实推进体制机制改革。坚决贯彻执行《中国共产党纪律检查机关监督执纪工作规则(试行)》，把纪委的权力关进制度的笼子。出台《派驻机构工作考核办法（试行)》，明确考核内容、考核方式、评价因素和奖励措施，督促指导派驻机构认真履行职责。积极推进监察体制改革试点工作，自治区党委切实担负起主体责任，成立由党委书记任组长的自治区改革试点工作小组，研究制订改革方案，召开改革试点工作会议进行动员部署。自治区纪委发挥专责作用，成立委厅机关工作机构，加强与自治区人大、检察院等涉改部门的沟通协调，形成推进改革合力；摸清涉改部门基本情况，协同推进解决改革问题，做实做通做细涉改人员思想工作，为推开监察体制改革试点工作夯实基础；建立工作小组及其办公室领导同志联系指导市、县(区）改革试点工作制度，对市县监察体制改革试点工作进行督查指导，及时协调处理推进中的问题，改革试点工作进展顺利。杨晓渡同志到宁夏调研时，对宁夏改革试点工作给予了充分肯定。

3. 加强干部教育培训。依托中央纪委监察部“一院两中心”和自治区党校等培训机构，培训纪检监察干部 1218 人次，干部队伍素质能力进一步提升。加大干部上下内外交流力度，从基层遴选、选调 39 名优秀年轻干部充实到委厅机关和派驻机构，交流使用干部 22 人次，进一步充实力量，优化干部队伍结构。

4. 强化内部监督管理。认真落实机关内部党建工作责任，加强经常性思想政治教育，把教育管理抓在日常，把纪律规矩严在平时。加强正面激励，深化机关文明创建，自治区纪委在连续 14 年被命名为自治区文明单位的基础上，2017 年被评为“全国文明单位”。对纪检监察干部违纪违法行为零容忍，严肃查处了自治区纪委第三纪检监察室原主任陶友谊等违纪问题，彰显了刀刃向内“清理门户”的坚强决心，用铁的纪律打造过硬队伍。

5. 加强基层纪委特别是乡镇纪委建设，充分发挥乡镇纪委在治理微腐败中的作用。乡镇纪委是监督执纪的末梢，也是监督执纪的薄弱环节。人员不齐，“两个责任”落实不力，多年没有办案记录，缺少办案经验，人员不齐等是乡镇纪委多年存在的问题。2017 年，宁夏加大乡镇纪委建设步伐，在基础设施、人员配备、考核管理方面做了大量工作，发挥了乡镇纪委的作用。2017 年，石嘴山市在全区率先实现乡镇纪委书记由县(区)纪委单列考核的工作机制，吴忠市纪委加大乡镇纪委基础设施建设，配齐人员编制，实现了乡镇纪委办案数量的快速增长。2017 年石嘴山市 20 个乡镇共立案 58 件，处分 32 人，率先在全区实现了所有乡镇执纪审查全覆盖。

二、宁夏党风廉政建设和反腐败工作面临的新形势、新任务和新挑战

全面从严治党永远在路上。在党的十九大报告中，习近平总书记指出，腐败是我们党面临的最大威胁。当前反腐败斗争形势依然严峻复杂，巩固压倒性态势、夺取压倒性胜利的决心必须坚如磐石。要坚持无禁区、全覆盖、零容忍，坚持重遏制、强高压、长震慑，坚持行贿受贿一起查，坚决防止党内形成利益集团。习近平总书记讲话集中阐明了新时代我们党和国家反腐败工作面临的新形势和新任务，对宁夏开展党风廉政建设和反腐败工作具有重要的指导意义。

（一）宁夏党风廉政建设和反腐败工作面临的新形势

1. 坚持全面从严治党成为新时代坚持和发展中国特色社会主义的基本方略，释放了党要管党、从严治党、监督执纪越来越严的强烈信号。随着党的十九大胜利召开，中国特色社会主义进入新时代，我国社会基本矛盾发生变化，人民群众对美好生活的向往与不平衡不充分发展之间的矛盾构成新时代社会的重要矛盾。人民群众对美好生活的向往就包含干部清正、政府清廉、政治清明，加强党风廉政建设和反腐败工作就是顺应人民群众对美好生活的向往，是一项长期必须坚持的工作。人民群众对美好生活的向往与党风廉政建设和反腐败工作不平衡不充分之间的矛盾是宁夏纪检监察机关在新时代面临的新课题。正如十八届中央纪律检查委员会向中国共产党第十九次全国代表大会的工作报告所指出的，党要团结带领人民进行伟大斗争，推进伟大事业，实现伟大梦想，就必须毫不动摇坚持和完善党的领导，毫不动摇推进新时代党的建设伟大工程。党风廉政建设和反腐败

斗争不存在缓口气、歇歇脚，全面从严治党永远在路上。

2. 党风廉政建设和反腐败斗争形势依然严峻复杂。党的十九大报告对当前反腐形势做了准确分析研判，指出反腐败斗争压倒性态势已经形成并巩固发展，但当前反腐败斗争形势依然严峻复杂，巩固压倒性态势、夺取压倒性胜利的决心必须坚如磐石。在强大的压力下，近年来宁夏“四风”问题有所好转，一些官员的作风做派有所收敛，但“四风”问题穿隐身衣、戴遮阳伞的情况仍然存在，甚至在一些地方有进一步加剧的趋势。近日，习近平总书记就新华社一篇《形式主义、官僚主义新表现值得警惕》的文章作出重要批示，指出，文章反映的情况，看似新表现，实则老问题，再次表明“四风”问题具有顽固性反复性。纠正“四风”不能止步，作风建设永远在路上。“四风”问题易发多发高发，治理难度大，稍有松懈就会出现反弹，建立整治“四风”的长效机制，彻底刹住“四风”，树立良好的社会风气，我们还有许多工作要做。在中共十八届四中全会第二次全体会议上，习近平总书记指出，党的十八大以后，我们面临的反腐败斗争形势复杂严峻，一些领域腐败现象易发多发，一些腐败分子一意孤行，仍然没有收手，甚至变本加厉。从 2017 年宁夏查处的腐败分子层级和数量看，总书记对反腐形势的判断非常准确，在宁夏一些地区、一些领域、一些部门，腐败现象屡禁不绝，前腐后继，甚至集体性发生腐败，用严峻复杂形容一点都不为过。

3. 宁夏党风廉政建设和反腐败工作还存在一些薄弱环节。一是有的党组织责任意识不强，落实主体责任不力，管党治党不严不实，对党员干部的日常管理监督抓得不紧。二是反腐败斗争形势依然严峻复杂，有的干部心存侥幸、顶风违纪，不收敛、不收手，重点领域和关键环节腐败问题易发多发；基层干部违纪违法、侵害群众利益问题比较严重，套取、挪用、贪污、截留国家专项资金和惠民资金案件时有发生，减少腐败存量、遏制腐败增量任务艰巨。三是有的单位和干部落实中央“八项规定”精神不严，违规发放津补贴、公款吃喝、大操大办婚丧事宜借机敛财、收受礼品等问题屡禁不止，“四风”问题高压之下花样翻新、潜入地下，作风建设依然任重道远。四是有的纪检监察机关不敢担当、不愿监督，少数纪检监察干部能力不强、作风不实、律己不严，甚至执纪违纪。基层乡镇纪委工作开展不平衡，有些市县对乡镇纪委建设高度重视，乡镇纪委书记“三转”、人员、办公场所配置工作开展较好，有些市县对乡镇纪委工作重视不够，乡镇纪委书记分管其他工作、乡镇纪委工作人员兼职现象不同程度存在，乡镇纪委人员素质参差不齐，影响了乡镇纪委作用的发挥。

（二）宁夏党风廉政建设和反腐败工作面临的新任务

1. 系统学习十九大报告，深刻领会新时代党风廉政建设和反腐败工作的重要意义，用习近平新时代中国特色社会主义思想武装头脑，指导反腐实践。党的十九大是在全面决胜小康社会的关键时刻召开的一次重要会议，会议确立了习近平新时代中国特色社会主义思想，明确进入新时代，我国社会主要矛盾已经转化为人民日益增长的美好生活需要和不平衡不充分的发展之间的矛盾，提出了新时代党的基本路线、基本理论和基本方略。特别是在党的十九大报告中，用较大篇幅对坚持全面从严治党，不断提高党的执政能力和领导水平进行了全面的论述和规划，是我们下一阶段加强党风廉政建设和反腐败工作的纲领性文件，用习近平新时代中国特色社会主义思想武装头脑，全面贯彻十九大精神，落实十九大的工作部署，是宁夏各级纪检监察机构面临的最为紧迫的任务。

2. 夯实“两个责任”，解决“两个责任”落实不到位和层层递减问题。落实党风廉政建设责任制，党委负主体责任，纪委负监督责任，“两个责任”是管党治党的“牛鼻子”工程，只有全面落实“两个责任”，形成一级抓一级，层层传导压力的局面，才能形成反腐合力，推动党风廉政建设迈上新台阶。就宁夏而言，各级党委纪委就落实“两个责任”做了大量工作，但还不同程度存在重经济建设轻党建工作、重开会布置轻日常监管的问题，一些党委主要领导对主体责任认识不深，理解不透，以抓经济社会建设为由，在落实上存在不实、不细的问题，一些基层纪委既承担监督责任又承担主体责任的现象时有发生，导致“两个责任”落实存在层层递减现象，这也是基层腐败高发频发的重要原因。抓住管党治党的“牛鼻子”，以强有力问责推动落实主体责任和监督责任，仍然是宁夏党风廉政建设和反腐败工作在新时代面临的重要任务。

3. 进一步健全党内监督和国家监督体系，让权力在阳光下运行。习近平总书记在党的十九大报告中指出，要加强对权力运行的制约和监督，让人民监督权力，让权力在阳光下运行，把权力关进制度的笼子。强化自上而下的组织监督，改进自下而上的民主监督，发挥同级相互监督作用，加强对党员领导干部的日常管理监督。深化政治巡视，坚持发现问题、形成震慑不动摇，建立巡查上下联动的监督网，深化国家监察体制改革，实现对所有行使公权力的公职人员监察全覆盖，改革审计管理体制，完善统计体制。构建党统一指挥、全面覆盖、权威高效的监督体制，把党内监督同国家机关监督、民主监督、司法监督、群众监督、舆论监督贯通起来，增强监督合力。十九大报告关于构建党和国家监察体系的论述对宁夏改革完善纪检监察体制具有重要的指导意义。从宁夏纪检监察体制运行状况看，改进自下而上的民主监督、发挥同级监督的作用明显不够，巡视巡查工作发挥了强大的震慑作用，但如何根据巡视巡查对象实际和工作特点，开展巡视巡查工作，使巡视巡查工作更加接地气，既解决群众身边的腐败问题，又避免一刀切带来的负面效应，是宁夏巡视巡查工作在新时期的新任务。按照中央要求，监察体制改革试点工作将在全国推开，积极推进监察体制改革，成立区、市、县(区)三级监察委员会，实现对所有行使公权力的国家工作人员监察全覆盖，是宁夏2018年纪检监察工作的中心任务。

4. 在各市县(区)制度建设实践的基础上，强化制度统一性，制定执纪监督的标准，防止监督执纪标准碎片化，影响监督执纪的公信力。党的十八大以来，宁夏各地纪检监察机关按照中央纪委和自治区党委要求，先后制定出台了许多制度规范，对规范执纪监督发挥了重要作用。但与此同时，也出现了一些问题，主要表现为监督执纪标准碎片化，导致相同的案件处理结果因人因地有较大差异。以监督执纪“四种形态”为例，宁夏各市基本都制定了落实“四种形态”的实施办法或细则，但对“四种形态”的适用对象规定却不统一，实践中存在本来应该重处分的却被轻处分，该追究法律责任的却被以其他党纪政纪处分代替，造成监督执纪的严肃性受到不同程度影响。宁夏是一个小省，各地差异不大，建立统一的监督执纪规范体系和制度体系，既有利于对违规违纪形成震慑，也有利于维护党内法规的权威和纪检监察机关的公信力。

(三)宁夏党风廉政建设和反腐败工作面临的新挑战

1. 党风廉政建设和反腐败斗争形势依然严峻复杂，巩固压倒性态势任务繁重。在党的十九大报告中，习近平总书记指出，经过五年努力，全面从严治党成效显著，不敢腐的目标初步实现，不能腐的笼子越扎越牢，不想腐的堤坝正在构筑，反腐败斗争压倒性态势已经形成并巩固发展。这是以习近平同志为核心的党中央审时度势，对我国腐败形势做出的最新判断。与此同时，十九大报告对党风廉政建设和反腐败斗争的长期性、复杂性也有清醒的认识。指出要深刻认识党面临的执政考验、改革开放考验、市场经济考验、外部环境考验的长期性和复杂性，深刻认识党面临的精神懈怠危险、能力不足危险、脱离群众危险、消极腐败危险的尖锐性和严峻性。虽然反腐败斗争压倒性态势已经形成并巩固发展，但夺取反腐败斗争压倒性胜利还需假以时日，腐败蔓延的势头得到有效遏制，但反腐败斗争形势依然严峻复杂，巩固压倒性态势、夺取压倒性胜利的决心必须坚如磐石。为掌握全国贯彻落实中央“八项规定”精神情况，中央纪委在31个省、自治区、直辖市和新疆生产建设兵团、139个中央和国家机关、102个中央企

全国查处违反中央八项规定精神问题汇总表
(2017年以来，截至7月31日)

内容	项目	总计	级别				类别								
			省部级	地厅级	县处级	乡科级	违规公款吃喝	公款国内旅游	公款出国境旅游	违规配备使用公务用车	楼堂馆所违规问题	违规发放津补贴或福利	违规收送礼品礼盒	大办婚丧喜庆	其他
2017年7月份	查处问题数	4342	2	77	447	3816	532	218	17	864	145	1012	814	458	282
	处理人数	6184	2	89	549	5544	846	427	28	1041	179	1567	1088	555	453
	给予党政纪处分人数	4320	2	51	393	3874	570	312	25	630	98	1131	853	447	254
2017年以来	查处问题数	25106	6	395	2746	21959	3023	1195	95	5153	830	5729	4532	2956	1593
	处理人数	35399	6	498	3512	31383	4942	2117	161	6534	971	8942	5673	3476	2583
	给予党政纪处分人数	24364	6	302	2326	21730	3536	1537	127	3430	524	6571	4491	2633	1515
备注	“其他”问题包括：提供或接受超标准接待、接受或用公款参与高消费娱乐健身活动、违规出入私人会所、领导干部住房违规问题。														

数据来源：中央纪委党风政风监督室　　　　中央纪委监察部网站 制作

业、15 个中央金融企业建立了落实中央“八项规定”精神情况月报制度。截至 2017 年 7 月 31 日，全国查处违反中央“八项规定”精神问题情况如图，由此可以看出全国范围内违反中央“八项规定”情况和发展态势。

2017 年，宁夏党风廉政建设和反腐败斗争取得较大成绩，立案审查重要岗位正厅级干部数量在宁夏历史上是空前的，基层腐败得到有效治理，群众满意度不断提升。但同时我们也要清醒地看到，腐败存量大，增量下降趋势不明显，一些资源富集部门、关键岗位腐败现象仍有发生，基层腐败基数大，反弹度高，治理难度大。2017 年 1—9 月份，银川市纪委立案 401 件，石嘴山市纪委立案 220 件，吴忠市纪委立案 370 件，固原市纪委立案 263 件，中卫市纪委立案 189 件，与 2016 年同期相比均有较大幅度增加。以固原市为例，2017 年 1—8 月份，全市受理信访举报 409 件、处置问题线索 644 件、立案 263 件、结案 209 件、给予党政纪处分 207 人，同比分别上升 11%、70%、93%、67%和 67%。从案件发生层级看，虽然大量案件多集中于村级，但也有不少案件发生在资源、权力富集部门，基本建设、土地出让、征地拆迁、招标投标、商品(服务)采购等领域腐败案件高发多发，治理腐败任重而道远。

2. 腐败问题和政治问题相互交织，培植个人势力，形成利益共同体的现象不同程度存在。腐败问题本身就是政治问题，腐败侵蚀党的肌体，损坏党的形象，给党和人民的事业带来严重伤害。同时，腐败也是党员领导干部政治意识、规则意识、敬畏意识、宗旨意识不强的表现。在党的十九大报告中，习近平总书记指出，要尊崇党章，严格执行新形势下党内政治生活若干准则，增强党内政治生活的政治性、时代性、原则性、战斗性，自觉抵制商品交换原则对党内生活的侵蚀，营造风清气正的良好政治生态。坚决防止党内形成利益集团。一般来讲，腐败问题和政治问题相互交织主要有两种表现，一种是利益输送，利用职权给特定关系人谋取利益；一种是用人中的腐败现象，如买官卖官、利用影响力安插亲信、培植个人势力等。党的十八大以来，随着党风廉政建设和反腐败斗争的深入推进，宁夏的政治生态有了明显的好转，但腐败问题和政治问题相互交织的现象还没有从根本上得到根除，特别是在干部选拔使用上还存在许多瓶颈问题，一些品质好、工作业绩突出的干部因无法进入领导、组织视野而长期得不到提拔重用，影响了其干事创业的积极性。

3. *基层腐败形势依然严峻，解决人民群众身边的腐败问题，让人民群众有获得感还有许多工作要做。*党的十九大报告指出，凡是群众反映强烈的问题都要严肃认真对待，凡是损害群众利益的行为都要坚决纠正。微腐败是人民群众身边的腐败，也是人民群众最为痛恨的行为，必须要下大力气惩治。近年来，宁夏各级纪检监察机关利用制度+科技，加大基层腐败治理力度，取得了明显成效。但基层腐败治理成本高，难度大，虽历经整治，腐败蔓延的势头得到遏制，但腐败增量仍有上升趋势。据不完全统计，2014 年 1—11 月，全区纪检监察机关受理信访举报 5649 件（次），初核 1818 件，立案 718 件，处分 684 人，分别比 2013 年同期上升 48.08%、52.01%、40.51%、35.18%；2015 年 1—10 月，全区纪检监察机关共受理信访举报件 5250 件（次），初核 1724 件，立案 705 件，处分 625 人，分别比 2014 年同期下降 7.06%，上升 14.32%、15%、10.8%，其中自治区纪委监察厅受理信访件 2367 件、初核 40 件、立案 24 件、处分 23 人，分别比 2014 年同期下降 9.04%，上升 122.22%、71.42%、35.29%。2016 年全区纪检监察机关受理信访举报 5710 件(次)，初核 3072 件，立案 1277 件，处分 1245 人，分别比 2015 年下降 10.3%，上升 47.1%、43.3%、46.6%，其中自治区纪委监察厅受理信访 2221 件、初核 65 件、立案 17 件、处分 21 人。可以看出，除受理数有所下降外、初核、立案、处分均持续上升，而这些案件 90%左右发生在基层特别是村一级，说明基层腐败治理仍然是我们面临的一项重要任务。

4. *监察体制改革过程中许多问题与困难需要解决。*2017 年 10 月 18 日习近平总书记在中国共产党第十九次全国人民代表大会报告中指出：“深化国家监察体制改革，将试点工作在全国推开，组建国家、省、市、县监察委员会，同党的纪律检查机关合署办公，实现对所有行使公权力的公职人员监察全覆盖。制定国家监察法，依法赋予监察委员会职责权限和调查手段，用‘留置’取代‘两规’措施。改革审计管理体制，完善统计体制。构建党统一领导、全面覆盖、权威高效的监督体系，把党内监督同国家机关监督、民主监督、司法监督、群众监督、舆论监督贯通起来，增强监督合力。”2017年11月4日第十二届全国人民代表大会常务委员会第三十次会议讨论通过了《关于在全国各地推开国家监察体制改革试点工作的决定》，对全国各省市监察体制改革制定时间表和路线图，明确各级监察委员会机构及成员设立和产生方式、监察委员会工作职责和权限等内容，标志着监察体制改革即将在全国全面铺开。十九大后，宁夏积极贯彻落实中央关于监察体制改革的决定，部署改革任务，明确责任分工，改革工作推进顺利。2017年12月22日，宁夏首家县级监察委员会——贺兰县监察委员会成立，12月25日，石嘴山市大武口区、惠农区、平罗县监察委员会正式挂牌成立，标志着宁夏监察体制改革迈出了实质性步伐。监察体制改革是我国政治体制改革的重大举措，牵一发而动全身，需要做大量细致的工作，远非挂牌这么简单。借鉴试点地区经验，做好组织机构、制度规范建设，合理配置监察权，关注转隶人员思想动态和合理诉求，是宁夏顺利推进监察体制改革的重要条件。

三、对2018年宁夏党风廉政建设和反腐败工作的政策建议及展望

以十九大精神和习近平新时代中国特色社会主义思想为指引，不忘初心、牢记使命，以更加坚决的态度、更加有力的措施，坚定不移推动全面从严治党向纵深发展，夺取反腐败斗争压倒性胜利，为实现经济繁荣、民族团结、环境优美、人民富裕，与全国同步建成全面小康社会的目标提供坚强纪律保证。

（一）深入学习贯彻党的十九大精神，推动全面从严治党不断向纵深发展

扎实开展以学习实践习近平新时代中国特色社会主义思想为重点的“不忘初心、牢记使命”主题教育，在学懂、弄通、做实上下工夫，学出更加坚定的信仰信念、更加强烈的责任担当、更加纯粹的忠诚和觉悟。按照十九大新部署新要求，忠诚履行党章赋予的监督执纪问责职责，敢于动真碰硬，把管党治党的螺丝拧得更紧，以更加科学、更加严密、更加有效的思路举措推动全面从严治党不断向纵深发展。

（二）把政治建设摆在首位，坚决维护党中央权威和党的集中统一领导

自觉把纪检监察工作置于中央和自治区党委领导之下，坚决维护以习近平同志为核心的党中央权威和党的集中统一领导。加强对党内政治生活若干准则、党内监督条例执行情况的监督检查，督促各级党组织把严肃党内政治生活这项全面从严治党的根本性基础工作抓深抓实，让批评和自我批评成为党内生活的常态。加强对党的十九大精神贯彻落实和党章党规执行情况的监督检查，严明政治纪律和政治规矩，用严明的纪律确保政令畅通。

（三）持之以恒正风肃纪，营造风清气正的良好政治生态

坚决贯彻习近平总书记关于进一步纠正“四风”、加强作风建设重要批示精神，深化“四风”整治，不断巩固和拓展落实中央“八项规定”精神成果，推动党风政风全面好转。全面加强纪律建设，督促各级党委（党组）把“四种形态”用在日常，形成常态化监督，实现防线前移、防患未然。严把选人用人政治关、廉洁关，用严明的纪律监督党员领导干部知敬畏、存戒惧、守底线。

（四）标本兼治深化全面从严治党，夺取反腐败斗争压倒性胜利

坚持无禁区、全覆盖、零容忍，坚持重遏制、强高压、长震慑，坚持受贿行贿一起查，重点查处不收敛不收手，问题线索反映集中、群众反映强烈，现在重要岗位而且可能还要提拔使用的领导干部，向全社会释放反腐败力度不减、节奏不变的强烈信号。紧紧围绕打赢脱贫攻坚战，深入开展扶贫领域腐败和作风问题专项治理，坚决纠正和查处侵害群众利益的不正之风和腐败问题，增强人民群众获得感。深化标本兼治，形成不敢腐的持续威慑，扎牢不能腐的制度笼子，增强不想腐的思想自觉。

（五）深入推进体制机制改革，打造让党放心、人民信赖的铁军

积极稳妥推进监察体制改革试点工作，组建区市县三级监察委员会，完成机构设置和人员转隶，实现对所有行使公权力的公职人员监察全覆盖。加强与司法执法机关在职务犯罪案件查办工作中的沟通协作，形成高效顺畅的体制机制。优化内设机构，建立完善执纪监督、审查调查、案件监督管理、案件审理相互协调、相互制约的工作机制，使党内监督和国家监察的职责全面融合。深化政治巡视巡察，构建上下联动的监督网。落实“打铁必须自身硬”要求，认真贯彻执行监督执纪工作规则，以更高标准、更严要求教育管理监督纪检监察干部，打造忠诚干净担当的干部队伍。

（六）2018年宁夏党风廉政建设和反腐败斗争形势展望

2018年，是全面落实党的十九大精神的第一年，也是落实自治区十二次党代会战略部署的开局之年和全面建成小康社会的关键之年。在以习近平同志为核心的党中央和自治区党委的坚强领导下，宁夏党风廉政建设和反腐败斗争将会取得新的成绩，成为维护社会公平正义和社会稳定，推进宁夏经济社会发展的重要保障。

以党的十九大精神为指引，针对宁夏党风廉政建设和反腐败工作薄弱环节，补齐短板，解决反腐倡廉工作不平衡不充分问题，推进全面从严治党向纵深发展，持续释放监督执纪越来越严的强烈信号。

进一步加大整治“四风”和打击腐败力度，保持打虎拍蝇的节奏不变、力度不减，充分发挥巡视巡察的利剑作用，完善实施巡视巡察“回头看”，对违纪违规形成长震慑。着力解决群众身边的腐败问题和用人中的不正之风，构建科学的干部选拔任用制度，改革不符合新时代要求的制度规范，打造良好政治生态。

完善制度机制，加强自治区级监督执纪的规范化建设，保持纪律和规矩的统一性、标准化，使监督执纪“四种形态”有制度规范和机制保障，提高监督执纪的质量和实效，避免走过场和形式主义。

扎实推进监察体制改革，区、市、县（区）三级监察委员会将全部建成，通过制度、规范、机制建设，保证监察体制改革取得成功，充分发挥监察委员会的作用，使各级监察委员会成为党统一领导的国家反腐败机构。

（注：本报告参考了本书有关报告内容和相关新闻报道，特此说明。）

理论研究篇

LILUN YANJIU PIAN

试点省(市)监察体制改革基本经验及对宁夏推进监察体制改革的启示

李保平　张宏彩

2017 年 11 月 5 日，新华社播发了长篇综述，以“积极探索实践，形成宝贵经验，国家监察体制改革试点取得实效”为题，对北京、山西、浙江三省(市)监察体制改革试点工作成绩和重要经验进行系统总结，对我们完整准确了解监察体制改革试点工作、指导监察体制改革向全国推开有着重要意义。

一、改革开放以来国家监察体制发展与改革的历程

(一) 改革开放至党的十八大之前我国监察体制建设的基本情况

我国的监察体制包括党内监督体制、司法监督体制和行政监督体制三部分。中国共产党是执政党，国家监察体制与中国共产党党内监督制度的建立具有重要的联系。1978 年十一届三中全会后，为了汲取“文化大革命”教训，党中央及时恢复了党内监督体制，成立了党的各级纪律检查委员会；1979 年五届人大二次会议通过了《中华人民共和国人民检察院组织法》，明确规定人民检察院是国家的法律监督机关，1995 年后，各级检察机关陆续成立反贪污贿赂局，行使打击贪污贿赂的职责；1986 年 12 月 2

作者简介　李保平，宁夏社科院社会学法学研究所研究员；张宏彩，宁夏社科院社会学法学研究所实习研究员。

日，六届人大第十八次会议通过了“关于设立中华人民共和国监察部的决定”，恢复并确立了国家行政监察体制。1993 年 1 月，根据中共中央、国务院的决定，中央纪委、监察部开始合署办公，实行“一套工作机构，履行党的纪律检查和行政监督两项职能”。2005 年，十届人大常委会审议批准了《联合国反腐败公约》，为履行公约，推进预防腐败工作，2007 年，党中央、国务院决定成立国家预防腐败局，成为国家监察体制的重要组成部分。

（二）党的十八大以来监察体制的重大改革

改革开放以来我国建立了较为完整的监察体制，对打击和预防职务犯罪、保障人权发挥了重要的作用。但同时我们也看到，原有的体制是规模扩张型的，反腐败机构较多且分属不同部门，职能交叉重复，监督力量分散，呈现“九龙治水而水不治”的现象。腐败现象并没有因为反腐机构的增加而减少，相反，从 20 世纪 90 年代到 21 世纪初，腐败现象多发高发，已经严重侵蚀党的肌体，影响到党的执政地位和社会的和谐稳定。机构设置多，腐败案件也呈水涨船高之势，说明我们的反腐败体制、机制存在一定的问题。改革原有的监察体制势在必行。党的十八大以来，国家监察体制改革首先从党内监督体制开始，在领导体制上，提出“两个为主”，即查办腐败案件以上级纪委领导为主，线索处置和案件查办在向同级党委报告的同时必须向上级纪委报告；各级纪委书记、副书记的提名和考察以上级纪委会同组织部门为主；深化“三转”，聚焦主责主业，人员机构向办案一线倾斜，增加监督执纪力量；落实“两个责任”，夯实党委的主体责任和纪委的监督责任，解决了“双重领导”导致的对同级党委监督不力的问题。制定党内法规，完善法律制度规范，先后制定了《中国共产党纪律处分条例》《中国共产党廉洁自律准则》《中国共产党党内监督条例》《中国共产党问责条例》《关于新形势下党内政治生活的若干准则》，修改了《中华人民共和国刑法》《中华人民共和国刑事诉讼法》，为监督执纪和打击职务犯罪提供了坚实的规范保障。

上述改革只是党内监督体制机制的改革，并没有触及整个国家监察体制改革问题。为建立集中、统一、高效的国家监察体制，十八届六中全会明确指出要建设廉洁政治，坚决反对腐败。作为加强和规范党内政治生活的重要任务，必须筑牢拒腐防变的思想防线和制度防线，着力构建不敢腐、不能腐、不想腐的体制机制。2016 年 11 月，中共中央办公厅印发《关于在北京市、山西省、浙江省开展国家监察体制改革试点方案》，部署在三省（市）设立各级监察委员会，从体制、机制、制度建设上先行先试，探索实践，为在全国推开积累经验。2016 年 12 月 25 日十二届全国人大常委会 25 次会议正式作出《关于在北京市、山西省、浙江省开展国家监察体制改革试点工作的决定》，就机构设置、管理权限、法律适用等问题做出了明确的规定。2017 年 6 月 23 日，全国人大常委会法制工作委员会协同配合中央纪委机关，在深入调查研究、认真总结监察体制改革试点地区实践经验的基础上，拟定了《中华人民共和国监察法(草案)》(以下简称《监察法(草案)》)并向全国征求意见。2017 年 10 月 18 日习近平总书记在中国共产党第十九次全国人民代表大会报告中指出："深化国家监察体制改革，将试点工作在全国推开，组建国家、省、市、县监察委员会，同党的纪律检查机关合署办公，实现对所有行使公权力的公职人员监察全覆盖。制定国家监察法，依法赋予监察委员会职责权限和调查手段，用"留置"取代"两规"措施。改革审计管理体制，完善统计体制。构建党统一领导、全面覆盖、权威高效的监督体系，把党内监督同国家机关监督、民主监督、司法监督、群众监督、舆论监督贯通起来，增强监督合力"①。2017 年 11 月 4 日第十二届全国人民代表大会常务委员会第三十次会议讨论通过了《关于在全国各地推开国家监察体制改革试点工作的决定》，对全国各省市监察体制改革制定时间表和路线图，明确各级监察委员会机构及成员设立和产生方式、监察委员会工作职责和权限等内容，标志着监察体制改革即将在全国全面铺开。

二、试点地区监察体制改革的主要做法

（一）试点地区监察体制改革试点的主要内容

依据中共中央《关于在北京市、山西省、浙江省开展国家监察体制改革

①习近平总书记在中国共产党第十九次全国人民代表大会上的讲话。

试点方案》和中共中央《关于在全国各地推开国家监察体制改革试点方案》的规定，监察体制试点改革的主要内容包括：

(1) 在北京市、山西省、浙江省及所辖县、市、市辖区设立监察委员会，行使监察职权。监察委员会与各级纪委合署办公，实行“两块牌子，一套人马”。

(2) 试点地区人民政府监察厅（局）、预防腐败局及人民检察院查处贪污贿赂、失职渎职以及预防职务犯罪等部门的相关职能整合到监察委员会。

(3) 试点地区监察委员会由本级人民代表大会产生，监察委员会主任由本级人民代表大会选举产生，监察委员会副主任、委员由监察委员会主任提请本级人民代表大会常务委员会任免。监察委员会对本级人民代表大会及其常委会和上一级监察委员会负责并接受监督。

(4) 试点地区监察委员会按照管理权限，对本地区所有行使公权力的公职人员依法实施监察，履行监督、调查、处置责任，可以采取谈话、讯问、询问、查询、冻结、调取、查封、扣押、搜查、勘验检查、鉴定、留置等12项措施。按照《监察法(草案)》的规定，监察委员会将对包括党的机关、人大机关、行政机关、政协机关、监察机关、审判机关、检察机关、民主党派和工商联机关的公务员及参照《中华人民共和国公务员法》管理的人员；法律、法规授权或者受国家机关依法委托管理公共事务的组织中从事公务的人员；国有企业管理人员；公办的教育、科研、文化、医疗卫生、体育等单位中从事管理的人员；基层群众性自治组织中从事集体事务管理的人员，其他依法履行公职的人员等六类人员进行监察，实现了对所有公职人员的全覆盖。

(5) 在北京市、山西省、浙江省暂时调整或暂时停止使用《中华人民共和国行政监察法》《中华人民共和国刑事诉讼法》第3条、第18条、第148条以及第二编第二章第十一节关于检察机关对直接受理的案件进行侦查的有关规定，《中华人民共和国人民检察院组织法》第5条2款，《中华人民共和国检察官法》第6条3项，《中华人民共和国地方各级人民代表大会和地方各级人民政府组织法》第59条第5项关于县级以上的地方各级人民政府管理本行政区域内的监察工作的规定。其他法律中规定由行政监察机关行使的监察职责，一并调整由监察委员会行使。

(6) 2017年11月，中共中央制定了《关于在全国各地推开国家监察体制改革试点方案》，11月4日，十二届全国人民代表大会常务委员会第三十次会议通过《全国人民代表大会常务委员会关于在全国各地推开国家监察体制改革试点工作的决定》(以下简称《决定》)，监察体制改革开始在全国推开。全国人大常委会的《决定》对监察委员会的设立及其产生、监察对象及监察委员会的职权和措施、暂时调整或者暂时停止适用有关法律的规定等事项作出规定，与2016年12月十二届全国人大常委会第二十五次会议通过的《关于在北京市、山西省、浙江省开展国家监察体制改革试点工作的决定》基本一致。

(二) 试点地区监察体制改革的主要做法

监察体制改革遵循试点地区先行先试、积累经验，然后向全国推广的路径。经过一年的探索实践，试点省(市)在党中央领导和中央纪委指导下，试点工作全面完成，取得显著成绩，也积累了宝贵经验。

(1) 成立省、市、县(区)三级监察体制改革领导小组，全面组织指导监察体制改革工作，充分发挥试点地区党委负主责、纪委负专责的“施工队”作用。党中央把深化国家监察体制改革作为事关全局的重大政治体制改革，构建党统一领导的国家反腐败机构，加强党和国家的自我监督，是我国反腐败体制和制度建设的重大变革。三个试点省(市)党委高度重视，成立了省(市)级监察体制改革领导小组，全面领导监察体制改革工作，为监察体制改革提供了坚强组织保证。

(2) 按照中共中央办公厅印发《关于在北京市、山西省、浙江省开展国家监察体制改革试点方案》要求，通过系统学习，准确把握中央监察体制改革精神实质，制定省(市)、市、县(区)三级监察体制改革方案，明确监察体制改革基本框架、具体步骤以及时间表、路线图，为指导监察体制改革提供基本遵循和行动指南。

(3) 制定与监察体制改革相配套的制度规范体系和运行机制，包括监察机构设置、人员分配安置、监察权行使规则及实施细则、监察权与司法权、监察权与人权保护有效衔接机制、监察权监督等，保证了监察工作有效运行，为监察体制改革和开展监察工作打下牢固的制度基础和机制保障。

(4) 对参与监察体制改革相关人员进行专门培训，提升政治业务素质，为顺利推进改革创造条件。监察体制改革是一项政治性、专业性、责任性很强的工作，做好监察体制改革，需要大批懂政治、懂业务的专业干部，强化对参与改革干部学习培训，是三省(市)监察体制改革的普遍做法。

(5) 做好转隶人员思想政治工作，坚持把思想政治工作做在前面，通过组织学习、领导谈话等形式，切实提高涉改人员政治站位和政治觉悟，解决转隶人员思想困惑，消除转隶人员思想顾虑，为监察体制改革创造和谐氛围。

三、发达国家和地区监察体制建设经验及其启示

(一) 发达国家和地区的监察制度与监察体制

1. 我国香港地区监察体制建设经验借鉴。香港在20世纪也曾经历了腐败严重的发展阶段，后经过不断整治，香港的廉洁指数在国际机构排名中不断上升，成为全球相对廉洁的地区之一。在香港的反腐败制度建设中，廉政公署的成立具有重要的意义。根据《香港特别行政区基本法》《廉政公署条例》的相关规定，香港廉政公署是专门的反腐机构，廉政专员直接向香港行政长官负责。其职能部门分为：负责贪污腐败案件侦查的执行处、负责审查各政府部门和机构工作的防贪处、负责教育和争取公众支持反腐倡廉的社区关系处。这种监察体制下监察机构权力高度独立，监察机构职责设置明确，加之廉政公署具有广泛的侦查权，其反腐效率十分高效，反腐败工作成绩受到世界瞩目。虽然目前香港并没有完全消除腐败，但至少腐败已经不是香港社会面临的主要问题，香港的反腐经验值得我们借鉴。

2. 美国监察体制建设经验借鉴。根据美国1978年《监察长法》规定，美国各个联邦机构和部门中均设立独立的监察长办公室，该办公室属于政府内部的监察反贪机构，国家监察长是由总统任命，参议院批准，具体职责包括：对政府行政项目审计、对滥用职权的行政行为调查，监察长向国会提供工作报告。另外美国1978年的《政府道德法案》通过后，设立了政府道

德署，主要负责预防腐败工作，具体实施各行政部门廉政监督，提供廉政职业教育和培训以及法律法规咨询工作，行政长官由总统任命和参议院确认，涉及腐败犯罪案件该机构无权侦查，直接将其报告给司法机关①。这是一种隶属于行政部门的监察机构，其体制和机制权力来源高度集中于总统和参议院，是一种行政机构和部门自我监督的体制。

3. 韩国监察体制建设经验借鉴。韩国监察体制建设值得一提的是，2008 年 2 月成立了韩国公民权益委员会，并于 2009 年 1 月修订了《公民权益委员会法》。该委员会的前身是韩国监察使、韩国反腐败独立委员会和韩国行政审判委员会，这三个机构早前也是由总统或总理领导的独立机构，但是随着韩国经济的发展以及民主制度的建立，韩国政府和国民普遍要求把维护公民权益与反腐败结合起来，从制度层面上解决国民对政府行为的监督，于是建立这样一个保护公民权益与根除腐败，建立清廉政府的机构②。

4. 新加坡监察体制建设经验借鉴。在新加坡，其《宪法》和《预防贪污法》规定，反贪污调查局直接隶属于总理公署，局长由总统提名任命，受总理直接领导，对总理负责。反贪污调查局设立调查部、信息处理及支援部、行政部三个机构，各机构职责明确具体。值得借鉴的是新加坡一贯推崇公职人员道德教育理念，其道德教育从孩子抓起，新加坡公民从小就接受明礼守法光荣、贪赃枉法可耻的教育，公务人员在任职当天需写《宣誓书》承诺遵守公务员的法律法规和职业道德，这对于防止新加坡公务人员职业过程中出现贪污腐败行为起着非常重要的作用，新加坡公务人员职业起始就建立了一道勤政守法的道德底线。

（二）发达国家监察体制与制度设计对中国的启示

积极汲取人类文明的治理成果，是完善中国特色社会主义制度的重要方面，腐败是人类社会共同的敌人，一些国家和地区经过长期的实践，积累了丰富的反腐败经验，形成了行之有效的制度机制，是构建中国特色社

---

①王晓霞:《职务犯罪侦查制度比较研究——以侦查权的优化配置为视角》，中国检察出版社,2008 年,第 75 页。

②余澄:《韩国国家廉政治理体系建设的经验及启示》，社会科学前沿,2017 年，第 6 期,第 422 页。

会主义监察体制的重要参考。

1. 建立相对独立、集中统一领导的反腐败机构是世界许多国家反腐败制度设计的普遍做法。独立性是反腐机构的重要特征，也是反腐败机构权威性、高效率的来源。纵观世界不同国家和地区的反腐败机构，凡是运行高效、成果丰硕的，独立性是其重要特征，不管是对总统负责还是对议会负责，总之，只对一人或一个机构负责。当然，反腐机构的独立性也是相对的，不受控制的权力是不存在的，加强对反腐机构的外部制约，包括社会舆论监督，也是世界发达国家的一致做法。

2. 注重惩戒与预防相结合，指导教育市场法人和公民积极预防腐败是反腐机构的一项重要职责。以香港廉政公署为例，笔者 2016 年 4 月考察香港廉政公署时，发现廉政公署除打击职务犯罪外，还有一个专门负责审查各政府部门和机构工作的防贪处、负责教育和争取公众支持反腐倡廉的社区关系处。从介绍的情况看，廉署防贪处和社区关系处的官员经常深入企业社区，具体指导如何预防腐败，通过审核企业和社会组织管理制度、财务制度，对企业预防腐败给出具体指导建议。同时，通过社区宣传、交流、沟通，赢得社会对反腐败的理解与支持。

3. 打击职务犯罪与保护人权相结合是世界各国的通行做法，在打击犯罪过程中非常重视人的权利保护。打击职务犯罪，是反腐败机构的重要职责，在打击犯罪的同时，依法保护人权，也是许多国家反腐败机构的一项重要责任和义务。笔者在香港廉署考察期间，专门了解了他们办案的具体过程。廉署在传讯职务犯罪嫌疑人时，除廉署调查官员、职务犯罪嫌疑人外，也为嫌疑人的私人律师或者专门为嫌疑人聘请的律师设置了坐席，形成了廉署官员、嫌疑人、律师三方在场会见调查的格局，没有律师在场，嫌疑人可以拒绝回答提问。律师在场权有效保证了嫌疑人的合法权益，也避免了刑讯逼供、诱供等侵犯人权的事件发生。

4. 在加大职务犯罪打击力度的同时，重视道德教育的作用。以前我们一直以为，重视道德教育是中国特色，实际上，从世界各国反腐败实践看，重视教育特别是通过道德教育，减少腐败发生是许多国家的通行做法。1978 年美国《政府道德法案》通过后，设立了政府道德署，主要负责预防腐败工作，对政府官员进行道德教育是其重要职责。当然，西方的道德教育从形式到内容与我国的道德教育有较大区别，我国重视道德教育，是我们传统文化影响的结果，而西方国家重视道德教育，可能更多的是从成本收益角度考虑。打击腐败固然重要，但预防腐败则更为经济有效，且有利于维护正常的社会关系，这也是许多国家重视道德教育并将其作为反腐败机构一项重要职责的原因。

5. 通过一系列制度设计，保障公职人员的合法权益，鼓励公职人员廉洁从政。公职人员也是人，他们也有正常人的需求，也有正常人都有的一些人性缺点，如爱慕虚荣、追逐名利等。如何依据实际，制定符合人性需求的制度规范，保障公职人员的基本权利，是世界许多国家一直在做的一项重要工作。既重视打击职务犯罪，也重视公务人员权益保障，是目前许多国家的普遍做法。在这方面，新加坡的做法有一定的参考价值。新加坡通过公务员高薪和一整套奖励制度，包括退休待遇，有效保障了公务人员的后顾之忧，为廉洁从政创造了重要条件。高薪未必养廉，但低薪一定会造成腐败丛生。清廉的社会风气形成需要多重因素共同发力，重视公职人员的权益保障只是其中一个方面，不能因为社会上一些高薪官员落马而否认公职人员权益保障的价值和作用。

四、试点省(市)监察体制改革对宁夏的启示

结合试点地区的经验，我们认为，推进宁夏监察体制改革应重点关注以下几个方面的工作。

(一) 设立自治区、市、县(区)监察体制改革领导小组，为监察体制改革提供坚强组织保证

监察体制改革领导小组统筹规划、指导协调是推进监察体制改革顺利实施的重要保障。在监察体制改革过程中，除整合涉及改革机构人员外，还涉及组织人事、人员编制、经费保障等问题，监察权实施过程中还存在与司法权、公安机关侦查技术衔接配套等环节，这些问题需要监察体制改革领导小组作出具体决策。成立各级监察体制改革领导小组特别是自治区级监察体制改革领导小组，配好配强组成人员，优化人员结构，是监察体

制改革顺利推进的重要条件。

（二）要把制定高质量监察体制改革方案当作头等大事来抓，做好顶层设计

从试点地区经验看，注重制定科学、规范、高质量的省、市、县（区）三级监察体制改革方案是推进监察体制改革的基础工程。中共中央《关于在全国各地推开国家监察体制改革试点方案》是监察体制改革的顶层设计，要把中央监察体制改革意图贯彻落实到位，还需结合宁夏实际，制定科学、规范、高效的监察体制改革方案。其中，制定自治区级监察体制改革方案尤为重要。通过自治区级监察体制改革方案，可以对全区市、县(区)监察体制改革产生标杆效应。同时，自治区监察体制改革领导小组要加大对各市、县(区)监察体制改革方案指导审定，保证改革统一性，使改革上下一致，不偏离正确轨道。

（三）要高度重视监察体制改革中相关制度、机制建设，为监察体制改革顺利推进和监察业务开展提供制度和机制保障

制定相应制度规范和运行机制是监察体制改革取得实效的关键，只有科学的制度规范和机制，才能保证改革不变形、不走样，达到预期目的。从试点地区经验看，制度、机制建设是全面落实监察体制改革任务的重要保障。山西省始终把“建章立制”贯穿改革全过程，先后制定“山西省纪委监委机关执纪监督监察工作试行办法”“山西省纪委监委机关审查措施使用规范”“执纪监督监察工作流程图”“执纪监督监察常用文书”等制度规范，保证监察体制改革有效推进。北京市先后制定“北京市监察委员会工作规则（试行）”“调查措施使用规范”“监督执纪工作常用文书”“北京市纪委监委机关执纪监督工作暂行办法”等相关文件，逐一规范监察委员会12项措施的审批流程，为监督、调查、处置职能履行提供依据和遵循。浙江省制定出台“浙江省监察业务运行工作规程”，涵盖监察范围、监察职责、监察权限、监察程序、监督管理等内容，根据工作需要，浙江省还制定“浙江省监察留置措施操作指南”“关于对说情、过问实行记录、报告制度”等制度规范，保障监察工作有效开展。

（四）要强化监察体制改革调研，积极吸收试点地区成功做法和经验，通过强化人员培训和增强培训实效，为监察体制改革提供坚实的人力资源保障

监察体制改革是一项复杂系统工程，需要高度的政治责任感和扎实的专业知识，需要熟悉监察业务，懂政策、懂党内法规、懂法律、懂实务的人来实施。因此，在推进监察体制改革过程中，要把参与制定相关规范人员调研培训工作作为监察体制改革的中心工作来抓，通过实地考察、专家解读、组织学习等形式，增强对监察体制改革认识，加深对监察体制改革理解，形成改革共识。

（五）要高度关注监察体制改革中涉改人员合理利益诉求

机构合并也是人员合并，制定科学转隶人员工作分配方案，发挥每个人的优势和特长，使他们感到有地位，有发展空间，尽快实现由物理整合到化学融合的转变，是监察体制改革取得成效的关键。思想政治工作不仅要注重畅通“主动脉”，提高政治意识，也要关注“毛细血管”，以人为本，切忌单纯空谈说教，要照顾到涉改人员的合理诉求。浙江省监察委在机构整合后，将检察院转隶人员与原纪委人员混编后统一调配，确保机构合理、人岗相适。监察委领导通过谈心、座谈等形式，定期开展思想交流，着力推进业务融合、感情融合，增强机关干部特别是转隶人员认同感和归属感；北京市委责成政法委牵头、市检察院具体负责，全面深入了解干部思想状况，针对转隶干部思想波动，主动开展谈心谈话，确保干部队伍思想稳定。市委组织部以及市编办、市财政局等有关部门主动配合，深入研究解决改革涉及的机构编制、干部配备、经费保障等问题。在部门人员配置上，不管是纪检监察室还是综合部门，各室既有纪委干部也有检察院转隶干部，职务安排充分考虑到每个人性格、专业、特长等因素，加快从整合到融合转变；山西省把加强思想政治工作始终作为监察体制改革头等大事来抓，省委领导多次明确，在同步推进司法体制改革中，不影响转隶人员薪酬待遇等政策落实，打消转隶人员思想顾虑。同时，山西省按照“人岗相适、因事择人、结构搭配”原则，对检察院与纪委干部作出整合安排，调动大家干事创业积极性。

新时代开启全面从严治党新征程的实践与思考

王福生

党的十九大指出：经过长期努力，中国特色社会主义进入了新时代，这是我国发展的新的历史方位。站在新的历史方位，实现伟大梦想，进行伟大斗争，推进伟大事业，必须建设伟大工程，坚持全面从严治党永远在路上，深入推进反腐败斗争，在十八大以来取得卓著成效的基础上开启全面从严治党新征程。

一、推进全面从严治党新征程的战略思想措施不断完善创新

十九大站在时代新起点，立足新实践，创造性地提出了一系列重大理论观点、重大战略思想、重大工作部署，明确了党和国家发展的新的历史方位、前进方向、战略思想、目标任务、具体措施和工作要求，把“推进全面从严治党”作为新时代中国特色社会主义思想基本方略重要内容，明确提出继续推进全面从严治党的新要求。

我们党历来注重战略目标的规划和实现，从党的奋斗最终目标实现共产主义，到改革开放之初提出“三步走”战略目标，到十八大报告提出“两个一百年”目标及之后不久提出的“中国梦”，到十九大提出的从2020年到本世纪中叶的“两个阶段”宏伟蓝图和战略安排，充分体现了我们党

作者简介　王福生，自治区纪委政策法规研究室主任。

的战略思维能力和统筹谋划水平。党的十八大以来，以习近平同志为核心的党中央，敏锐把握我国经济社会发展的阶段特征和历史变化，科学分析党和国家事业发展面临的机遇和挑战，生动描绘了实现中华民族伟大复兴中国梦的宏伟蓝图，提出了“五位一体”的总体布局和“四个全面”战略布局，对治国理政进行顶层设计规划，并以分别召开一次中央全会对“四个全面”进行具体部署。特别是基于对反腐败斗争形势“依然严峻复杂”的科学判断，提出了一系列新思想、新要求、新举措，作出了一系列重大决策部署，开辟了“四个全面”战略布局下全面从严治党新航向新路径。

（一）全面从严治党战略思想不断完善

党中央深刻把握历史规律，顺应时代党的建设要求，十九大从“党要管党、从严治党”再出发，提出“党要管党、全面从严治党”，这一战略思想具有重大理论意义和极强现实针对性。在全面从严治党战略顶层设计的谋划中，始终贯彻“全面从严治党永远在路上”思路要求，构建科学的战略体系。从提出实现干部清正、政府清廉、政治清明的“三清”目标，到确立反腐败“不敢腐、不能腐、不想腐”三不机制，战略目标逐步清晰。抓思想教育这个根本、抓严明纪律这个关键、抓选人用人这个导向、用好组织生活这个经常性手段、抓继承和创新这两个关键环节，以及完善党内监督体系、形成党内外监督合力、以党的领导机关和“关键少数”为重点对象等一系列新要求，把这些新思想新要求固化为战略、思想和制度，全面从严治党顶层设计不断完善，为深入推进全面从严治党提供了重要遵循。

（二）全面从严治党战略措施科学高效

着力正风反腐，保持反腐败高压态势，“零容忍”惩治腐败，有效运用“四种形态”。持之以恒整治“四风”，着力解决作风问题。严格党内政治生活，逐步实现风清气正的政治生态。严明党的纪律，着力解决组织涣散、纪律松弛问题。完善法规制度建设，着力解决制度缺失和执行不力等问题。连续开展群众路线教育实践活动、“三严三实”专题教育和“两学一做”学习教育，见人见事，注重实效。坚持领导带头、以上率下，从中央做起，传递新风，给人信心。注重源头防腐治本，全面深化改革，解决深层次的体制机制问题，最大限度杜绝权力寻租。加快推进体制机制创新和制度保障，深化纪律检查体制改革，实现纪委派驻纪检机构全覆盖，巡视监督全覆盖，纪检机关更加聚焦监督执纪问责主业。推进监察体制改革试点，建立国家监察监督体系，不断完善全面从严治党和反腐败体制机制。一系列“组合拳”有章法、有节奏，形成全面从严的合力。

二、全面从严治党取得的卓著成效为新征程奠定了坚实基础

（一）全面从严治党实现从“宽松软”到“严紧硬”转变

以习近平同志为核心的党中央，坚持问题导向、加强顶层设计，不断啃下硬骨头，一个问题一个问题跟进解决，一个方案一个方案有序推出，一个节点一个节点扎实推进，解决了许多长期想解决而没有解决的难题，办成了许多想办而没有办成的大事，坚决改变管党治党宽松软状况。推动全党尊崇党章，增强“四个意识”，坚决维护党中央权威和集中统一领导，严明党的政治纪律和政治规矩，层层落实管党治党政治责任，全党理想信念更加坚定、党性更加坚强。贯彻新时期好干部标准，选人用人状况和风气明显好转。党的建设制度改革深入推进，党内法规制度体系不断完善。把纪律挺在前面，着力解决人民群众反映最强烈、对党的执政基础威胁最大的突出问题。落实“八项规定”精神，严厉整治“四风”问题，坚决反对特权，等等。这些举措都拧紧管党治党螺丝，使管党治党真正从宽松软走向严紧硬。

（二）党风廉政建设和反腐败斗争成为全面从严治党的最大亮点

以习近平同志为核心的党中央领导全党全国全军旗帜鲜明，坚定有力地开展反腐败斗争，沉重打击了腐败气焰，有效遏制了蔓延势头，赢得了人民群众的大力拥护和支持。通过正风肃纪反腐，“不敢腐”的目标初步实现，“不能腐”的笼子越扎越牢，“不想腐”的堤坝正在构筑，反腐败斗争压倒性态势已经形成并巩固发展。反腐败从2014年“取得新进展”，到2015年“成效明显、但两军对垒仍处于胶着状态”，到2016年“压倒性态势正在形成、取得新的重大成效”，到2017年中央纪委七次全会“压倒性态势已经形成”，再到十九大报告指出“压倒性态势已经形成并巩固发展”，反腐败斗争取得节节胜利。从全国统计的数据看，干部群众对全面从

严治党和反腐败工作成效的满意度不断上升：2012 年 75%，2013 年 81%，2014 年 91.5%，2016 年 62.9%，2017 年 93.9%。宁夏问卷调查显示，96.8%的干部群众对宁夏党风廉政建设和反腐败工作总体感觉“满意”或“比较满意”，97.3%的干部群众认为宁夏查处领导干部违法违纪案件“很有力度”或“有力度”。全面从严治党带来了更深层次的价值观的变化，崇廉尚俭的生活方式日渐回归，风清气正正在成为这个时代的价值追求。

（三）全面从严治党新理念新经验推动全面从严治党向纵深发展

全面从严治党必须保持惩治腐败高压态势，反腐不因身份、数量而例外，不会因人而异，也不会因事而殊，不因行业、领域而止步，不因敏感时间、特殊节点而放松，没有法不责众、下不为例，届末之年力度不减、节奏不变。全面从严治党必须持之以恒抓作风建设，不仅“约法三章”，更要“言出纪随”，“露头必被打”“伸手必被捉”。全面从严治党坚持思想建党与制度治党相结合、依规治党与以德治党相统一，不断扎紧扎密扎牢制度笼子。加强党内监督，强化监督问责，真管真严、敢管敢严、长管长严，不断净化党内政治生态，全面压实“两个责任”，加强派驻监督，有效运用“四种形态”，发挥巡视巡察利剑作用。这些经过实践检验的新理念新经验，为开启全面从严治党新征程提供了遵循。

三、全面从严治党新征程必须着力解决管党治党的突出问题

十八大以来，“管党治党、全面从严治党”一个鲜明的特点，就是始终树立强烈的问题意识，什么问题突出就解决什么问题。十九大报告指出：“全党要清醒认识到，我们党面临的执政环境是复杂的，影响党的先进性、弱化党的纯洁性的因素也是复杂的，党内存在的思想不纯、组织不纯、作风不纯等突出问题尚未得到根本解决。”开启全面从严治党新征程，不仅要直面老问题，更要勇于解决新问题。

当前，要认真落实全面从严治党新部署新要求，正确把握“森林”和“树木”的关系，从改善政治生态入手，着力解决管党治党不严不实的突出问题。一要通过思想政治教育，着力解决党员干部党员意识、政治意识和纪律规矩意识不强的问题。深化“两学一坐”常态化机制建设，开展“不

忘初心、牢记使命”主题教育，针对一些党员在党意识不强、理想信念滑坡、宗旨意识淡薄、政治方向迷失等问题，从理想信念总开关入手增强党的先进性和纯洁性。二要切实加强政治建设，着力解决党内政治生活的原则性坚持不够的问题。严格落实《新形势下党内政治生活若干准则》，切实解决党组织党内政治生活存在庸俗化、随意化，自由主义、分散主义、好人主义、形式主义，回避批评与自我批评等问题。三要切实加强权力监督，着力解决党员干部特别是对“一把手”的监督不到位的问题。坚决改变民主集中制落实不到位，搞家长制、“一言堂”等问题。四要压紧压实“两个责任”，着力解决党组织管党治党主体责任履行不到位的问题。针对履职不够有力，贯彻中央和自治区重要决策部署不到位，“四个意识”不强，监督责任追究失之于软、失之于宽等问题，压紧压实责任，强化责任担当。五要充分发扬民主，增强党员群众的监督，着力解决党组织党内缺乏民主监督的气氛的问题。采取有效措施，突出解决有的党员不敢提问题、发表意见、批评缺点，不同意见难以表达，普通党员参与重大事项决策渠道不畅等问题。六要深入正风反腐，加强纪律建设，着力解决高压之下仍不收手不收敛的问题。着力正风肃纪、高压惩腐，坚决惩处领导干部特别是“一把手”腐败犯罪、区域性腐败、系统性腐败、家族式腐败、塌方式腐败问题，切实解决“四风”问题回潮反弹，“惯性”未消、病根未除等问题。

只有不断解决问题才能继续前进，开启全面从严治党新征程。要认真落实十九大精神要求，深刻认识党面临的执政考验、改革开放考验、市场经济考验、外部环境考验的长期性和复杂性，深刻认识党面临的精神懈怠危险、能力不足危险、脱离群众危险、消极腐败危险的尖锐性和严峻性，坚持问题导向，保持战略定力，推动全面从严治党向纵深发展。

四、全面从严治党新征程要以新实践新成效开辟新境界

党的十九大指出：“中国特色社会主义进入新时代，我们党一定要有新气象新作为。打铁必须自身硬。党要团结带领人民进行伟大斗争、推进伟大事业、实现伟大梦想，必须毫不动摇坚持和完善党的领导，毫不动摇把党建设得更加坚强有力。”我们要咬定青山不放松，任尔东西南北风。矢志

不移的意志，坚韧不拔的定力，往往是关键阶段战胜困难和风险的决定性因素，形势越复杂，任务越艰巨，越需要如此。

（一）要坚持全面从严治党坚如磐石的决心

十九大报告强调：“当前，反腐败斗争形势依然严峻复杂，巩固压倒性态势、夺取压倒性胜利的决心必须坚如磐石。”要求全党要更加自觉地坚定党性原则，勇于直面问题，敢于刮骨疗毒，消除一切损害党的先进性和纯洁性的因素，清除一切侵蚀党的健康肌体的病毒。从党的历史看，回顾我们党95年的发展历程，可以说，党要管党、从严治党是中国共产党的一贯方针，党的历史就是一部从严治党的历史。开启新征程必然能回答好“赶考”路上的新答卷。全面从严治党的有利条件越来越多，党中央的坚强有力领导充分彰显了党中央的坚强决心、鲜明态度。要巩固发展反腐败压倒性态势，持续强力正风肃纪反腐，绝不能有任何喘口气、歇歇脚的念头，以全面从严治党永远在路上的坚韧和执着，深化标本兼治，保证干部清正、政府清廉、政治清明，跳出历史周期率，确保党和国家长治久安。

（二）要聚集全面从严治党越来越强的正能量

要争取依靠人民群众广泛支持的根本正能量，“民心是最大的政治，正义是最强的力量”。人民群众的积极拥护和鼎力支持，为深入推进全面从严治党奠定了坚实的民意基础。离开人民群众支持的正能量，全面从严治党就是空话。管党治党的实践经验是打赢反腐败斗争的关键和保证，要不断积累全面从严治党丰富斗争经验的正能量，特别是十八大以来不断加强反腐败体制机制创新和制度保障，在管党治党目标、内容、重点、措施等方面都积累了丰富经验。要进一步凝聚国际社会的高度评价认可的正能量。国际社会对中国共产党坚决与腐败进行长期斗争，不仅在本国树立了威望，也在世界塑造了良好形象，赢得了国际社会尊重。同时，我国参加的区域反腐败多边机制，反腐败国际交流与合作持续加强，也为进一步深入反腐败、推进全面从严治党凝聚正能量，提供了有力保障。

（三）要坚决夺取全面从严治党的新胜利

十九大报告指出：“全面从严治党永远在路上。一个政党，一个政权，其前途命运取决于人心向背。人民群众反对什么、痛恨什么，我们就要坚决防范和纠正什么。”当前，我们要站在新时代的高度，认真学习贯彻党的十九大精神，以深入推进全面从严治党为政治保证。一要牢牢牵住党要管党、全面从严治党“主体责任”这个牛鼻子，将全面从严治党责任逐级压实到基层，建立完善“三个清单”，以强有力问责督促各级党组织和党员领导干部履职尽责。二要坚决惩治腐败，巩固并夺取反腐败斗争压倒性胜利。坚持无禁区、全覆盖、零容忍，坚持重遏制、强高压、长震慑，坚持受贿行贿一起查，在市县党委建立巡查制度，加大整治群众身边腐败问题力度，建设覆盖纪检监察系统的检举举报平台，强化不敢腐的震慑，扎牢不能腐的笼子，增强不想腐的自觉。三要巩固深化纠正“四风”成果，健全作风建设长效机制。十九大报告强调要“持之以恒正风肃纪”，要求“坚持以上率下，巩固拓展落实中央“八项规定”精神成果，继续整治‘四风’问题，坚决反对特权思想和特权现象”。要运用监督执纪“四种形态”，抓早抓小、防微杜渐。强化监督执纪问责。加强纪律教育，强化纪律执行，让党员、干部知敬畏、存戒惧、守底线，习惯在受监督和约束的环境中工作生活。四要推进全面从严治党向基层延伸，厚植党的执政根基。着力解决脱贫攻坚、农村集体“三资”管理、征地拆迁、惠农资金、低保等发生在群众身边、基层反映强烈的突出问题，以实实在在的成效取信于民，切实增强群众的获得感。五要以政治建设为根本加党内监督，推进形成良好政治生态。坚持党中央权威和集中统一领导，坚定执行党的政治路线，严格遵守政治纪律和政治规矩，尊崇党章，自觉抵制商品交换原则对党内生活的侵蚀，营造风清气正的良好政治生态。要加强巡视、巡察、派驻监督工作，构建全覆盖、无死角的监督格局。要按照中央部署积极推进国家监察体制改革，组建区、市、县监察委员会，实现对所有行使公权力的公职人员监察全覆盖，通过管党治党的新实践新成效新经验开创全面从严治党新局面。

扎实推进全面从严治党向纵深发展 为夺取反腐败斗争压倒性胜利提供坚强保证

李兴元

扎实推进全面从严治党向纵深发展不仅是我们党深刻总结国内外执政党建设经验教训得出的必然结论，是弘扬党的优良传统、应对“四大考验”“四种危险”的必然要求，而且是协调推进“四个全面”战略布局的必然选择，是全面建成小康社会、实现中国梦和国家治理体系治理能力现代化、构建人类命运共同体的必由之路。

自党的十八大以来，全面从严治党就成为中央狠抓党的建设、提高党长期执政能力和领导水平的鲜明主题，使党建工作上升到前所未有的高度。而举世瞩目、成果丰硕、百姓点赞、亮点纷呈、影响深远的十九大并未因八项规定深入人心、党风政风焕然一新而沾沾自喜，依然抱元守一、标准不降、力度不减，为我们吹响了新时代“坚定不移全面从严治党”的冲锋号[①]。其突出贡献之一是作出了“中国特色社会主义进入了新时代”的重大政治判断，把“坚持全面从严治党”确立为新时代坚持和发展中国特色社会主义 14 条“基本方略”之一。这一新论断新方略，既深刻揭示了党和国

作者简介　李兴元，宁夏回族自治区经济和信息化委党组成员、纪检组组长，副教授，宁夏“首批全区高校思想政治理论课特聘教授”，宁夏党建研究会党建研究专家。

基金项目　本文系 2015 年度国家社会科学基金项目“党的作风建设制度化规范化常态化长效化研究”(批准号：15XDJ019)的阶段性成果。

①十九大报告全文实录.和讯网 http://news.hexun.com/2017-10-18/191267242.html

家事业发展所处的新的历史方位，是党的重大理论创新、实践创新，也为我们在直面社会主要矛盾发生重要转化的新形势下和进行伟大斗争、建设伟大工程、推进伟大事业、实现“两个百年”奋斗目标和伟大梦想的新长征中不忘初心、永葆政治本色，以“新气象新作为”引领党和人民事业发展提供了科学的方法论。

十九大报告明确指出，“勇于自我革命，从严管党治党，是我们党最鲜明的品格”。能不能把这一鲜明品格贯穿于实现新时代的总目标总任务和党的“六位一体”建设及“四个伟大”（进行伟大斗争、建设伟大工程、推进伟大事业、实现伟大梦想）全过程，贯穿于建设“经济繁荣、民族团结、环境优美、人民富裕”新宁夏的全过程①，切实“增强全面从严治党系统性创造性实效性”②，推动管党治党从宽松软走向全面严紧硬，让全面从严治党的任务书变成新时代的军令状、路线图变成“施工图”、责任单变成成绩单，将是对全党新的伟大考验。

一、全面从严治党旨在不忘初心，以群众思维扎实推进

不忘初心，方得始终。任何一个政党都有自己的远大理想和价值追求，我们党从诞生之日起，就旗帜鲜明地把马克思主义写在自己的旗帜上，把实现共产主义确立为最高理想，“把工农劳动者和士兵组织起来”写进《党纲》中，以铁的纪律和优良作风解答了“为了谁、依靠谁、我是谁”这一政党建设第一位的问题。这就从根本上决定了无论何时何地，全面从严治党都必须不忘初心，践行群众路线这一“党的生命线”，紧紧围绕密切党和人民群众的血肉联系这个作风建设的核心问题去展开；必须牢固树立以人民为中心的发展理念，坚持把增进民生福祉作为“发展的根本目的”，坚持保障公民“四权”(知情权、选举权、监督权、罢免权)，以构建人类命运共同体、打造共建共治共享的社会治理格局为使命担当，从群众最痛恨、

---

①石泰峰：在宁夏回族自治区第十二次党代会上的报告. 中国银川网 http://www.yinchuan.gov.cn/xwzx/zwyw/201706/t20170612_260448.html

②习近平在十八届中央纪委七次全会上发表重要讲话强调：全面贯彻落实党的十八届六中全会精神,增强全面从严治党系统性创造性实效性. 人民日报，2017.01.07:01 版

反映最强烈、对执政基础威胁最大的问题入手，从群众最关心最需要解决的事情做起，从群众最不需要最不满意的地方改起，自主自觉地从群众中汲取深化改革、实现“三大战略”（创新驱动战略、脱贫富民战略、生态立区战略）[①]、建设法治宁夏、美丽宁夏、幸福宁夏的智慧力量，牢牢牵住以李克强总理强调的“五个为”（为促进就业创业降门槛、为各类市场主体减负担、为激发有效投资拓空间、为公平营商创条件、为群众办事生活增便利）为核心的“放管服”这个牛鼻子，加快实现“不见面、马上办”审批服务模式全覆盖，竭智尽力建设人民满意的服务型政府，用人民点赞的党风政风行风指数换取百姓幸福指数。

二、全面从严治党首在学深悟透，以系统思维扎实推进

伟大的实践孕育伟大的理论，伟大的理论指导伟大的实践。以系统思维扎实推进全面从严治党，必须落实习近平总书记关于把十九大精神“学懂、弄通、做实”要求，以习近平新时代中国特色社会主义思想为指导，以相关理论研究为先导，从四个方面下工夫促深化求实效。

（一）必须在科学把握“四个全面”战略布局的内在逻辑关系上下工夫促深化求实效

众所周知，“四个全面”是辩证统一关系。“党政军民学，东西南北中，党是领导一切的”，全面从严治党不仅是“四个全面”战略布局的重要组成部分，同其他三个全面辩证统一、相互促进、相得益彰，同全面深化改革、全面依法治国共同构成实现全面建成小康社会这个战略目标的三大战略举措，而且更是办好中国事情和宁夏事情的关键，为起引领作用的全面建成小康社会、起动力作用的全面深化改革、起保障作用的全面依法治国提供根本保证[②]。全面从严治党旨在巩固党的执政基础执政地位，永续共产党人的精神之钙，永葆党的先进性纯洁性，确保党在领导人民推进国

---

①石泰峰：在宁夏回族自治区第十二次党代会上的报告．中国银川网 http://www.yinchuan.gov.cn/xwzx/zwyw/201706/t20170612_260448.html

②王巍.十八届六中全会精神解读之七：全面从严治党的战略意义与治本之策.中国社会科学网 http://ex.cssn.cn/zzx/zggcd_zzx/201611/t20161103_3263528.shtml

家治理体系治理能力现代化和实现中国梦、实现共产主义的伟大历史进程中不骄不躁不懈怠，“始终走在时代前列……始终成为全国人民的主心骨……始终成为坚强领导核心”①。但反过来，其他三个全面又为全面从严治党提供物质基础、动力体制保障和法治保障。因此，必须既坚持“四个全面”四位一体、协调推进、良性循环，又坚持把抓好党的建设作为最大政绩。只有这样，才能营造风清气正的政治生态，构筑起抵御风险挑战的万里长城，使四者各得其所、功效最大化。

（二）必须在深入思考三个层面密切相关的基本问题上下工夫促深化求实效

工欲善其事，必先利其器。推进全面从严治党，必须先行一步，深入思考为何要全面、要从严、要治和何为全面、何为从严、何之为治及如何全面、如何从严、如何施治。这三个层面的问题不搞清搞透，扎实推进全面从严治党就可能跑偏、不到位、不彻底。鉴于这些问题在不同的阶段、不同的地方、不同单位表现不同，实践中，就不能只探究其共性问题，还必须加大探究个性问题的力度，以增强工作的针对性。

（三）必须在深刻领会全面从严治党的科学内涵上下工夫促深化求实效

全面从严治党功在当代、利在千秋，其“核心是加强党的领导，基础在全面，关键在严，要害在治”②，重点在“关键少数”。但这里的“全面”，不仅是治的主体、客体（对象）、内容要全③，一个不少，不能搞“一头沉”，而且治的地域、过程、时段、方法手段要全，力求方法有软有硬、有虚有实、有治有防、有奖有罚、有传统有现代、有定性有定量，哪里有党员党组织党的机关，从严治党、监督执纪问责的触角就要全过程全时段延伸到哪，不搞例外。党内决不容许有脱离组织视野、不规范参加党内政

---

①十九大报告全文实录.和讯网 http://news.hexun.com/2017-10-18/191267242.html

②习近平在十八届中央纪委六次全会上发表重要讲话强调：坚持全面从严治党依规治党，创新体制机制，强化党内监督. 经济参考网 http://jjckb.xinhuanet.com/2016-01/13/c_135002997.htm

③张英伟. 十八大以来全面从严治党新理念新思想新特色述略. 中国纪检监察，2017.06.19,542(12),13-15

治生活、不受任何监督的党员党组织存在。“从严”不仅是对象、重点方面，对党员干部和党组织中的关键少数从严，而且是方向、内容方面，抓“治吏”、抓教育、抓制度建设、抓作风建设“四化”（制度化、规范化、常态化、长效化）、抓党规党纪约束、抓党内政治生活、抓纠风反腐全部从严。“治”不仅依靠法治、德治、“药”治、共治（家庭社会等），也讲究巧治、心治、善治、无为而治。这里的“党”不是特指党员干部，而是全程概念，即它是一个由党的各级各类机关、各级各类党组织、全体党员特别是党员领导干部等多种主体构成的一个集合体。换句话说，管党治党必须全方位、全覆盖，不能只盯着党员干部、盯着“老虎苍蝇”，盯着“四风”中的享乐主义和奢靡之风，而放松了对各级各类党组织、党的机关的纪律约束、责任考核、问责追究，放松了对搞形式主义、官僚主义的人和一般公职人员及挟私报复、蓄意诬告者的查处曝光。

（四）必须在总结全面从严治党实践经验教训上下工夫促深化求实效

十八大以来，从中央到地方，通过“六个从严”“四个相统一”（思想从严、管党从严、执纪从严、治吏从严、作风从严、反腐从严；高标准和守底线相统一、抓惩治和抓责任相统一、查找问题和深化改革相统一、选人用人和严格管理相统一）[①]、“八个相结合”（坚持目标导向与问题导向相结合、思想建党与制度治党相结合、严格选拔任用干部与严格教育管理监督干部相结合、强化政治功能与强化服务功能相结合、加强党的作风建设与深入开展反腐败斗争相结合、继承优良传统与推进改革创新相结合、依靠党的自身力量与依靠人民群众相结合、战略部署与战役落实相结合）[②]，开辟了管党治党新境界，取得了全面从严治党新成就，使“不敢腐的目标初步实现，不能腐的笼子越扎越牢，不想腐的堤坝正在构筑，反腐败斗争压倒性态势已经形成并巩固发展”[③]。这些好做法、好经验弥足珍贵，但其中

①习近平在十八届中央纪委七次全会上发表重要讲话强调：全面贯彻落实党的十八届六中全会精神，增强全面从严治党系统性创造性实效性.人民日报，2017.01.07：01 版

②全国党的建设研究会.党的十八大以来全面从严治党的经验弥足珍贵.新浪网 http://news.sina.com.cn/c/2017-06-14/doc-ifyfzhpq6980889.shtml

③十九大报告全文实录.和讯网 http://news.hexun.com/2017-10-18/191267242.html

的深层次问题同样要动态分析、及时紧弦。

在新的起点上，我们只有把上述认识内化于心、外化于行，转化为全面从严治党的现实行动，才能确保全面从严治党久久为功、方向不偏、一个不落，把全面从严治党的成效转化为强国强军、兴宁富民、打造人类命运共同体的强劲力量。

三、全面从严治党难在较真碰硬，以底线思维扎实推进

爱因斯坦讲，“发现一个问题比解决一个问题更重要”。在新征途中，面对“双重压力”“双重难题”“双重任务”[①]及一些党组织软弱涣散、领导责任、主体责任、监督责任落实不力等，必须切实弘扬党的优良作风，切实增强“四个意识”、强化责任担当，切实提升党规党纪、路线方针政策和重大决策部署执行力，切实激发创新创造活力。这“四个切实”是全面从严治党必须坚守的高线和底线。因为其中有一条做不到，都无法保证“做正确的事”“正确地做事”，必将导致宏伟蓝图的实现大打折扣。

（一）要义无反顾、刀刃向内，高悬“零容忍”纠“四风”反腐败六把利剑[②]

毛泽东同志讲，“世界上怕就怕‘认真’二字”，只要全党讲认真，治党就没有越不过的火焰山。必须直面党的“六大建设”中的老问题新情况和“四风”问题新动向新变种，把加快形成和健全两大体系(覆盖党的领导和党的建设各方面的党内法规制度体系，党统一指挥、全面覆盖、权威高效的党和国家监督体系)作为治本之策，坚持不懈地剑指失联党员和不缴党费、不过政治生活党员，向违反“八项规定”及其《实施细则》的新问题“开炮”，向“四风”问题隐形变种反弹回潮“开炮”，确保不放空炮、不送礼炮、不打哑炮。

①石泰峰：在宁夏回族自治区第十二次党代会上的报告. 中国银川网 http://www.yinchuan.gov.cn/xwzx/zwyw/201706/t20170612_260448.html

②“反腐败六把利剑”即制度治党、信访举报、巡视巡察、培训约谈“一把手”、落实“四个清单”和整改“回头看”。

（二）要精准“点穴”、攻坚克难，打通“最后一公里”

全面从严治党剩下的都是难啃的“硬骨头”，必须做到以下几点。一是变革自拉自唱制定清单模式，上下结合科学制定“四个清单”（主体责任清单、监督责任清单、年度整改清单、年度责任和整改不落实问责清单）并下单明责、全程留痕，构建起“年初定责、年中督责、年底述责、适时问责”、层层加压、到边到底的责任网络体系。二是着眼治本，构建起系统完备、科学规范、运行有效的党建制度体系、制度运作实施平台体系，科学制定实施作风建设“四化”（制度化、规范化、常态化、长效化）评价指标体。三是以严格的督查问责倒逼提升制度执行力，确保《党章》及“两准则八条例两规定一守则一意见”等重要法规执行坚决给力。四是狠抓党组织和党员干部中的“关键少数”及“关键少数中的关键少数”。从严治党说难不难，只要关键少数用心上手就不难，这是规律。必须把好这些“少数”的入口关，督导他们以上率下，并紧盯人财物三权制衡，对“一把手五不直接分管”等定期“体检”。五是推行“四个清单”定责、督查、考核、整改、“回头看”、问责一条龙常态化，让管长远、固根本的铁规持续发力，确保党政重大决策部署全面快速传达落地在基层，让领导责任、主体责任、监督责任不落实和落实不到位的受到应有的惩戒，让“四风”问题和整改后反复变脸反弹回潮的付出应有的代价。现在之所以出现相当一些党员、党支部书记连“四个全面”、“两学一做”都说不全甚至说不出来，一些党支部极少过政治生活甚至不开组织生活会的情况，一些单位干部职工多次反映该解决的问题得不到就地解决，以至于重复访、越级访、进“京”访不断，不是制度缺失的问题，而是有效的督查考核没跟上、问责追究没跟上。

四、全面从严治党重在转变方式，以立体思维扎实推进

从严治党不是孤立的、片面的，而是全方位、多层次、立体化的。冰冻三尺非一日之寒，推动管党治党从宽松软走向严紧硬必须坚持立体建设、立体监督、立体治理。

（一）要坚持作风建设立体化

一如既往把作风建设作为全面从严治党的切入点和突破口，深入研究

习近平同志提出的实现作风建设“四化”新思想，抓常抓细抓长、抓早抓小，使作风建设“四化”在标本兼治、治“未病”已病方面协同发力。

（二）要坚持选任干部、执行法规政策、落实重大决策部署督查问责立体化

必须关口前移，强化“八种督查”，让边督查边问责掷地有声。包括：实施源头督查，全面督查干部“凡提六必”制度执行情况（凡提必审、必查、必核、必听+凡提必考、必谈）。实施有效督查，建立并落实好限时督查、现场留痕、情况通报、限期整改、整改公开、督查“回头看”制。实施常态督查，把重大决策、重要法规制度是否按法定程序执行、按操作规范执行、按频次时限等要求执行情况作为督查重点，防止问题回潮反弹。实施精准督查，借助现代科技，提升对重点人即“一把手”和最重要最易出问题的三种权力——人权、财权、物权常态化、全覆盖进行专项督察、审计监督和巡视巡察监督的频次、效率。实施“数字”督查，将传统的线下见面式督查与现代的线上不见面督查相结合，大力实施网上审批审计，充分发挥新媒体自媒体监督优势。实施职业督查，确保督查有机构、职业化、专业化、高效深入。实施最快督查，建立一支快速反应队伍，防止给一些不法分子以喘息之机和“四风”腐败积聚之机。实施系统督查，通过党内党外、网上网下四个阵地、传统媒体和现代媒体两个舆论场的全系统督查及建立特聘群众督察员督查制度和群众自发督查激励制度，真正实现“所有人对所有人的监督”。

（三）要坚持治理手段模式立体化

从传统的依靠“纸上桌上”“地上线下”等面对面、近距离的手段、方式到与现代的网上、“掌上”、线上等不见面、虚拟见面、远程控制的手段、方式相结合，以此实现从严治党智能化、实时化、低成本、全覆盖、无死角、高效便捷。

五、全面从严治党要在“登高望远”，以治本思维扎实推进

全面从严治党需要治标，但更要治本。全面从严治党，既靠教育，也靠制度，但终归要靠文化。因为文化是一个国家发展壮大的根，是一个民

族繁衍进步的魂，很难想象缺乏文化力度深度的思想教育和没有运转在思想心理认同、习惯养成轨道上的制度可以行稳致远、水滴石穿。

（一）把政治文化建设纳入文化、政治建设大格局，不断提升建设水平

要推动文化建设与政治建设、政治文化建设与党风廉政建设协调发展，以政治文化的新特色和软实力增强实现宏伟蓝图的硬实力及实现干部清正、政府清廉、政治清明、社会清和目标的硬实力，使“清廉一生、幸福一生”被广大干群内化于心、外化于行。

（二）坚持“七个突出、七个着力”，唱响以文化自觉推动作风全面纯洁、党员干部自觉不想腐的“大合唱”

即突出一个“升”字，着力提升对政治文化建设战略地位的认识；突出一个“转”字，着力推进廉政文化建设的目标定位向与廉洁文化、法治文化建设相结合转变；突出一个“责”字，着力强化政治文化建设的主责全责意识；突出一个“一”字，着力引领政治文化建设的先进方向；突出一个“精”字，着力营造百舸争流开发创造、推介传播无愧于时代、民族和人民的精品力作的良好环境；突出一个“融”字，着力整合政治文化建设的资源资本，形成建设力量的积聚；突出一个“全”字，着力推进政治文化宣传教育研究的全覆盖①。

六、全面从严治党贵在与时俱进，以信息思维扎实推进

（一） 深刻认识“四化”时代的新变化对全面从严治党的深刻影响

纵观当下“四化”(信息化数字化网络化智能化)正前所未有地颠覆传统行业，掀起人类社会生产生活方式、管党治党方式的深刻变革，必须抓紧探索研究如何借力为从严治党落地生根插上科技翅膀，提供新理念和实现形式。

（二）紧贴全国全区党员和网民需求

全国党员 8900 多万名、网民 7.51 亿，宁夏党员 43 万余名、网民 339

①李兴元，王福生，李保平：《2017 宁夏反腐倡廉蓝皮书》，宁夏人民出版社，2016 年版，第 77–89 页。

万，把以“四化”推进全面从严治党工作纳入信息化建设规划、智慧城市建设规划、人工智能创新发展规划。特别是要通过规划，加快构建党建原始数据资源库管理系统、作风建设“四化”网络服务考评平台、完整的云党建长效服务考评平台，实现云端数据共享、向基层一线和普通居民家庭延伸；加快分类建立上下联通的网上在线人财物事审批审计系统和职工监管系统，为从严治党插上翅膀、提供新的实现形式，激发其在从严治党中的正能量。

（三）深刻领会互联网思维的内涵，为推进作风建设“四化”注入新思想新动力

要注意将“痛点思维”“用户为王”等12种互联网思维形式与拓展、提升作风建设“四化”质效深度挂钩，最大限度地发挥互联网的重塑战略布局功能、信息分享功能、组织流程再造功能，扩大实时信息覆盖面，提升信息传输传播教育的效能。要抓紧制定作风建设“四化”大数据发展共享战略，建立“四化”共享数据库和购买服务等激励机制，鼓励业内专家及自由职业者为“四化”建设源源不断地开发更加可靠、高效管用的现代治理平台，为作风建设“四化”注入新动能。

专题工作篇

ZHUANTI GONGZUO PIAN

党的十八大以来
宁夏落实中央“八项规定”精神综述

曹玉明

党的十八大以来，自治区把落实中央“八项规定”精神、纠正“四风”作为一项重要政治任务，以钉钉子精神，一个节点一个节点坚守、一个阶段一个阶段推进、一个问题一个问题解决，并以“回头看”为抓手，不断坚持巩固深化，推进中央“八项规定”精神落地生根，打造了宁夏作风建设亮丽名片。问卷调查显示，干部群众对落实中央“八项规定”精神总体评价满意率为97.9%，对中央“八项规定”精神长期执行信心度为97.3%。

一、紧盯重要节点，坚持抓常抓长

廉不廉看过年，洁不洁看过节。落实中央“八项规定”精神，必须从看住一个个节点开始，以点带面，串点成线，才能形成常态和长效。一是坚持抓节点。坚持逢节必查，查实必纠，纠准必曝。在每年元旦、春节、五一、十一和古尔邦节等各个重要节点，提前通过电视、报刊、网络、短信发纪律通知、发典型问题通报，提要求、打招呼，警示提醒。采取市、县和区直部门交叉互查等方式，对节日期间“四风”问题进行明察暗访和专项督查，发现问题跟踪督查整改、查处通报，持续多年保持节点高压不变。公款送礼、公款吃喝、公款旅游、公车私用、违规发放津补贴等典型

作者简介 曹玉明，自治区纪委党风政风监督室副主任。

的“节日病”得到基本解决。二是坚持盯重点。从2014年五一开始，重新改版宁夏纪委监察厅网站并开通“四风”举报曝光专区，畅通渠道，接受群众监督，定期通报曝光违纪典型问题。并在部分县区（区）探索有奖举报的办法，调动群众参与监督积极性。通过抽调财务、审计、税务等专业人员倒查公务接待、公务差旅报销凭证等措施，督查同城接待、借外出公务之机旅游等隐形变异“四风”问题，一些典型问题得到纠正。三是坚持从严查处。自治区纪委党风政风监督室与信访、巡视和各纪检监察室建立协作机制，对信访、巡视和执纪审查中发现违反中央“八项规定”精神的问题线索，跟踪督办并统一平衡把握执纪尺度，原则上对违反中央“八项规定”精神的一律作为纪律审查内容，适用党纪处分，确保发现一起、查处一起、警示一批。五年来，全区共查处违反中央“八项规定”精神问题712起，处理1426人，给予党纪政纪处分483人。四是坚持公开通报曝光。建立常态化通报曝光制度，重要节点每周通报，重要问题及时通报，对2016年以后发生的违规违纪问题给予党政纪处分的原则上一律通报。自治区纪委先后49次对135起典型问题通过网站、电视、报纸等新闻媒体点名道姓公开曝光，通报曝光数占党政纪处分人数的27.9%。

二、开展“回头看”，巩固深化落实

从2016年6月份开始，在全国率先开展落实中央“八项规定”精神“回头看”，围绕制度建设，采取自查自纠、督查督办等措施，着力解决制度“带病运行”、执行不到位的问题，探索坚持巩固深化中央“八项规定”精神落实的新举措。《中国纪检监察》杂志、《中国纪检监察报》先后作了深度报道。

（一）给制度体检

全区各级党组织对表中央和自治区出台的有关规定，对作风建设各项制度进行全面梳理，废止不合时宜的制度479项，修订2097项，保留5259项。自治区纪委组织对本级落实《党政机关厉行节约反对浪费条例》配套出台的公务接待、会议培训费管理等制度开展7场专题调研，组织2万人问卷调查，收集意见建议786条。针对问题，召集发改、财政、人社、外办等职能部门对制度进行集体把脉、会诊。针对巡视和督查发现的电话费发放、公务接待、讲课费、交流干部住房保障等制度建设方面存在的6个问题，自治区财政厅、人社厅和外事办先后修订出台了《关于党政机关区内公务接待管理有关事项的补充通知》《关于人事考试考务经费管理办法》《加强和改进教学科研人员因公临时出国管理工作的实施意见》，自治区党委办公厅、政府办公厅下发《关于进一步明确自治区落实中央“八项规定”精神相关要求的通知》，对过期的、落实中容易出错和打“擦边球”的进行重申、补充和强调，进一步提高制度的适应性、严肃性和执行力。

（二）开展自查自纠

要求每名党员干部结合“两学一做”学习教育，在党小组会、支部生活会上认真对照检查，查找在执行中央“八项规定”精神方面存在的不足和问题，查出问题主动向党组织报告。全区个人主动报告各类问题925个，自觉退还和上缴多报、冒领的差旅费、补助费，以及违规领取的各类津贴补贴626.39万元。

（三）跟踪督查督办

各级党组织采取“背靠背”、下沉一级的方式，开展交叉互查和专项督查，共督查1487个单位，发现问题914个，约谈提醒173人，问责处理437人，给予党政纪处分17人，收缴多报冒领和违规发放的费用51.75万元。自治区纪委会同自治区党委督查室、政府督查室，持续开展了8轮对全区111家单位的专项督查，发现各类问题338起，约谈8名单位党委（党组）负责人、36家纪委（纪检组）主要负责人，问责处理240人，给予党政纪处分30人。

（四）坚持巩固深化

突出“抓死角”“抓漏洞”。要求各级纪检监察机关在“回头看”期间对本级和下属单位督查面要达到100%，重点是距离主管监督部门较远、平时关注较少、编制人数不多、财务相对独立的下属二、三级单位和基层“小散远直”单位，切实解决制度执行不到“最后一公里”的问题。

三、聚焦扶贫领域，惩治基层“四风”

宁夏经济欠发达，贫困人口多，扶贫资金大，基层“微腐败”易发多发。近年来，全区各级纪检监察机关积极采取问题排查、重点督办、领导包抓、责任追究、通报曝光等措施，下大力整治基层不正之风和腐败问题。

(一) 组织问题线索大排查大起底

采取自治区、市、县、乡四级联动，逐个问题查阅登记、逐件线索核对等办法，对全区党的十八大以来信访反映、巡视巡察移交、审计和各类专项资金项目检查发现的问题线索，尤其是扶贫领域的问题线索进行大排查、大起底，共梳理各类问题线索 2501 个。并对每个问题进行一次“回头看”，做到“五个清楚”，即群众反映的情况清楚、核查的事实清楚、定性量纪清楚、处理结果落实清楚、群众有无新的反映清楚，全面摸清底数。并建立详细的工作台账，每月进行对账销号，逐件核实问题线索的处理情况，做到件件有着落，事事有回音。全区共建账各类问题线索 1183 个，对账销号 973 个。

(二) 盯着重点地区重点问题开展跟踪督办

确定 5 个问题较多的县（市）为重点督办地区；扶贫救济、农资直补、移民安置、农村低保 4 个方面为重点督办领域；乡镇和村两级干部为重点督办对象。对中央纪委移交海原县的 22 件侵害群众利益的不正之风和腐败问题线索、西吉县 6 件扶贫领域腐败问题线索进行重点督办，查实问题 22 件，查出关联问题 14 件，处理 57 人，给予党纪政纪处分 45 人。同时，自治区纪委采取重点县督办和扶贫领域问题线索多轮次、滚动式重点督办等措施，2016 年以来，先后分 6 批给 21 个县、市(区)移交重点问题线索 180 个，进行重点督办，限期办结，目前 5 批查实 94 件，给予党纪政纪处分 83 人。从中牵连查出 8 件问题，处理 10 人。截至目前，全区共查处侵害群众利益的不正之风和腐败问题 880 起，处理 1150 人，给予党政纪处分 1074 人，移送司法机关 75 人。

(三) 开展专项巡察

借鉴巡视工作经验，在全区全面推开市县（区）巡察工作，围绕落实“两个责任”和涉农扶贫领域腐败问题，5 个地级市和 18 个县先后对 987 个部门单位和乡镇进行了巡察，发现各类问题线索 374 件，给予党纪政纪处分 154 人，移送司法机关 6 人。四是坚持通报曝光。对查处的典型问题及时通报曝光，先后35次对97起典型案例进行了公开通报曝光，对海原县7起和西吉县5起重点督办的典型问题进行了专项通报。

四、集中专项整治，解决突出问题

坚持问题导向，围绕群众反映强烈的突出问题，开展集中整治。

（一）开展集中清理

根据中央纪委的部署要求，结合党的群众路线教育实践活动、“三严三实”、“两学一做”群众反映的问题，先后组织对会员卡、“会所中的歪风”、“领导干部配偶、子女及配偶经商办企业”进行了专项清理，清理机关事业单位在编不在岗人员2361人，开除、辞退351人，对376名领导干部配偶、子女经商办企业情况进行清理。

（二）严肃问责“三不为”

开展“转作风、抓发展”专项督查，跟踪督项目、查作风、追责任，对不作为、慢作为、乱作为以及不敢担当、不在状态等问题严肃问责，查处问题1615个、处理771人。同时，加大对民生、环境保护、安全生产等领域失职渎职的问责力度，先后对国务院第二、第三次大督查发现的土地、民生领域问题问责追究4个单位、36名责任人，对彭阳县超标准装修办公楼、永宁县违规建设高尔夫球场16名责任领导进行严肃追究责任。对中央第八环保督察组移交的问题线索逐一调查核实、跟踪督办，追责125人，其中厅级领导干部12人，县处级干部78人，乡科级及以下人员35人。给予党纪政纪处分72人，党纪政纪处分结合组织处理4人，诫勉53人。严肃追究银川市“1·05”公交车纵火案、石嘴山市林利煤炭有限公司“9·27”重大瓦斯爆炸事故相关人员责任，以问责督促党员干部增强依法履职、为民尽责意识。自治区纪委先后3次对12起不作为、乱作为、慢作为典型问题进行通报和曝光。

（三）开展以评促建

从2013年开始，由宁夏新闻网等第三方机构负责，采取群众抽样评议、“两代表一委员”评议、媒体监督测评、政务中心测评和跟踪测评5种形式，对全区2157个机关单位和公共服务行业作风建设进行评议，对同一类测评对象排名后2位的单位主要负责人，由自治区纪委和党委组织部进行约谈，对连续两年测评处于末位的，对主要负责人进行相应处理，对群众反映强烈的作风问题长期得不到解决的，严肃追究主要负责人的责任。

五、坚持教育引导，筑牢思想之基

思想是行为的先导。要实现“不敢”向“不想”转变，教育是关键。

（一）抓集中学习教育，促思想升华

结合党的群众路线教育实践活动、“三严三实”和“两学一做”等，每年一个专题，先后在全区开展了“学党章、守纪律”“守纪律、讲规矩”教育活动，唤醒党章党规党纪意识。同时，充分利用网络、电视、微博、微信等媒体，开设“作风在行动”、“转作风抓发展”等专栏，宣传先进典型，加强舆论引导，营造良好氛围，推动作风转变。

（二）抓警示教育，筑价值基座

自治区纪委先后编发《忏悔录》《领导干部违纪违法典型案例警示录》《属性与剖析》6本，制作《权力之殇》《蝇贪之害》等6部违纪违法案件警示教育片，以案示警，警示广大党员干部守纪律、讲规矩、知敬畏，强化内心自律。目前正在拍摄制作专题片《只有进行时》和《守望家风》。每年召开新任区管领导干部集体廉政谈话会，重温入党誓词、进行廉政知识考试、签订廉政承诺书、走进监狱开展现身说法，教育引导广大党员干部在私底下、无人时、细微处做到暗室不欺，洁身自好。积极筹划建成自治区廉政警示教育中心，坚持以案释纪，组织全区1000多个部门(单位)、6.6万余名党员干部接受警示教育，激发党员干部思想建党、静水深流、滴水穿石的力量。

（三）抓法规知识培训，固纪律意识

认真组织学习《中国共产党廉洁自律准则》和《中国共产党纪律处分条例》《中国共产党巡视工作条例》。举办全区领导干部专题学习班和5期区管干部、3期纪检监察干部专题研讨班，使党员干部筑牢党章和党规党纪意识。

六、加强考核问责，压紧压实责任

落实中央“八项规定”精神责任主体是各级党委（党委），必须压实责任，强化担当，从经常性工作严起，抓早抓小，形成自觉。

（一）细化责任内容

自治区纪委积极协助自治区党委研究出台了《关于推进全面从严治党若干问题的意见》《自治区党委关于落实党风廉政建设党委主体责任和纪委监督责任的意见(试行)》等制度，明确了各级党委(党组)抓作风建设的责任内容，督促5个地级市89个区直部门建立责任清单、问题清单、问责清单，全区梳理落实全面从严治党问题清单2159个，逐件将整改责任落实到327名相关责任人身上，强化各级党委(党组)和领导干部的责任担当意识。

（二）加强压力传导

自治区纪委协助自治区党委连续16年组织对全区落实党风廉政建设责任制情况进行检查考核，并将考核结果纳入效能考核，将落实中央“八项规定”精神作为重要赋分内容。每年召开五市党委书记述廉述责汇报会，层层传导压力，推动责任落实。同时，自治区纪委积极协助党委组织协调党风廉政建设和反腐败工作，围绕落实“两个责任”、加强党风廉政建设、推进巡视整改等问题，在全区推行下级党政主要领导和同级班子成员在纪委全会述责述廉并接受质询，对有关党组织主要负责同志进行集体谈话和警示谈话，逐级传导压力。

（三）严肃责任追究

研究制定了《宁夏纪检机关“一案双查”实施办法(试行)》和《自治区贯彻落实〈问责条例〉实施办法》，进一步细化了问责事项，不仅对上级领导批示、巡视整改要求、有关部门督办的问责事项坚决实施问责，而且对群众反映强烈、问题表现突出的，同样严查追责问责，尤其是对党的领导核心作用弱化、管党治党不严不实、“四风”和腐败问题频发、巡视整改落实不力等问题要严肃问责，拧紧管党治党的螺丝。截至目前，全区共对261名落实主体责任不力的党委(党组)负责人、30名落实监督责任不力的纪委(纪检组)负责人进行责任追究，对8起典型问题通报全区。

十一届自治区党委开展巡视工作的成绩与基本经验

刘长卿

党的十八大以来，在中央巡视工作领导小组和自治区党委的坚强领导下，宁夏巡视工作深入贯彻中央巡视工作方针，认真落实中央和自治区党委关于巡视工作的部署和要求，深入推进巡视工作理论创新、实践创新、制度创新，准确把握政治巡视定位，认真履行巡视监督职责，如期完成了十一届自治区党委巡视全覆盖任务，为坚持党的领导、加强党的建设、全面从严治党提供了有力支撑。

一、十一届自治区党委巡视工作基本情况

（一）贯彻中央决策部署，深化政治巡视定位

自治区党委深入学习贯彻习近平总书记系列重要讲话精神和王岐山同志有关工作要求，牢固树立“四个意识”，坚定不移深化政治巡视。2013年以来，自治区党委常委会先后13次集中学习习近平总书记关于巡视工作的重要论述和《巡视工作条例》，进一步强化了做好巡视工作的政治责任，确保了巡视工作正确方向。

1. 在定位上深化。党的十八大以来，中央巡视工作不断探索创新，政治巡视内涵逐步丰富完善。宁夏紧跟中央推进巡视工作深化的进程，由

作者简介 刘长卿，自治区党委巡视工作办公室副主任。

“四个着力”到“纪严于法、纪法分开”，再到聚焦全面从严治党，自觉向党中央看齐，始终同中央保持高度一致。

2. 在重点上聚焦。按照政治巡视要求，宁夏巡视工作不断提高政治站位，进一步聚焦全面从严治党，紧盯党的领导弱化、党的建设缺失和全面从严治党不严等突出问题，把“四个意识”强不强作为巡视监督的重点内容，对照看齐找差距，取得了比较明显的成效。

3. 在目标上跟进。坚持把政治纪律摆在首位，通过加强对政治纪律和政治规矩执行情况的监督检查，促使党员领导干部树立政治意识、大局意识、核心意识和看齐意识，推动被巡视党组织从思想认识到具体行动，切实把党的领导核心作用凸现出来，坚决维护中央的权威。2016 以来巡视的 62 个地方、部门（单位）党组织，共发现“四个意识”不强、学习贯彻中央精神不深入等违反党的政治纪律、政治规矩方面的问题 137 个，“政治体检”的作用越来越明显。

（二）认真履行主体责任，加强巡视工作领导

自治区党委高度重视巡视工作，常委会、书记专题会和巡视工作领导小组会议定期听取巡视情况汇报，协调解决工作中遇到的困难和问题，体现了强烈的主体责任意识。

1. 认真研究部署。2013 年以来，自治区党委常委会、书记专题会议 19 次听取巡视汇报，研究制定并印发了《自治区党委巡视工作规划(2013—2017)》《关于进一步加强和改进巡视工作的意见》《贯彻〈中央纪委、中央组织部关于进一步加强巡视工作的意见〉的实施意见》等政策文件，为巡视工作健康顺利开展奠定了坚实基础。

2. 加强工作指导。2013 年以来，自治区党委主要领导先后 19 次讲话，32 次作出重要批示，对巡视反馈、整改、成果运用等工作提出具体要求，有力推动了巡视工作开展。巡视工作领导小组共召开 18 次领导小组会议，具体指导每轮工作开展，逐一听取巡视报告，研判问题线索，解决实际困难，有力推动了巡视工作深化发展。

3. 完善体制机制。为进一步加强对巡视工作的领导，理顺巡视工作体制机制，自治区党委将巡视办明确为自治区党委工作部门，并明确了职责任务。同时，建立了自治区党委常委会听取每一轮巡视情况汇报、巡视工作领导小组成员参加巡视反馈会制度，安排巡视办负责人列席自治区党委相关会议，使巡视工作体制更加完善，机制更加顺畅。

(三) 加快巡视进度节奏，保证完成目标任务

巡视全覆盖是十八届三中全会作出的重大战略决策，也是十八届中央坚持党要管党、全面从严治党的重要制度安排。为保证在自治区党委换届前完成全覆盖任务，巡视工作领导小组不断加大工作力度，改进方式方法，加快进度节奏。

1. 加强分类指导。按照中央和自治区党委要求，巡视工作领导小组专门研究制定了《自治区党委巡视工作规划(2013—2017)》和《关于落实巡视全覆盖工作的安排意见》，将全区 121 家巡视对象按照职能、性质和管理权限分为 4 个类别，分别采取常规巡视、专项巡视、合并巡视、延伸巡视等有针对性的工作措施，有效提高了巡视效率。

2. 充实工作力量。2013 年以来，巡视工作领导小组先后两次协调增加巡视组编制，巡视组数量由 2 个增加为 5 个，人员编制增加了一倍。在此基础上，按照“三个不固定”要求，建立了巡视组长库，明确 20 名正厅级领导干部为组长人选，同时抽调自治区纪委派驻纪检组副组长、地级市纪委副书记担任巡视组副组长，为完成全覆盖任务提供了坚强力量保证。

3. 改进工作方法。按照中央巡视办的工作要求，及时调整工作思路，将巡视轮次由过去每年三轮增加到四轮，并学习借鉴中央巡视组和外省区的工作经验，采取“一托二”、延伸巡视、合并动员部署等方式，使巡视进度明显加快。2016 年，共巡视 52 个地方、部门（单位）党组织，分别是 2013 年的 4.33 倍、2014 年 2.9 倍、2015 年的 1.8 倍，占总任务量的 43%，确保了巡视全覆盖任务如期完成。

(四) 始终坚持问题导向，提高工作质量水平

按照政治巡视要求，始终坚持把发现问题、形成震慑作为主要任务，紧盯党员领导干部这个“关键少数”，突出重点人、重点事、重点问题，深入查找和发现问题，充分发挥巡视监督震慑遏制和治本作用。巡视前备足“弹药”，带着问题进驻。每次巡视对象确定后，巡视机构及时向纪检、组织、审计、信访等协作单位搜集考核考察、信访举报、审计报告等相关资料信息，巡视组集中汇总筛查、分析研判，掌握基本情况，明确工作重点，增强巡视针对性。巡视中紧抓关键，突出重点了解。坚持通过“三个必核”，深入了解被巡视单位党组织、党员领导干部可能存在的违规违纪问题，即：巡视前搜集的问题线索必核，巡视期间群众来电来信来访举报反映的违规违纪问题必核，谈话期间干部群众反映强烈的人和事必核，确保重点问题了解深入，基本事实清楚。巡视后科学定性，严肃报告情况。巡视结束后，巡视组本着对自治区党委负责，对被巡视单位负责，对每一名党员干部负责的态度，对深入了解的重要问题线索进行集中研判，对照“四种形态”，按照三类处置要求提出意见建议，为自治区党委推进全面从严治党提供有益参考。通过 16 轮巡视，共发现党的领导、党的建设、全面从严治党等方面存在的突出问题 913 个，向各级纪检机关移交领导干部个人问题线索 714 件，其中涉及厅级干部 80 人、处级干部 217 人、其他干部 924 人，有效发挥了巡视的“利剑”作用。

（五）注重巡视成果运用，发挥巡视监督实效

巡视成果运用是解决突出问题、实现标本兼治的关键环节。巡视工作领导小组坚持抓责任、抓执纪、抓整改、抓制度，重点解决突出问题，确保巡视发现问题件件有着落、事事有回音。

1. 注重传导压力，强化主体责任。巡视意见反馈时首先向自治区分管领导或被巡视县区上一级市委主要领导通报情况，压实督导责任；巡视工作领导小组成员分别参加巡视反馈会，被巡视单位主要领导签字背书，分管领导当众表态，接受群众监督；巡视工作领导小组组长、副组长适时约谈被巡视单位主要负责人，压实主体责任，强化“一岗双责”，推动全面从严治党落实。

2. 强化问题处置，形成震慑态势。各级纪委普遍建立巡视发现问题线索优先办理机制，要求转变办案方式，尽快把巡视成果转化为查办案件的实绩。十八大以来，通过巡视发现的问题线索，先后有交通厅原副厅长杨有明、银川市委原常委夏夕云、黄河银行原副行长郑新平、贺立仁等一批区管干部受到严肃查处，起到较好的震慑效果。

3. 狠抓整改落实，促进整体建设。坚持巡视前自查自改，巡视中边巡边改，巡视后全面整改，巡视办集中组织进行督办回访，对整改不到位的单位责令“回炉”，约谈履行主体责任不好的党组织主要负责人，适时在新闻媒体公开各单位整改情况，确保反馈意见整改到位。据不完全统计，仅2015年下半年以来，巡视整改中追缴土地出让金、税款、清退违规资金等共计32.32亿元，节约资金1.5亿元。

4. 着力完善制度，发挥治本作用。根据被巡视单位类别，适时梳理分析同类别单位共性问题，向区党委提出意见建议，从制度机制层面改进和完善工作，推动全区从严治党工作落实。五年来，先后就党建工作落实、工程项目建设、涉农专项资金整治等向自治区党委提出33条意见建议，为从根本上规范工作、杜绝漏洞发挥了积极作用。

(六) 推开市县巡察工作，构建完善监督格局

自治区党委认真落实习近平总书记有关指示精神，以及中央巡视办在信阳、长沙调研会上的工作安排，积极探索、加快推进、全面部署市县巡察工作，取得了新的进展和成效。

1. 行动迅速。党的十八大以后，一些市、县(区)党委进一步增强看齐意识，在学习借鉴中央和自治区党委巡视工作经验的基础上，针对发生在群众身边的腐败问题，不等不靠，主动作为，创造性地开展巡察工作。中卫市和永宁、盐池、惠农等县(区)形成了比较规范的巡察工作制度体系。

2. 方法灵活。市、县(区)党委注重立足自身实际，针对基层特点，综合运用各种方法开展巡察。银川市将全市划分为9个片区，规定了专项巡察、突出问题巡察、驻点巡察、述职点评、暗访巡察等5种巡察方式。中卫市针对媒体反映腾格里沙漠污染问题，对市工业园区污水处理提升改造工程等3个项目开展了专项巡察。固原市把巡察与党风廉政建设重点工作督促检查相结合，以开展落实“两个责任”专项检查、财务管理专项检查、整治和查处侵害群众利益的不正之风等为抓手，开展巡察工作。

3. 逐步规范。各市、县(区)在开展巡察工作中，都注意借鉴巡视工作的经验做法，坚持边实践边总结，不断健全完善巡察工作制度。银川市从“下发通知、听取汇报、查阅资料、个别谈话、收集举报、反馈意见”6个方面细化了巡察程序。石嘴山市明确了“六查六看”、“两谈三访”等工作方法。利通区总结了巡察工作“准备、实施、汇总、反馈、整改、测评”6个步骤和“听、测、查、谈、甄”5种手段。

4. 成效初显。各市、县(区)在巡察中坚持问题导向，着力发现并解决惠农资金、工程项目、征地拆迁等方面群众反映强烈的问题。通过开展巡察，层层传导压力，把管党治党意识树了起来，把纪律规矩挺了起来，既增强了基层党组织和党员干部全面从严治党的紧迫感和廉洁用权的自觉性，又进一步强化了党的领导，密切了党群干群关系，厚植了党的执政基础。

（七）重视加强自身建设，打造过硬巡视队伍

自治区党委高度重视巡视干部队伍建设，要求不断加强内部管理，做好干部教育培训工作，用铁的纪律打造忠诚干净担当的巡视队伍，维护巡视工作形象和公信力。

1. 加强教育培训，提高履职能力。严格落实党员干部理论学习制度，认真组织巡视干部学习习近平总书记系列重要讲话，学习新修订印发的《巡视工作条例》等党内法规，学习履行职责所需要的业务知识。五年来，共选派79人次参加了中央巡视办和自治区纪委、自治区党委组织部举办的各类培训班，全面完成了处级干部网络学习任务，进一步提高了干部的综合素质和业务工作能力。

2. 夯实组织基础，提高党组织的凝聚力和战斗力。按照自治区纪委机关党委的安排，巡视机构党总支严格落实基层党组织“三会一课”制度，认真组织开展群众路线实践教育活动和“三严三实”、“两学一做”学习教育，确保了巡视机构党组织坚强有力。特别是结合巡视工作实际，各巡视组分别成立临时党支部，负责巡视期间的政治学习和党员教育工作，发挥了比较明显的作用。

3. 严格纪律要求。巡视办结合宁夏巡视工作实际，研究制定了“六严格五严禁”纪律要求，并制作成卡片人手一张。每一轮巡视前，自治区党委巡视工作领导小组领导都要就巡视工作纪律提出要求，做到警钟长鸣。巡视期间，所有后勤保障工作都由自治区党委巡视办负责，尽量减少人情干扰和影响。十一届自治区党委16轮巡视期间，没有发生一起巡视干部违规违纪问题，维护了巡视干部的良好形象。

二、十一届自治区党委巡视工作的基本经验

五年来，自治区党委巡视工作不断深化，圆满完成巡视全覆盖任务，充分发挥“利剑”作用，推进自治区党风廉政建设和反腐败工作深入开展，积极回应了党员干部和人民群众对自治区落实全面从严治党要求的愿望与期盼。巡视工作以坚持中深化、在深化中坚持，形成了以下基本经验。

（一）始终坚持向中央看齐，确保政治巡视正确方向

深化政治巡视，首先要讲政治。自治区党委牢固树立“四个意识”，在推进巡视工作进程中坚决落实中央部署要求，向中央看齐，与中央巡视工作保持同步，为自治区党委巡视工作深入开展注入了强大政治动力。

（二）始终坚持以上率下，层层传导压力

自治区党委认真履行主体责任，对深化政治巡视旗帜鲜明，态度坚决，全力支持；严肃政治纪律，压实市县区和区直单位党委（党组）主体责任，营造良好的巡视监督氛围，推动了巡视工作有效落实。

（三）始终坚持创新驱动，不断改进巡视方式方法

自治区党委积极适应巡视全覆盖任务要求，在巡视方式上常规、专项、延伸、合并巡视分类进行，巡视方法在十二种规定手段基础上采取大数据分析对比、第三方验证、纪委提前介入、协作单位多方联动等配合展开，在组织形式上一托二模式、合并动员、巡视与督办压茬开展等加快速度，确保了任务与效果的统一。

（四）始终坚持问题导向，充分发挥震慑效应

从围绕“四个着力”，到突出“六项纪律”，再到聚焦“三大问题”，自治区党委始终坚持发现问题、形成震慑的目标不动摇，真巡实查，严肃问责，震慑遏制治本作用逐步凸显。

（五）始终依靠各级党组织和人民群众，营造良好监督氛围

各级党组织认真履行主体责任，主动配合巡视，畅通信访渠道，党员干部、人民群众积极支持、热情参与，五年来，巡视组共与8300多名党员干部进行个别谈话，接收群众来电来信1489个(件)，接待来访215批321

人次，巡视发现的问题线索有60%以上来源于信访反映，形成了党内与党外、干部与群众相结合的良好监督氛围。

巡视工作永远在路上。根据党的十九大和自治区第十二次党代会的安排部署，宁夏巡视工作将继续深入贯彻中央巡视工作方针，认真落实中央和自治区党委关于巡视工作新部署新要求，不断深化政治巡视，扎实开展市县巡察，推进全面从严治党向纵深发展、向基层延伸，充分发挥巡视巡察“利剑”作用，推进基层党风廉政建设和反腐败工作深入开展。

对十八大以来宁夏党风廉政建设和反腐败工作的认识与思考

王福生

党的十八大以来，按照中央关于党风廉政建设和反腐败斗争的战略部署和工作要求，全区各级党委、政府和纪检监察机关牢牢把握全面从严治党的主旋律，强化“四个意识”，坚定政治方向，深入推进全面从严治党，党风廉政建设和反腐败斗争取得了新的经验和显著成效，为深入推进改革开放和“四个宁夏”建设提供了坚强政治和纪律保证。

一、问卷调查结果体现了对宁夏党风廉政建设和反腐败工作的客观评价

在党中央的正确领导下，按照中央纪委和自治区党委的决策部署，全区各级党组织坚持党要管党、从严治党，大力推进正风肃纪，不断加大惩治腐败力度；各级纪检监察机关聚焦主责主业，严格监督执纪问责。通过对 5 年来的工作问卷调查看，经过共同努力，全区党风廉政建设和反腐败斗争取得重要进展和显著成效，反腐败斗争压倒性态势已经形成并巩固发展，党风政风持续好转，政治生态逐步改善，人民群众获得感明显提升。问卷调查显示，96.8%的干部群众对宁夏党风廉政建设和反腐败工作取得的成效总体感觉“满意”或“比较满意”。

作者简介 王福生，自治区纪委政策法规研究室主任。

（一）强化“两个责任”，推动全面从严治党走向严紧硬

自治区党委坚决贯彻全面从严治党各项要求，强化主体责任不放松；自治区纪委积极协助党委抓好党风廉政建设和反腐败工作，履行监督责任不缺位。每年制定《党风廉政建设和反腐败主要任务分工》，坚持对全区党风廉政建设责任制落实情况进行检查考核，重点检查落实“两个责任”、落实中央“八项规定”精神、整治“四风”问题等情况，对发现的问题通报全区并督促整改。制定出台《关于落实党风廉政建设党委主体责任和纪委监督责任的实施意见》《关于进一步落实全面从严治党主体责任的通知》，各地各部门各单位建立党风廉政建设“两个责任”清单，做到全程记录、履职留痕。强化责任追究。先后制定落实《党风廉政建设主体责任和监督责任追究办法(试行)》《宁夏纪检机关“一案双查”实施办法(试行)》《问责条例实施办法》等文件，对发生严重违纪问题和不正之风长期滋生蔓延的地区、部门和单位严肃追责问责，持续释放“有责必问、问责必严”的强烈信号。抓好巡视整改，把巡视组反馈意见整改落实作为重大政治任务来抓。加强反腐败国际追逃追赃工作，建立外逃信息动态统计报告、请示汇报和责任追究等多项制度。问卷调查显示，97.5%的干部群众认为本地区本部门党委(党组)履行主体责任“重视”或“比较重视”，97.6%的干部群众认为本地区本部门纪委(纪检组)履行监督责任“到位”或“基本到位”。

（二）强化纪律建设，挺纪在前形成新常态

自治区纪委制定出台《关于落实全面从严治党要求,把纪律挺在前面的意见》，强化纪律刚性约束，纪律建设治本作用日益显现。坚持平时教育与集中教育相结合，每年确定一个主题，先后开展了“学党章、守纪律”集中教育、学习习近平总书记系列重要讲话、“守纪律、讲规矩”主题教育活动，着力解决不守纪律、不讲规矩等突出问题。组织全区党员干部学习《中国共产党廉洁自律准则》《中国共产党纪律处分条例》《中国共产党问责条例》等党内法规，教育引导党员干部追求高标准、严守“底线”。坚持每年对新任职的区管干部进行集体廉政谈话，建成自治区廉政警示教育中心，制作汇编被查处的区管干部《忏悔录》《警示录》，加强警示教育，以案说理、以案明纪。问卷调查显示，92.4%的干部群众认为所参加的反腐倡廉宣传教育活动效果“好”或“较好”。加强对权力运行的监督制约，制定下发《关于党政主要领导干部不直接分管干部人事、财务等工作的暂行规定》《关于严禁党政领导干部违规插手公共资源交易和工程建设领域的规定》等一系列制度，扎紧织密制度笼子。连续两年集中开展提升党风廉政建设制度执行力活动。实践监督执纪“四种形态”，对问题线索进行全面清理，严格按照“五类标准”进行处置，针对存在的苗头性、倾向性问题进行约谈函询，切实筑牢全面从严治党第一道防线。

（三）坚持从严执纪，腐败蔓延势头得到有效遏制

五年来，始终保持惩治腐败高压态势，加大纪律审查力度，严肃查处一大批腐败分子，查处腐败分子人数逐年大幅上升，惩治腐败工作力度前所未有，不敢腐的震慑作用充分发挥。成立自治区反腐败案件查处协调领导小组，实行查办重大案件统一线索管理、统一组织指挥、统一力量调配、统一安全防范、统一后勤保障的“五统一”机制。建立“乡案县审”“交叉审理”制度，严格落实纪律审查安全责任制。在全区推行纪律审查协作区制度，对五市查办案件工作每年进行交叉检查。改进纪律审查方式，努力在不采取“两规”措施的情况下突破案件。先后开展“查处套取、挪用、侵占涉农惠农资金案件专项行动”“涉农资金专项整治行动”，建立问题清单、对账销号、跟踪督办、领导包抓、巡察工作五项制度，推动全面从严治党向基层延伸。问卷调查显示，97.3%的干部群众认为自治区第十一次党代会以来宁夏查处领导干部违法违纪案件“很有力度”或“有力度”，其中95.5%的干部群众对纠治侵害群众利益不正之风和腐败问题工作表示“满意”或“比较满意”；76.7%的干部群众认为今后腐败现象必将大幅减少。

（四）驰而不息纠治“四风”，党风政风持续向好

自治区党委、纪委把落实中央“八项规定”精神作为重中之重，强化监督执纪问责，驰而不息纠治“四风”问题，推动了党风政风和社风民风持续向善向上。集中开展专项治理检查，2013 年在全区开展清理庆典和检查评比活动、清理会员卡等“四项清理”行动；2014 年开展整治会所中的歪风等活动；2015 年督促各部门开展“政府投资项目资金管理使用”“红顶中介”等四个专项整治，解决了一批突出问题；2016 年开展落实中央“八项规定”精神“回头看”，查处不严不实的“四风”突出问题；2017年开展对公款购买销售白酒情况大检查。加大监督执纪力度，紧紧围绕整治享乐主义和奢靡之风，对执纪审查、巡视巡察、信访举报、审计以及执法案件中发生的“四风”问题深挖细查、决不放过。紧盯重要节点，严把纪律“戒尺”，加强通报曝光，持续形成震慑。深入开展落实中央“八项规定”精神不到位问题的整改落实，对出台的公车改革、“三公经费”管理、因公出国（境）、工会会费支出等制度执行情况、适应情况进行评估，对不适宜的制度进行修订完善。问卷调查显示，93.2%的干部群众认为目前中央“八项规定”精神和自治区若干规定执行情况“好”或“较好”；97.8%的干部群众认为自治区第十一次党代会以来本地区本部门“四风”突出问题得到“有效遏制”或“遏制”。

（五）强化巡视巡察工作，监督利剑作用得到发挥

自治区党委高度重视巡视工作，坚持听取每轮巡视情况汇报，增设巡视组，加强巡视力量，修订自治区党委《巡视工作办法(试行)》和《巡视工作办法(试行)实施细则》等制度，形成了较为完备的巡视工作制度规范。突出政治巡视特点，围绕党的领导、党的建设和全面从严治党，深入查找“四个意识”“三大问题”和党员领导干部违规违纪方面存在的问题。深化成果运用，对巡视中发现的一般性问题，及时移交被巡视单位办理，重大问题及时移交纪检机关或组织部门开展调查，有效发挥了巡视的震慑作用。建立巡察制度，五市、各县(区)及部分区直部门成立巡察机构、明确巡察重点和工作方式，有效发挥巡察利剑作用。

（六）持续深化“三转”，纪检监察干部队伍建设不断加强

全面深化“三转”，聚焦主业，精简议事协调机构，严格落实纪委书记、纪检组长不再分管其他业务工作要求，集中精力抓好监督执纪问责主业。稳步推进纪律检查体制改革，制定下发市级纪委书记、派驻纪检组组长、区属国有企业纪委书记“三个提名考察办法”，强化上级纪委对下级纪委的领导。新设、调整了39个派驻纪检组和区直机关纪工委，实现了对自治区级党和国家机关派驻机构全覆盖。着力提升干部队伍素质，扎实开展党的群众路线教育实践活动、“三严三实”专题教育和“两学一做”学习教育，在全区纪检监察干部中深入开展“五查五解决五树立活动”，扎实做好纪委班子换届工作，切实加强各级纪检监察机关领导班子思想和作风建设。开展纪检监察创新(亮点)工作评选，加强纪检监察干部培训，每年举办纪检监察创新工作和“四个能手”评选活动，不断提高履职尽责能力和水平。加强纪检监察干部监督管理，制定出台《关于加强自治区纪委监察厅机关内部监督管理的意见》《关于加强全区纪检监察干部监督工作的意见》《派驻机构监督管理办法》《派驻机构工作考核办法》等，严肃查处违纪违法的纪检干部，用铁的纪律打造过硬队伍。问卷调查显示，88.4%的干部群众认为目前纪检监察干部的素质和形象“好”或“较好”。

二、管党治党问题依然突出，全面从严治党永远在路上

虽然过去五年党风廉政建设和反腐败工作取得了显著成绩，但与全面从严治党的要求相比，与人民群众的期待相比，还存在一些不符合、不适应、不到位的地方，根本上还存在党的领导弱化、党的建设缺失、全面从严治党不力等问题，需要在今后工作中予以加强。

（一）相对于全面从严治党的要求，一些地方和部门“两个责任”落实依然缺位

“两个责任”落实存在层层递减趋势，越到基层特别是乡镇(街道)越薄弱。职责任务不清，虽然制定了责任清单，但没有把自己摆进去，存在虚化空转现象。履责措施不力，对党风廉政建设重部署轻落实、重形式轻效果、重责任分解轻责任追究。责任追究不严，“一案双查”落实不力。

（二）相对于构建“三不腐”机制的要求，发生在重点领域和基层群众身边的腐败问题依然突出

反腐败斗争压倒性态势已经形成，但距离“不敢腐”目标的彻底实现仍有一定距离，不收手不收敛问题仍然突出。问卷调查显示，65.3%、40.5%、38.3%的干部群众分别认为当前腐败主要集中在工程建设、土地出让、医药购销等领域。基层党风廉政建设存在薄弱环节，农村基层虚报冒领、克扣侵占、优亲厚友等现象时有发生。问卷调查显示，47.4%、44.9%的干部群众分别认为当前农村党风廉政建设存在的突出问题是村干部贪污

侵占惠农资金和扶贫救灾款物、征地拆迁过程中弄虚作假侵害群众利益。“一把手”违纪违规问题依然多发，从宁夏来看，在被立案查处的领导干部中，担任过“一把手”的达1/3以上。监督执纪“四种形态”认识和把握不准确，把纪律挺在前面的措施不具体，抓早抓小的日常教育监督不到位。

（三）相对于让作风建设成为党的建设亮丽名片的要求，防止作风问题反弹回潮的压力依然较大

宁夏“四风问题”在面上有所收敛，但并没有绝迹，高压之下出现“变种变异”，表现形式更加隐蔽，特别婚丧嫁娶大操大办现象屡禁不止。个别干部仍然存在“不能为、不想为、不敢为”问题。问卷调查显示，20.9%的干部群众认为党政机关干部不作为、慢作为、不担当的问题比较普遍。制度执行亟待加强，一些地方和部门存在重制定、轻执行等问题，无形中使制度成了“稻草人”“纸老虎”，形成“破窗效应”。

（四）相对于把权力关进制度笼子的要求，一些监督制约体制机制依然不健全

问卷调查显示，有30.1%的干部群众认为当前反腐倡廉制度执行的效果“较好”，6.3%的干部群众认为“一般”或“较差”。有些制度不系统不配套，操作性不强，重点领域和关键环节的监督制度不健全。问卷调查显示，32.2%的干部群众认为当前对领导干部行使权力的监督效果“较好”，7.4%的干部群众认为“一般”或“较差”。

（五）相对于打铁还需自身硬的要求，一些纪检监察干部依然存在能力不足的危险

乡镇(街道)纪委“三转”工作还没有完全到位，工作不聚焦，不同程度存在不会监督、不会执纪、不会问责等现象。

三、认真贯彻落实十九大精神，深入推进党风廉政建设和反腐败工作

十九大站在时代新起点，立足新实践，创造性地提出了一系列重大理论观点、重大战略思想、重大工作部署，明确了党和国家发展的新的历史方位、前进方向、战略思想、目标任务、具体措施和工作要求，把“推进

全面从严治党”作为新时代中国特色社会主义思想基本方略重要内容，明确提出了继续推进全面从严治党的新要求。党十八大以来，以习近平同志为核心的党中央，坚持问题导向、加强顶层设计，不断啃下硬骨头，一个问题一个问题跟进解决，一个方案一个方案有序推出，一个节点一个节点扎实推进，解决了许多长期想解决而没有解决的难题，办成了许多想办而没有办成的大事。但是，全面从严治党永远在路上，从宽松软到严紧硬是一个长期过程，必须保持政治定力，人民群众反对什么、痛恨什么，我们就要坚决防范和纠正什么，持之以恒纠正四风，持续保持高压态势，以党风廉政建设和反腐败斗争新成效，推进全面从严治党向纵深发展。我们要站在新时代的高度，认真学习贯彻党的十九大精神，以深入推进全面从严治党为政治保证，全面落实好自治区第十二次党代会部署的各项任务，不断提升人民群众的满意度。

（一）牢牢牵住“党要管党、全面从严治党”主体责任这个牛鼻子

要压实责任，通过督查督办、检查指导、工作约谈、考核评议等方式，将全面从严治党责任逐级压实到基层，推动党委（党组）主体责任、纪委（纪检组）监督责任落地生根。要建立完善“三个清单”，完善责任清单，建立问题清单和问责清单。加强监督检查。认真落实履行责任全程纪实和“双报告”，以及领导干部述责述廉、质询评议等制度，推进责任落实具体化。要严肃问责追责，加大“一案双查”力度，健全责任追究情况定期报告、典型问题公开曝光制度，使问责和曝光成为常态，以强有力问责督促各级党组织和党员领导干部履职尽责。

（二）坚决惩治腐败，巩固并夺取反腐败斗争压倒性胜利

要坚持“零容忍”的态度不变，无禁区、全覆盖、零容忍、重遏制、强高压、长震慑的反腐败斗争决心依然坚如磐石，力度不减、节奏不变。坚持受贿行贿一起查。针对宁夏涉农扶贫领域的突出问题，严查贪污挪用、截留私分、优亲厚友、虚报冒领、雁过拔毛，以及数字脱贫、虚假脱贫、不担当不作为等问题，为打赢脱贫攻坚战提供坚强保证。有效运用“四种形态”。坚持把纪律挺在前面，综合运用批评教育、谈话函询、组织处理、纪律处分等方式，抓早抓小，动辄则咎，发现苗头及时提醒，违反纪律及时处理，防止小问题变成大问题、违纪演变为违法。深化标本兼治。加强教育，系统整理、充分利用违纪干部忏悔录，用身边事警示教育身边人。健全完善制度，堵塞监管漏洞，把权力关进制度的笼子。

（三）巩固深化纠正“四风”成果，健全作风建设长效机制

持之以恒正风肃纪，坚持以上率下，巩固拓展落实中央“八项规定”精神成果，继续整治“四风”问题，坚决反对特权思想和特权现象。重点强化政治纪律和组织纪律，带动廉洁纪律、群众纪律、工作纪律、生活纪律严起来。坚持开展批评和自我批评，坚持惩前毖后、治病救人，运用监督执纪“四种形态”，抓早抓小、防微杜渐。加强纪律教育，强化纪律执行，让党员、干部知敬畏、存戒惧、守底线，习惯在受监督和约束的环境中工作生活。紧盯突出问题。严肃查处和防范各种隐形、变异“四风”问题，紧盯变相公款旅游、公款吃喝、婚丧嫁娶喜庆分批次大操大办、滥发津补贴等突出问题，下大力气切实整治为官不为问题。加大明察暗访和通报曝光力度，广泛发动群众监督，持续开展明察暗访，对督查、巡视和执纪审查中发现的“四风”突出问题进行跟踪督办，从严执纪，对查处的典型问题一律通报曝光，发挥警示震慑作用。深化“回头看”，建立“四风”问题定期评估机制，以“回头看”促整改落实，对信访举报、巡视、督查和执纪审查中发现的“四风”问题进行汇总分析研判，及时掌握“四风”新情况、新问题、新动向。

（四）推进全面从严治党向基层延伸，厚植党的执政根基

着力解决脱贫攻坚、农村集体“三资”管理、征地拆迁、惠农资金、低保等发生在群众身边、基层反映强烈的突出问题，以实实在在的成效取信于民，切实增强群众的获得感。开展专项巡察，精准发力，靶向监督。对工作不严不实，搞数字脱贫、虚假脱贫，纪检监察机关履行监督责任不力，造成扶贫领域腐败问题频发，以及扶贫工作发生系统性区域性问题的要严肃追责问责，对查处的问题一律点名道姓通报曝光。

（五）以政治建设为根本加强党内监督，推进形成良好政治生态

要加强政治建设，全党服从中央，坚持党中央权威和集中统一领导，坚定执行党的政治路线，严格遵守政治纪律和政治规矩，在政治立场、政治方向、政治原则、政治道路上同党中央保持高度一致；要尊崇党章，自觉抵制商品交换原则对党内生活的侵蚀，营造风清气正的良好政治生态，切实将对党忠诚、为党分忧、为党尽责、为民造福作为根本政治担当，永葆共产党人的政治本色。要推进巡视巡察一体化，构建全覆盖、无死角的巡视巡察监督格局。要加强派驻监督工作。加强对纪委派驻机构的工作指导、管理考核，促使派驻机构全面履行监督责任。要积极推进体制机制改革举措落地，按照中央统一部署，积极推进国家监察体制改革，组建区、市、县监察委员会，实现对所有行使公权力的公职人员监察全覆盖。

宁夏基层涉农扶贫领域腐败问题和监督执纪问责情况研究报告

马　兴

为贯彻落实中央纪委扶贫领域监督执纪问责工作电视电话会议精神，推动以严明的纪律为实施“脱贫富民”战略提供保证，按照委厅领导批示，自治区纪委政研室深入五市和有关县（区）、乡镇，通过召开座谈会、查阅档案资料、分析典型案例、实地走访、个别约谈等形式，对基层涉农扶贫领域腐败问题和监督执纪问责情况进行了专题调研并形成专题调研报告。自治区党委常委、纪委书记许传智在调研报告上批示：“加大查处力度，加大问责力度，针对新情况新问题，调整思路和做法，务必使‘专项行动’见实效。”

一、基层涉农扶贫领域腐败问题的主要特点

总体上看，全区基层涉农扶贫领域腐败存量逐步减少，腐败增量得到有效遏制，但基层侵害群众利益的不正之风和腐败问题依然突出，不收敛不收手问题时有发生，“微腐败”严重损害党的执政根基、侵蚀群众的获得感和幸福感。

（一）涉农扶贫领域仍是基层干部腐败的“重灾区”

新农村建设以来，国家持续加大涉农扶贫领域资金项目投入，仅惠农

作者简介　马兴，自治区纪委政策法规研究室副主任。

补贴资金就多达24项。由于监管不到位等原因，一些基层干部在补贴审批审核、资金分配使用以及村级事务管理过程中，滥用职权侵害群众利益问题。2017年上半年，中央纪委向宁夏转送涉及农村干部问题线索284件，同比上升343.7%；全区信访举报反映基层干部问题线索占比达到64.8%，仍呈上升趋势。银川市近三年反映村干部举报件占信访件总量的63%，石嘴山市2016年涉农领域违纪案件占案件总数的59%。

（二）查处的违纪行为大多集中在十八大前后，但近年来不收手不收敛问题依然突出

随着惩治腐败向基层延伸，办事公开逐步规范，使大量涉农扶贫领域腐败问题暴露出来。从执纪审查情况看，查处的积案多，腐败增量得到一定程度遏制，“不敢腐”氛围逐步形成。固原市2016年以来查处的涉农扶贫领域腐败案件，70%以上的违纪行为发生在十八大前后；吴忠市2016年至2017年上半年查处的154件基层违纪案件中，80%以上的发生在2012年底前。调研普遍反映：“现在基层干部好多了，有了起码的党纪意识。”但不收手不收敛问题依然突出，有的十八大前就违纪，十八大后继续贪占，总认为再强的高压反腐也反不到自己头上，犯点错误，上不了纲，触不了法，且不容易被发现。即使被发现受到党纪处分，组织处理和经济处罚往往跟不上，村干部还照样当。例如，西吉县温塘村会计2012年就通过办理低保等方式捞取好处，2015年又通过冒名顶替等方式套取危房改造补助款2万多元。

（三）个别重点贫困县以及偏远贫困乡镇问题线索较多

重点贫困县贫困人口占比高，资金项目投入多，要求监督检查必须跟上。加上现在青壮年外出务工、家长进城陪读等人数增多，空巢老人、留守妇女、残疾人、极度贫困户等成为人口主体，为少数基层干部滥用权力提供了条件。近几年，个别重点贫困县（区）反映乡镇干部、村“两委”成员以及村民小组负责人的信访举报件一直处于高位，且呈进一步增长态势。

（四）主要违纪行为呈现新变化

一段时期以来，基层涉农扶贫方面腐败问题领域宽、主体广、手段多，覆盖管钱管事管物各个岗位，遍及资金资产资源各个领域，违纪行为包括贪污侵占、挤占挪用、虚报冒领、截留私分、吃拿卡要、优亲厚友、借机敛财、监守自盗、勾结贪占、独断任性等多种形式，直接侵蚀到党的执政根基。经过几年高压惩治，发生腐败的空间大大压缩，主要违纪行为呈现新变化，贪污侵占、挤占挪用、截留私分等违纪行为相对减少，虚报冒领、吃拿卡要、优亲厚友、作风粗暴等违纪行为相对增加。银川市 2015 年以来立案查处的 201 件腐败案件，虚报冒领、吃拿卡要、优亲厚友占到 72%，其他违纪行为占到 28%。原州区张易镇纪委 2016 年以来受理的涉农扶贫领域问题线索，主要集中在“吃拿卡要”“优亲厚友”方面。

（五）农村集体违纪行为增多

一些基层干部抱团作案、“利益”均沾，结成“一荣俱荣、一损俱损”的腐败共同体，既身不由己、互相遮掩，又自恃法不责众、心存侥幸，出现很多“窝案”“串案”。如吴忠市纪委近两年查处的涉农扶贫领域案件中，很多属于“集体商议、共同违纪”，占比高达 27%。

分析基层涉农扶贫领域腐败问题特点，一些新变化值得重视：当前基层涉农扶贫领域腐败积案多，“减存量”任务重、“遏增量”压力大；基层腐败行为突出表现在村干部“雁过拔毛”式小占小贪；一些基层党组织软弱涣散，长期担任村干部特别是家族势力大的村干部腐败风险突出；随着全面从严治党向基层延伸，农村群众主动监督和维权意识明显增强，有时争一分公平比争几分利益还执着，举报信访量上升增幅较大。

二、基层涉农领域腐败高发原因分析

（一）不良思想腐蚀经不住诱惑、法纪淡薄

基层干部特别是村“两委”干部经手大量项目、资金，手中握有不小权力。一些别有用心的人奔着利益参加选举，当选村干部普遍存在“一大三低”（年龄偏大、学历偏低、能力偏低、群众认可度偏低），党纪国法淡薄，自我约束不够，没有筑起廉洁自律的思想防线。认为工作压力大、付出多，工资收入还不够跑路费，心安理得地“弄补助”“捞好处”。虽然多是小贪小腐，涉案金额相对较小，有的仅两三千元，性质却十分恶劣。原州区一村干部以过生日为借口，收取村组队长等人的礼钱，金额最多 100 元、最少30元，总计不足3000元。

（二）基层权力运行透明度较低、监督乏力

基层权力特别是村级权力运行普遍透明度较低，有的村务公开走过场，涉及群众切身利益的低保、救助等重要事项假公开、选择性公开或不公开，有的村民甚至不知道同村谁是低保户。个别村级权力长期由一个或几个大姓家族把持，群众慑于村干部的家族势力，不愿也不敢去监督。

（三）基层干部管理薄弱、教育实效差

对基层干部重使用轻管理的做法仍然存在，特别是村干部监督方面，往往职能部门难监管、乡镇监督难落实、村级监督难动真，容易成为盲区。有的乡镇干部明知村干部有违纪倾向，但考虑到工作还要依靠他们，“睁一只眼闭一只眼”。由于管理失之于宽、失之于软，一些基层干部手中权力异化为谋取私利的工具，风过留痕、雁过拔毛。有的通过村级民生项目实施捞取钱财，有的通过经手土地流转、村级资产租赁等小贪小占，有的通过代办公共事务截留款物，有的通过分配涉农扶贫指标收取“好处费”。如平罗县红翔新村党支部书记凭空编造“垃圾池维修费用”，向148户贫困户收取费用2.9万元。

（四）乡镇纪委履行职责不到位、执纪问责难

乡镇纪委监督执纪力量、能力薄弱，组织建设相对滞后，有的纪委书记专职不专责，有的没有专门工作人员。特别是不愿办案、不会办案问题还比较突出，目前还有24个3年没有自办案件的乡镇。个别乡镇案件一查了之，未能及时通报曝光，用身边事教育身边人不够，没有形成有效震慑。

三、基层涉农扶贫领域监督执纪问责主要成效及加强基层涉农领域监督执纪的对策建议

（一）基层涉农扶贫领域监督执纪问责主要成效

党的十八大以来，按照中央和自治区党委决策部署，各级纪检监察机关把加强涉农扶贫领域监督执纪问责作为全面从严治党向基层延伸的着力点，切实解决基层“苍蝇”式微腐败问题，取得了显著成效。2015年以来，全区共查处侵害群众利益腐败问题524个，给予党政纪处分581人，

移送司法机关70人。

1. 突出专项整治。自治区先后组织开展了惠农资金、涉农扶贫领域腐败问题专项整治行动，集中力量查处了一批突出问题。固原市在查处基层腐败问题的同时，探索建立“三级备案、三级审核、一个平台监管”监督机制，标本兼治效果逐步显现。

2. 重点督办督查。制定《重点地区重点领域督办方案》，确定海原等5个县(区)为重点督办地区，农村低保等4个方面为重点督办领域，乡镇和村组两级干部为重点督办对象，把压力传导到基层。2017年上半年向5市移交问题线索25件。

3. 加大惩治力度。针对涉农扶贫领域虚报冒领、截留私分等突出问题，建立问题清单、对账销号、跟踪督办、领导包抓、巡察工作五项制度。石嘴山、吴忠两市按照不同情况分类统计问题线索，逐一登记备案，做到底数清楚、不丢不漏。

4. 抓好巡察工作。全面启动市县党委巡察工作，推动巡视监督向基层延伸。银川市将所辖县区和部门划分为9个片区，采取交叉互查、常专结合等方式，重点就“两个责任”落实、侵害群众利益等情况开展巡察。

5. 加大曝光力度。坚持把公开曝光典型问题作为重要环节，发挥震慑效应。中卫市及时曝光涉农扶贫领域典型案例，用身边事教育身边人，先后有多名村干部主动交代问题。

（二）加强基层涉农领域监督执纪的对策建议

宁夏涉农扶贫领域党风廉政建设总体形势是好的，“主体责任”压紧压实，监督执纪力度加大，腐败问题“存量下降、增量减少”，得到基层群众信任支持。要深入贯彻中央纪委扶贫领域监督执纪问责工作电视电话会议精神，保持惩治高压态势，强化不敢腐的氛围，又要加强纪律建设、规范权力运行，形成不能腐、不想腐的有效机制。

1. 突出“三个重点”，加大惩治力度。紧盯三方面治理重点，持续保持惩治高压态势：一是重点人员，即群众反映强烈的村“两委”成员特别是主要负责人、基层站所工作人员；二是重点问题，包括贪污挪用、截留私分、优亲厚友、虚报冒领、雁过拔毛等问题，以及数字脱贫、虚假脱贫、不担当不作为等问题；三是重点地区，财政拨付资金较多的重点贫困县和边远贫困乡镇，集体财产较多的行政村。自治区纪委各纪检监察室要进一步加强对所联系地区、部门的业务指导、工作督导和压力传导，督促及时查处涉农扶贫领域腐败案件，推动形成自治区纪委综合协调、市纪委包案督办、县纪委直查快办、乡镇纪委协同联办工作机制，真正做到上下联动、同频共振。对信访举报量较大的重点贫困县（区），要指导运用好监督执纪“四种形态”，减少腐败存量、遏制腐败增量。各有关派驻机构要督促扶贫、农牧、民政、财政、住建、水利、交通、人社等职能部门按照“政策制定与政策落实同步抓、资金拨付与资金安全同步管”的要求，深入开展自查自纠，每半年对涉农扶贫领域信访举报情况进行一次排查梳理，及时移交发现的违规违纪线索。

2. 强化执纪问责，倒逼责任落实。加大责任追究，倒逼基层党委、纪委和有关职能部门把该扛的责任扛起来，该落实的责任落实到位。一是加大对主要负责人的责任追究力度。基层党委特别是县乡党委书记是党风廉政建设第一责任人，必须守土有责、守土尽责。严格落实自治区《问责条例施行办法(试行)》以及《宁夏纪检机关“一案双查”实施办法(试行)》，对查处辖区内涉农扶贫领域发生系统性、区域性腐败问题，或者发生重大腐败问题不报告不查处的县（区），以及“苍蝇式”腐败问题突出、出现严重窝案串案的乡镇，要及时启动“一案双查”，严肃追责问责。二是压紧压实职能部门监管责任。涉农扶贫领域违纪违法案件易发多发，一个重要原因就是职能部门监管虚化空转。今后对涉及财政专项资金的腐败案件，在查处涉案人员的同时，都要倒查职能部门履行监管和制度执行责任。对工作走过场、措施不得力、落实不到位的，严肃追究监管责任。三是精准执纪增强震慑效果。通过案件评审、案件互查等方式，加强对各市、县（区)精准执纪的监督指导，研究有关党纪条款在基层违纪行为的适用性、纪律处分与组织处理的衔接、基层非党员的处理等问题，促进基层提升精准执纪能力，做到党纪政纪处理、经济处罚等多管齐下，提高违纪成本，有效发挥惩治震慑效应。

3. 加大公开力度，创新监督形式。近年来，各市、县(区)把“互联网+

精准监督”作为治本之策，进一步加强村级事务公开，保障基层群众的知情权、参与权、监督权。如平罗、盐池等县(区)通过涉农扶贫资金信息公开平台，充分保障群众的监督权、知情权，极大压缩了腐败行为发生的空间。五市纪委督促协调涉农扶贫职能部门全面归集数据信息，依托网信等部门，建立统一的信息管理监督平台，重点把涉农扶贫政策涉及的各类资金补贴审核、发放等重要事项“搬上网”，使基层群众通过手机客户端、微信微博等新媒体及时查询，形成规范约束基层“小微权力”的治本之策，切实畅通基层监督“最后一公里”。同时，各县(区)纪委要协调组织、宣传等部门，进一步加强基层干部党性教育，集中开展不收敛不收手问题专题警示教育。分层次公开曝光一批典型案例，制发专题警示片，将警示教育覆盖到基层全部党员及村(社区)非党员干部。

4. 强化自身素质，提升执纪能力。近两年来，通过加强督查督办、强化检查考核等有效举措，调动了基层纪委履职尽责的主动性。截至 2017 年 6 月底，吴忠、石嘴山两市 80%以上的乡镇纪委实现了自办案件“零突破”，西吉县 19 个乡镇纪委都有自办案件。一是县(区)纪委进一步完善提级督办、区域联办、异地交叉、乡案县审等有效做法，实行线索管理、人员调配、组织领导“三统一”，防止线索核查避重就轻、量纪处理偏轻偏软。二是提升执纪能力。探索建立县(区)纪委直接考核乡镇纪委工作机制，完善乡镇纪委书记异地任职、定期交流等制度，落实乡镇纪检专干岗位津贴，加强查办案件业务知识培训。三是加大执纪协调力度。积极发挥县(区)纪委牵头作用，重点建立健全线索和案件相互移送、通报制度，协调公安、检察机关形成查办基层腐败案件的工作合力。

推动全面从严治党向基层延伸的实践探索

纳　冰

习近平总书记在十八届中央纪委六次全会上强调指出，要推动全面从严治党向基层延伸。作为基层纪检监察机关，就是要把管党治党政治责任拓展深化到基层各个领域，真正做到全方位、全领域、全覆盖，一步步把党风廉政建设和反腐败工作引向深入，让广大人民群众有实实在在的获得感、幸福感。从固原实际出发，推动全面从严治党向基层延伸必须坚持“四轮驱动”，把握“三个关键”，做到“四措并举”，突出“四个精准”。

一、要坚持“四轮驱动”，推动“两个责任”落地生根

落实党风廉政建设党委主体责任和纪委监督责任，涵盖了新时期党风廉政建设和反腐败工作的方方面面，是新常态下推进全面从严治党的有力抓手，只有形成“四轮驱动”格局，全面从严治党才能在基层落地生根。

（一）要建立责任体系

落实“两个责任”顶层设计不到位，没有一整套工作制度和责任体系，就等于是无水之源、无本之木。我们经过不断实践和探索，制定出台《落实党风廉政建设主体责任和监督责任实施意见》《落实党风廉政建设主体责任暂行办法》《落实党风廉政建设监督责任暂行办法》《落实党风廉政建设党委

作者简介　纳冰，固原市委常委、纪委书记。

主体责任和纪委监督责任监督检查办法》，建立落实全面从严治党“三个清单”制度，对目标思路、主要任务、推进措施等作出明确规定，建立了比较科学、相对完备的落实“两个责任”工作体系，使全市各级党组织和纪检监察机关明确了“抓什么”的问题。随着形势的发展和任务的需要，落实“两个责任”的工作体系还需进一步健全完善，方能更好地体现“两个责任”的基本内涵和目标要求。

（二）要创新落实机制

推动落实，要有良好的工作机制，才能起到事半功倍的效果。我们创新建立的市县乡三级党组织主要负责人述廉述责制度，有效解决了在落实主体责任方面认识不清重视不够、工作部署不到位、责任缺位压力传导不够、监督不严制度执行不力等问题。创新建立的市县乡三级纪委班子成员联系包抓党风廉政建设和反腐败工作制度，有效解决了监督执纪职责定位不准、工作泛化主业不突出、履职能力不高等问题。要巩固提升落实“两个责任”来之不易的良好形势，还需要在创新机制上下工夫，进一步健全“签字背书”、公示公告、双向报告、述廉述责、督查考核、约谈提醒、问责追究和全和纪实台账、清单式管理、销号式推进等工作制度和机制，切实将“两个责任”压实到乡镇一级，落实到每一级党组织和全体党员，打通“最后一公里”。

（三）要强化巡察手段

巡察如同巡视，是党内监督的一把利器，是发现问题、解决问题最有力的手段。我们建立巡察领导机制和工作机制，制定交叉巡察方案，开展了全市首次交叉巡察，把监督触角延伸到基层站所、村组，受理群众信访328人次，整改问题175件，发现问题线索97件。通过巡察，弥补了督查缺陷，彰显了“显微镜”和“探照灯”作用，社会反响良好。对基层来讲，巡察是新生事物，是推进全面从严治党向基层延伸的首次尝试。要运用好这一手段，必须紧扣“六项纪律”，紧盯“三大问题”，紧抓“三个重点”，持续开展巡察，形成常态化，推动问题解决，逐步实现对所有党组织的全覆盖；必须坚持常规巡察与专项巡察相结合，并积极探索符合基层特点的新方法新途径；必须落实巡察工作主体责任，强化巡察工作成果运用，构建巡察一体化格局，切实发挥巡察监督的震慑、遏制、治本作用。

（四）要严格问责追责

没有问责，责任就落实不下去。我们紧扣“责任”二字，针对落实“两个责任”中失职失责问题，追究主体责任 30 人，追究监督责任 5 人，释放出失责必问、问责必严的强烈信号。但在实践中我们深深体会到，要真正运好问责这个利器，还需要克服一些倾向：就是不能搞“鸵鸟政策”，对发现的问题不能视而不见，该问责不问责；上级督促下被动问责的多，较真碰硬主动问责的少；追究直接责任多，追究领导责任少。问责还要突出政治责任，抓住“关键少数”，尤其对不担当、不作为、敷衍塞责的干部，要严肃追责，不能高高举起、轻轻放下，要通过常态化的问责，让大多数领导干部受到触动和警示，唤醒责任意识、激发担当精神。

二、要把握“三个关键”，真正把纪律和规矩挺在前面

加强纪律建设是全面从严治党的治本之策。《中国共产党党内监督条例》明确提出，党内监督必须把纪律挺在前面。近年来，我们坚持挺纪在前、抓早抓小，谈话提醒 168 人，诫勉谈话 138 人，函询 70 人(次)，给予纪律轻处分 342 人，纪律重处分 199 人，组织处理 232 人，有力地维护了纪律的严肃性。干部群众深深体会到，要真正把纪律和规矩挺在前面，必须按照“四种形态”的要求，把握好“三个关键”。

（一）要强化纪律教育

要把纪律教育作为干部经常性教育的重要内容，纳入中心组学习和理论学习，通过主要负责人讲党课、举办辅导讲座、专题讨论等形式开展党性党纪党规教育，唤醒党员干部特别是各级领导干部纪律规矩意识，做到知纪、畏纪、守纪，让党纪党规成为防止以权谋私的“紧箍咒”、坚持秉公用权的“护身符”。要把警示教育贯穿于党员干部成长全过程，通过组织观看警示教育片、旁听庭审、现身说法、以案明纪等，用身边的事教育身边的人，让党员干部受警醒、明底线、知敬畏。加强对党员干部特别是领导干部的教育培训，做到纪律教育经常化、规范化、制度化。加大对纪律规矩的宣传力度，深入宣传从严治党、依规治党，提高党员干部对纪律规矩

的知晓率、执行力。

（二）要严管“绝大多数”，紧盯“关键少数”

要对照《中国共产党廉洁自律准则》规定的“四个必须”“八条规范”要求，定期分析党员领导干部廉洁状况，对存在不良倾向或情节轻微、构不成违纪的苗头性、倾向性问题，及早开展谈心谈话，做到早提醒、早纠正、早制止，将“微小”问题解决在萌芽状态和初始状态，防止小错酿成大错。要严肃党内政治生活，通过健康的相互批评，红红脸、出出汗，达到相互提醒、相互监督的目的。要紧盯年节假期，节前早提醒、严明纪律要求，节中抓检查、紧盯违纪问题，节后严处理、加强通报曝光，做到常打招呼、常拉袖子，防微杜渐；对反映党员干部比较笼统的问题线索，要通过函询谈话，强化纪律意识、责任意识和担当意识。要严格落实“三重一大”事项决策机制，认真落实好党政主要领导“五不直接分管”、党政领导干部严禁插手公共资源交易和工程建设领域等制度规定，着力解决“一把手”权力过分集中问题。

（三）要严惩“极少数”

无数案例证明，党员干部“破法”必先“破纪”。在党员干部发生轻微违纪问题之时，及时提醒诫勉，帮助其认识和改正错误；在党员干部发生严重违纪问题之后，以零容忍的态度严肃处理，始终保持高压态势，实现惩处极少数、教育大多数的政治效果和社会效果。要重点查处政治问题和腐败问题交织，不收敛、不收手，问题线索反映集中、群众反映强烈、现在重要岗位且可能还要提拔使用的领导干部。要做好纪律审查结果的运用，按照“拟立案、初核、谈话函询、暂存、了结”五类标准及时处置问题线索，建立重大案件通报制度、典型案件剖析制度，认真分析原因，完善制度，及时堵塞漏洞。

三、要做到“四措并举”，努力实现作风建设常态化

作风建设永远在路上，永远没有休止符。“四风”问题是个顽症，就像割韭菜一样，割了一茬长一茬。这表明作风建设不会一劳永逸，也不可能一蹴而就。在基层，要把作风建设抓到底、抓出成效，必须抓常、抓细、

抓长，持续努力、久久为功，努力实现作风建设的制度化、规范化、常态化。具体要突出“四抓”。

（一）要抓治本

就是要把制度建设作为治本之策，从制度层面强化保障和防范。近年来，市纪委结合落实中央“八项规定”精神落实，出台了《关于落实中央八项规定精神的十项规定》《关于深入贯彻中央八项规定精神进一步加强和改进领导干部作风建设的若干意见》，并围绕请示报告、干部任免管理、学习考勤、请销假、值班值守、公务接待、财务车辆管理、差旅费报销，配套制定了相应的规定，形成以制度管人，按制度办事的长效机制，使党员干部明白哪些能做，哪些不能做。但要真正把权力关进制度的笼子，关键还要在落实上下工夫，还要在解决制度不执行、执行不力、规避执行等问题上求实效，要严格责任、狠抓执行、强化监督，真正发挥制度的刚性和约束力。

（二）要抓垂范

“风成于上，俗形于下。”“其身正，不令而行；其身不正，虽令不从。”加强作风建设，领导干部率先垂范是关键。对于制度执行，各级领导干部要自觉向中央看齐、向上级党委看齐，率先垂范，以身作则，以上率下，带头执行落实，说到的就要做到，承诺的就要兑现，用守规矩、讲原则的形象赢得干部职工和广大群众的信任和支持。要大力弘扬“崇尚实干、勇于担当、清正廉洁”的优良作风，强化“四个意识”，增强党性观念，成为各行各业作风建设的领头雁。各级党委要层层落实作风建设主体责任，以严的标准、严的措施、严的纪律管理干部，抓好班子、带好队伍。

（三）要抓整治

作风问题如果得不到有效整治，就会形成“破窗效应”，愈演愈烈。近年来，固原市纪委坚持每年选取1~2个专项整治重点，开展集中整治，查处干部作风方面的问题425个，问责部门(单位)124个，问责党员干部473人，达到了解决问题、改进作风、规范行为、堵塞漏洞的效果，提振了干部精气神。冰冻三尺非一日之寒。还需持续用力抓好整治，围绕决策部署落实、制度执行、“三公经费”管理使用等，坚决向“庸政、懒政、怠政”

开刀，严肃查处乱作为、慢作为、不作为等问题，切实把作风痼疾逐一破解掉。

（四）要抓常态

就是要以钉钉子的精神，实现作风建设常态化、长效化，避免一阵风行为。近年来，我们共开展异地交叉检查19次，查处违反中央“八项规定”精神的问题42起，处理党员干部89人，给予党政纪处分43人，点名道姓通报曝光11起20人，形成了持续震慑。但这远远不够，距离常态化、长效化还有很大差距。在基层，抓常态最关键的还是要持续深入开展作风建设异地交叉检查，对检查发现的问题，建立台账、限期整改、确保成效；对违反中央“八项规定”精神的问题，发现一起查处一起，并对影响恶劣、社会关注的典型案件，点名道姓通报曝光，形成高压态势和倒逼压力，增强贯彻落实中央“八项规定”精神的自觉性和坚定性。

四、要突出“四个精准”，以基层党风廉政建设成效增强群众的获得感

固原是全区脱贫攻坚的主战场，也是中央、自治区在涉农惠农项目资金方面投入最多的地方。随着涉农资金投入的不断增加，涉农领域违纪违法问题也随之凸显，几乎遍及退耕还林、扶贫开发、草原生态补贴、危房危窑改造、扶贫互助、移民搬迁、征地拆迁等各个领域。这些“蚁贪”不断地吞噬着群众的获得感，犹如“雾霾”污染着乡村的政治生态。只有做到精准执纪，才能有效遏制“蚁贪”才能净化“雾霾”。具体讲，在基层党风廉政建设中要突出“四个精准”。

（一）教育培训要精准

从基层干部违纪违法人群看，乡村干部是重点人群，达到了61%，占据首位。所以，在实施干部教育培训时，要以基层为重点，将基层党风廉政建设宣传教育纳入全市干部教育培训总体规划和宣传工作总体部署，明确纪检、组织、宣传、党校等部门职责分工，切实将宣传教育触角延伸到基层，提高干部群众对党纪法规的知晓率。要以乡、村两级党员干部为重点对象，加强理念信念和宗旨教育、党纪党规教育、廉政教育和警示教育，

强化业务培训和能力素质提升，开展“抵制腐败，共享和谐”警示教育周等活动，教育引导其依纪依规履职、廉洁履职。

（二）专项行动要精准

近年来，我们先后开展了查处套取挪用侵占涉农惠农资金、预防职务犯罪及整治和查处侵害群众利益的不正之风和腐败问题、查处涉农扶贫领域腐败问题“三个专项行动”，并以扶贫资金、农牧资金、民政资金、危窑危房改造资金为整治重点，梳理问题线索 480 件，处置 333 件，群众反响良好，也积累了成功经验。要坚持经常性地开展，每年选取重点，在每一项涉农资金领域逐项开展一次，集中清理一批严重损害群众利益的人和事，严肃查处，公开曝光，扩大专项整治行动的效应。

（三）监管抓手要精准

市委、政府探索建立的涉农惠农项目资金监管平台，目前已受理投诉 1579 件，办理 1485 件；移交纪委问题线索 40 件，调查核实 28 件，立案 3 件，给予党政纪处分 1 人。从运行情况看，有利于促进涉农惠农项目资金阳光化管理，规范和制约基层党员干部权力运行，杜绝和减少了乡村干部违纪违法问题的发生。实践证明，这是强化涉农资金监管的有效载体和有力抓手。各级纪检监察机关要通过监督检查，促进涉农惠农项目资金“三级备案、三级审核、一个平台监管”工作模式全面推开、落到实处，切实发挥好监管作用。

（四）监督执纪要精准

近年来，固原市共查处涉农扶贫领域腐败问题 265 起，处理农村基层党员干部 287 人，通报曝光典型案例 25 起，形成持续震慑，发挥了警示效应。

要进一步加大市、县（区）、乡（镇）三级纪律审查力度，严肃查处在扶贫项目管理、资金使用中以权谋私、欺上压下、盘剥克扣、贪污侵占、索贿受贿等雁过拔毛式的“微腐败”问题。特别对发生在群众身边的职级不高但影响较大、金额不多但性质恶劣、事情不大但反映强烈的案件，在老百姓救命钱、血汗钱上打主意、动手脚的人，要揪住不放、一查到底，达到惩处一个、警醒一片的效果，以实实在在的成效取信于民。

灵武市推进乡镇纪委规范化建设的实践探索

陈文宁　李　广

基层是党的执政之基、力量之源。“蝇贪”之害若得不到整治，群众反映强烈的问题若得不到解决，势必动摇党的执政基础。作为最基层党组织的监督者，也是全面从严治党的最基层实践者，灵武市纪委始终把推进乡镇纪委规范化建设作为一项重要的政治任务，作为反腐倡廉工作的一项重要内容来抓，努力破解乡镇纪委“不愿、不想、不会、不敢”的监督执纪难题，打通联系群众“最后一公里”，推进全面从严治党向基层延伸。

一、灵武市乡镇纪委工作现状及存在的问题

随着近年来农村基层上访案件和举报线索的比例逐年攀升，群众对基层党员干部不正之风和腐败问题反映比较强烈，对乡镇纪委的信任度降低，更倾向于到上一级纪委、政府举报投诉，究其原因，主要有以下几点。

（一）基层党组织落实主体责任还不到位

存在喊口号多、抓落实少，个别乡镇党委对全面从严治党的重要性认识不深刻，责任感、使命感不强，认为纪律监督、执纪审查是纪委的事，不愿抓、不敢抓、不能抓的问题还不同程度存在，工作中表现出畏难情绪，

作者简介　陈文宁，中共灵武市纪委常委、纪委书记；李广，灵武市纪委副书记、监察局局长。

对一些违纪违规的乡镇干部和村队干部有怕得罪人、怕办案、不想办案的思想，甚至还有以批评教育和诫勉谈话或下不为例代替党政纪处分，导致纪委不能真正履行监督责任，不敢坚持原则。从而出现“上面九级风浪、下面纹丝不动”。

（二）乡镇纪委职责定位还不够明确

存在不设、空设、虚设的现象，人员不足、职责不清，业务不熟、工作主动性不够强。受惯性思维的影响，少数乡镇纪委没有认真厘清自己的职能职责，对“该干什么”“不该干什么”认识模糊，往往是“种了人家的田，荒了自家的地”，导致乡镇纪委在较长时间存在履职错位、越位，偏离主业，工作自觉不自觉地陷入误区。加之无固定执纪审查场所，在执纪监督工作上“睁只眼闭只眼”，工作“疲软”，处于“自我循环”，“三转”落实还不到位，造成监督职能虚化。

（三）乡镇纪委工作机制还不够规范

在组织体系、职责定位、业务流程等方面还缺乏相对统一的参照标准，特别是在开展信访举报、案件检查、案件审理、执纪监督等业务工作时，规范性、程序性有待进一步提高，存在工作无主次、办案无章法、管理无制度、检查无资料等现象，直接影响了工作水平和质量。

（四）工作保障力度还不够，工作成效与群众期望尚有一定距离

乡镇纪委硬件配套设施条件仍然比较差，部分乡镇纪委没有独立的办公场所和工作谈话室，长期处于合署办公状态；一些开展乡镇纪检工作必需的电脑、打印机、保密柜、专用电话等硬件设施长期缺失，没有得到及时配备；乡镇纪委办案经费未得到保障，办公经费不足等问题，影响了乡镇纪委工作的开展。同时，随着反腐倡廉工作的不断深入，“反腐无禁区”的观念已经深入人心，人们对反腐倡廉工作的期望值在不断提升。而乡镇纪委在思想认识上的偏差，工作中的“疲软”，致使群众反映强烈的问题得不到有力查办和有效回复，进而造成上访、非访、缠访、闹访、集体访等不良行为，最终损害了老百姓的切身利益、啃食了群众的获得感、挥霍了基层群众对党的信任。

二、灵武市推进乡镇纪委规范化建设的背景

习近平总书记强调："全面推进从严治党，必须做好抓基层，打基础的工作，使每个基层党组织都成为坚强战斗堡垒。"十八届六中全会以来，中央就加强反腐倡廉建设提出了一系列新部署、新精神、新要求，特别是《中国共产党纪律检查机关监督执纪工作规则(试行)》对监督执纪工作的全流程、各环节作了明确规定。自治区纪委、银川市纪委在执纪审查相关会议上"审查谈话、重要的调查谈话和暂扣、封存涉案款物等调查取证环节应当全程录音录像""要着力解决'老大难'问题，在派驻机构和乡镇纪委执纪审查上有新突破，实现执纪审查的'零突破'"等要求。推进乡镇纪委规范化建设成为提高乡镇纪委工作水平、强化职能作用发挥、加强基层干部作风建设、密切联系干群关系的必然要求。灵武市纪委认真贯彻落实中央、自治区纪委的部署要求，在借鉴学习周边县区乡镇纪委规范化建设经验的基础上，结合灵武实际，大胆创新、积极探索，努力破解乡镇纪委监督执纪难题，做出了一些有益实践。

三、灵武市推行乡镇纪委规范化建设的做法及成效

2017 年，灵武市纪委坚持"软硬兼抓"，按照"五规范、六统一、七明确"的建设要求，确定"机构规范化、设备标准化、制度系统化、业务程序化、运行有序化、经费常态化"的工作目标，一个模式全面推开乡镇纪委规范化建设，进一步激活"神经末梢"，疏通"毛细血管"，着力推进全面从严治党"最后一公里"。2017 年，全市乡镇纪委自办案件 31 件，是 2016 年的 4.4 倍，7 个乡镇纪委自办案件实现"零突破"。

（一）规范化建设破解乡镇纪委监督执纪难题，工作能力和水平显著增强

1."五规范"加强制度建设，进一步明确职责定位。成立乡镇纪委规范化建设工作领导小组，制定《关于进一步加强乡镇(街道)纪(工)委规范化建设的实施意见》。规范学习制度。制定乡镇纪委年度学习教育计划，每月集中组织纪委委员学习不少于 2 次，每季度组织村监会集中学习 1 次，开

展党风廉政宣传教育和警示教育不少于4次。乡镇纪检干部纳入全市纪检监察机关的培训计划，重点对乡镇纪委书记开展集中培训、轮训，有效促进纪检干部履职能力提高。规范工作制度，制定《乡镇纪委工作职责》《乡镇纪委工作议事规则》《纪检专干工作职责》等制度，每月召开1次乡镇纪委工作例会，每季度召开1次党风廉政建设和反腐败工作专题会议、1次村监会会议，听取各村村监会工作汇报，加强对乡镇、村两级人、财、物的管理，逐步完善权力制约机制。规范工作程序。制定《乡镇纪委信访工作制度》《乡镇纪委执纪审查安全工作规程》《工作保密制度》等规范，编制《乡镇纪委执纪审查工作制度汇编》。制定落实党风廉政建设监督责任清单，每季度围绕党风廉政建设主体责任落实情况开展督查。规范考核办法。制定《灵武市乡镇(街道)纪(工)委和市直派驻纪检组纪(工)委履职情况积分制考核办法（试行)》，对乡镇纪委工作实行积分制考核，按季申报、半年通报、年终排名，作为年度实绩考核、评先评优、选拔任用的主要依据，以考核倒逼履职尽责。规范报告制度。明确乡镇纪委书记不再分管其他工作，专责监督执纪问责。每半年向乡镇党委报告党风廉政建设和反腐败工作1次，每季度向市纪委汇报1次工作进展情况，及时掌握基层党员工作动态。经常性向乡镇党委、市纪委请示汇报立案审查决定、给予党纪处分等重要事项。

2.“六统一”加强硬件建设，办公环境明显改善。本着“规范、简洁、实用、安全”总原则，注重高效安全，统一六项建设要求，市政府投入50万元，乡镇自筹16万元，为规范执纪审查环境提供经费保障。统一队伍建设。结合乡镇换届工作，市纪委全程跟踪监督，把好政治关、廉洁关、素质关等入口关，选优配强纪委班子。除纪委书记外，每个乡镇配备1名专职纪检专干。统一场所配置。按照信访、执纪审查、安全工作等有关要求，各乡镇落实3间办公室，1间纪委书记办公室、1间纪检专干办公室(信访接待室)、1间谈话室（安装了同步录音录像设备，做到了监督执纪工作全程留痕。墙面进行了软包处理，安装了门禁系统、声光报警系统、空调、温湿度电子表、应急照明灯，配备了急救箱)，均设在一楼方便群众来访。统一制作标识。统一制作“中国共产党灵武市乡(镇)纪律检查委员会”标牌、办公门牌和去向告知牌、岗位公示牌，在醒目位置悬挂举报箱，公示投诉电话，方便群众反映诉求。统一办公设备。按照“20个有”的标准，为每个乡镇统一配置电脑、照相机、防磁柜、密码柜、打码机等设备，有效改善了乡镇纪委办公条件，确保审查有设备、安全有保障、档案有序放。统一制度牌匾。统一制作乡镇纪委、纪委书记、信访举报工作制度，执纪审查工作流程期限图和纪检监察干部“七条禁令”“七项纪律”等制度牌匾，全部公布上墙。统一办公经费。安排各乡镇在财政预算中纪委专门工作经费不少于2万元，保障纪委工作运行和设备维修，改善办公环境，确保乡镇纪委执纪审查工作正常开展。

3.“七明确”加强软件建设，工作规范有章可循。把握乡镇纪委工作中的细节问题，明确方法步骤，实现软件建设和硬件建设的有机结合。明确文书格式。根据《监督执纪规则》的规定，对初核方案、安全方案、初核报告、审查方案等文书格式进行进一步的规范和明确。明确工作流程。制作工作流程图，规范和明确线索处置、谈话函询、初步核实、立案审查的工作流程，着力解决乡镇纪委执纪审查程序不清楚、逻辑不严密、操作不规范、顺序把握不准等问题。明确案卷标准。按照《全区执纪审查工作互查互评计分细则》和《灵武市纪委监察局案卷质量评查工作暂行规定》，实行案卷质量季度评查和通报制度，一个要求严到底，一把尺子量到底。明确安全要求。与乡镇纪委签订纪律审查安全责任书，明确了绿色通道制度、执纪审查接送制度、谈话室管理制度“走读式”谈话对象安全审查工作实施规范等制度，将审查的具体要求和压力传递到基层。明确信访编码。统一设置各乡镇纪委信访条形码，规范乡镇纪委信访受理工作。明确归档模式。制作初步核实、谈话函询、立案审查等文书模板，统一立卷归档模式。明确考核运用。严格落实“淘汰召回制”，对连续两年排名最后的乡镇纪委书记取消其评先评优资格，向市委及组织部门提出免职或调整建议，并对乡镇、部门党组织主要负责人进行提醒谈话。2017年以来，对考核优秀的1名纪检组长调整为乡镇纪委书记，3名纪检专干提拔使用，逐步形成鼓励先进、鞭策后进的良好工作氛围。

（二）规范化建设为落实全面从严治党责任划出"硬杠杠"，倒逼基层党组织主体责任落实

党的十八届三中全会提出，落实党风廉政建设责任制，党委负主体责任，纪委负监督责任。灵武市乡镇纪委通过规范化建设，为落实党委主体责任划上"硬杠杠"。实行"一案双查"，让干部"生病"，领导跟着"打针吃药"成为常态，把板子切切实实打到一把手身上，除让一把手"红脸出汗"外，还要让一把手把党的建设摆在首位，把所负有的责任条分缕析、分解到位，会抓、善抓，有的放矢，切实成为党风廉政建设的"领头雁"、维护纪律的"捍卫者"。乡镇党委为纪委监督责任落实提供了办案场所、保障了纪委力量、明确了职能分工，让乡镇纪委敢于、善于承担监督责任，腰板挺起来、硬起来，工作自豪感油然而生；纪委监督责任为党委主体责任提供监督力量，积极参与市委、政府关于项目建设、脱贫攻坚、信访维稳、征地拆迁、民生实事等重大决策部署落实的监督 85 次，对工作落实不力、不作为、慢作为、乱作为等不当行为加大问责力度，对 36 名镇(村)干部诫勉谈话，给予 15 名村干部党政纪处分，其中党内警告处分 9 人、严重警告处分 5 人，事业警告处分 1 人。

（三）融合"三化一满意"为民服务机制，乡镇纪委监督责任插上"科技"的翅膀

灵武市结合推进基层服务型党组织建设，率先推行村级各类事务信息化公开，建立"网格化管理、信息化支撑、全程化服务，群众满意"的为民服务机制(三化一满意)，将 13.3 万城乡居民手机号码录入信息平台，通过手机短信向全体村(居)民公示村"两委"政策决议执行情况、村务党务公开情况、财务管理情况、资产管理情况等各类事务，把权力晒在阳光下，强化基层群众的参与和监督。乡镇纪委充分发挥监督职能作用，通过"三化一满意"综合服务平台"电子眼"监督镇村工作效能，群众办事更加公开透明，有力杜绝了"假公开""半公开"，破除干部"管理、把关、当官"藩篱，"不见面"的网上申报受理，从源头减少人情审批、违纪违法等问题发生，使"制度+技术"铲除滋生腐败的土壤"成为现实。截至目前，7 个乡镇通过"三化一满意"综合服务平台公示各类信息 7221 条。

（四）夯实党的执政根基，打通全面从严治党最后“一公里”

基层纪检是正风反腐的“前哨”，具有对基层党员干部进行“近距离监督”的天然优势。灵武市纪委高标准严要求推进乡镇纪委规范化建设，破解了乡镇纪委人财物难题，提升了乡镇纪委履职履责能力，充分发挥了乡镇纪委“桥头堡”作用。强化监督执纪。灵活运用“四种形态”，共组织约谈 79 人次，诫勉谈话 15 人次，警示谈话 12 人次，批评教育 54 人次，效能告诫 4 人次，通报批评 3 人次。扎实推进作风建设。开展机关作风建设效能督查 79 次，重点抽查 37 次，对 26 名镇干部诫勉谈话，问责 62 人次，对 9 名下派干部给予退回原单位处理。开展专项整治。加大涉农扶贫领域粮食直补、退耕还林补贴、“一事一议”项目、“三资”管理使用、救助社保等涉农惠农专项资金核查力度，查办涉农惠农资金案件 15 件，立案 10 件；取消 249 户 357 人低保待遇，停发 197 户 258 人低保，取消 11 户不符合条件的危房改造补助户，共计核减 602 人；问责镇村干部 43 人次，给予 1 名村干部党内警告处分。加强信访线索举报工作。规范信访线索处置，建立信访件转办、督办制度，加强信访件的查办力度，共受理处理信访举报和问题线索 66 件次，其中，信访举报立案 7 件，发现问题线索立案 14 件。对 22 名违反纪律人员给予党纪处分，其中党内警告 10 人、党内严重警告 6 人、留党察看两年处分 1 人、开除党籍处分 4 人、取消预备党员资格 1 人。收缴违纪资金 3.4 万元。2017 年以来，7 个乡镇共初核 44 件，立案 31 件，给予党纪、政纪处分 36 人，收缴和清理违纪违规资金 19.22 万元，执纪审查工作取得巨大进步。

四、对推进乡镇纪委规范化建设的思考

乡镇纪委规范化建设，使得农村党风廉政建设责任制得到进一步落实、执纪监督工作领域得到进一步拓展、基层作风建设得到进一步加强、涉及群众切身利益的突出问题得到进一步解决，赢得了广大干部群众的认可好评。

（一）主体责任落实是前提

乡镇纪委规范化建设的全面完成，离不开各级党委“主体责任”的有

效落实。规范化建设初期，市委书记夏斌同志亲自挂帅，担任领导小组组长，市镇两级统筹配套资金，为项目顺利实施提供了有力保障。市纪委领导多次实地监督指导，到现场协调解决办公用房、设备配置、安全要求等问题，将“标准不能降、质量不能低”的工作要求贯穿建设工作始终。各乡镇党委从维护农村改革发展稳定大局的高度，深刻认识加强乡镇纪委规范化建设的重要性和紧迫性，列为“书记工程”，摆上议事日程，专题研究部署，并建立党政“一把手”负总责、纪委书记具体抓、其他班子成员配合抓的工作机制，形成工作合力。只有将“两个责任”落到实处，才能够在基层解决好不想抓、不会抓、不敢抓的问题，真正构建不敢腐、不能腐、不想腐的体制机制，让每一位群众都切实感受到反腐倡廉的实际成果。

（二）选优配强班子是关键

我们坚持把政治坚定、能力突出、清正廉洁、作风过硬、群众信任的优秀干部选拔到乡镇纪委班子。严格按照选拔任用干部的相关规定，严格把好每一名纪检干部的廉洁自律关，有举报反映的、受过纪律处分的、组织处理的一律不允许进入纪检队伍，保证了队伍的纯洁性；严格把好品德素质关，重用那些对党忠诚、干净做事、尽职尽责的干部，保证了纪检队伍的战斗力。同时积极吸收部分精通专业技术知识或技能的人员担任兼职纪委委员，不断优化乡镇纪委班子结构。乡镇纪委班子的年龄梯次、素质能力、整体功能有了大的改善和提升，有效保证了乡镇纪委班子履行好监督执纪问责职能。

（三）各项保障措施是基础

我们坚持用一个模式全面推开乡镇纪委规范化建设，节约了时间，节约了成本，提高了效率。落实服务保障，乡镇党委切实履行党委主体责任，高度重视纪检工作，定期听取工作情况汇报，及时研究重大事项，支持乡镇纪委开展执纪监督，解决好“干什么”的问题。落实硬件保障，逐步完善办公室、电脑打印设备、通讯设备、办案设备、保密档案设备等的建设，不断改善乡镇纪委办公和办案条件，进一步提升乡镇纪委的工作能力和整体形象，解决好“在哪干”的问题。落实机制保障。不断改革创新乡镇纪检工作方式和运行机制，积极推进方法创新，逐步构建内容科学、程序严密、配套完备、有效管用的乡镇纪检组织工作机制，不断提高农村党风廉政建设的科学化、制度化、规范化水平，解决好“怎么干”的问题。落实经费保障。乡镇纪委规范化建设所需资金，由市、镇两级财政统筹投入，并专款专用，并统一安排每年各乡镇工作经费不少于2万元列入财政预算，为保障乡镇纪委执纪审查工作开展吃下“定心丸”，解决好“有钱干”的问题。落实考核保障，依据《考核办法》，按照“三转”要求，每半年组织一次积分考核，强化考核结果运用，让“干与不干一个样、干多干少一个样、干好干坏一个样、不干又能怎么样”的突出问题得到有效解决，引导乡镇纪检干部以实干论实绩、以实绩看担当，让考核结果看得见、摸得着、有说服力，解决好“不干事”的问题。

（四）提高纪检干部素质能力是保证

通过明确乡镇纪委职能定位和职责权限，进一步规范信访、执纪审查、监督等工作程序，完善内部运行机制、基层党风廉政建设机制、权力运行监督制约机制，确保乡镇纪检监察工作制度化、程序化、规范化。建立乡镇纪委执纪审查协作区机制，协作区由原来2个调整为4个，分别由市纪委常委联系，建立工作例会、情况通报、互督互评、难题会商、联合审查等制度，突出“四个严查”，落实“一案双查”，凝聚工作合力，深挖案件线索，拓展案源空间，高标准高质量完成执纪审查工作任务。组织乡镇纪委委员参加全市纪检监察系统干部业务培训，邀请自治区、银川市有关领导，围绕案件线索管理和处置、监督执纪工作规则、中央“八项规定”精神等集中培训，重点授课，实战演练应急救护技能，通过手把手地教业务、传经验，提高乡镇纪检干部业务能力和工作水平。同时，采取“以会代训”“以案代训”“跟班培训”等形式，使乡镇纪委书记掌握“四个一”知识，即学会处理一个信访件、学习写一份专项督查报告、学会查办一个案件、学会审理一个案件，有效提高乡镇纪检监察干部实战本领。

整治涉农腐败问题的思考

——以固原市为例

李修懿

2016年10月18日，中央纪委监察部网站“每月通报”16次发布侵害群众利益的不正之风和腐败问题案例：曝光问题1884起，处理2603人，近5成被开除党籍。其中，涉及民生资金被冒领、截留、克扣、挪用等问题共1076起，占57.1%，乡科级以下占97%。因为涉案人员大多是乡村基层干部这些“小官”，当然算不上“老虎”，也算不上“苍蝇”，因此被称为“蚁贪”，但他们作为乡镇基层干部，时常处于群众身边，其腐败行为直接损害广大农民群众的切身利益，直接败坏党和政府的形象，影响恶劣，有的学者描述其为乡村政治生态的“雾霾”。2017年，习近平同志主持召开中央全面深化改革领导小组第38次会议指出：建立村务监督委员会，是健全基层民主管理机制的探索性实践，因此要不断总结经验，完善制度设计，进一步规范监督主体、内容、权限和程序，完善村党组织领导的村民自治机制，切实保障村民群众合法权益和村集体利益，提升乡村治理水平。这充分说明了整治涉农领域的违纪违法问题的重要性和紧迫性。

一、涉农惠农领域违法违纪问题特点及分析

据统计，自党的十八大以来，固原市各级纪检监察机关共处置涉农惠

作者简介　李修懿，宁夏司法警官学院教师，法学硕士。

农领域问题线索1276个，立案调查551件，给予党政纪处分510人，其中违法犯罪被检察机关查处157人，法院做出有罪判决151人，为国家挽回经济损失424万元。

（一）村干部是违纪违法的重点人群

在受到党政纪处分的510人中，农村党员干部310人，占总处分人数的61%，同样占据首位。检察机关所查办的157人中，涉及村干部120人，占76%以上。可以说，村干部是涉农惠农领域违纪违法的“重灾区”。

（二）贪污贿赂人数多、比重大

通过对违纪违法案件的分析，可以看到贪污贿赂案件最多。从违纪类型看，在给予党政纪处分的510人中，贪污贿赂行为人员占六成以上，达到64%，高居首位。

（三）违纪违法案件几乎遍及涉农惠农各个领域

固原检察机关在查办的涉农惠农职务犯罪案件中，属于退耕还林28件61人、扶贫开发21件23人、草原生态补贴7件22人、危房危窑改造4件15人、扶贫互助金8件13人、移民搬迁7件10人、征地拆迁4件6人、农技推广1件4人、涉农渎职类案件3件3人，涉及了涉农惠农资金的方方面面。

（四）性质严重，影响恶劣

涉农惠农领域职务犯罪案件的多发频发不仅给国家造成巨大经济损失，还容易造成恶劣影响。如作为政府直接管理扶贫惠农资金的工作人员，彭阳县扶贫办原工作人员魏恒汉将扶贫款2万元、六盘山镇原党委书记兼镇长王富平将救灾款3万元没有入账而直接侵吞。有的还引发妨害社会稳定的群体性事件，如西吉县建设与环境保护局规划室副主任、助理工程师李辉，项目股工程师刘志强，在平峰镇移民新村建设过程中不认真履行职责，致使该工程从2009年至2013年3月先后有44户房屋出现了不同程度的地基下陷、墙体裂缝和房屋塌陷，受损面积为2875平方米，经宁夏力天房地产评估咨询事务所评估，直接经济损失106万余元，平峰镇移民新村村民曾多次到市、县、乡政府群体上访，并引发新闻媒体关注，造成恶劣的社会影响。李辉、刘志强被司法机关以玩忽职守罪追究刑事责任。

二、涉农惠农领域违法违纪问题形成原因分析

（一）基层组织力量薄弱，村民代表大会流于形式

在涉农惠农领域普遍发生违纪违法行为的现实情况下，调查分析正反两方面的事实就会告诉我们，凡是群众利益得到有效维护、群众口碑比较好的村，那里的基层组织力量就比较强，能够严格执行村民代表大会制度，或者民主议政日坚持得比较好；凡是群众意见大、举报反映多的村，那里的村上往往找一些理由，或是主观上，或是客观方面的，都是妨碍了村民代表大会的召开，即使固原当地前些年形成的民主议政日制度在这些村也不能很好坚持。这是影响涉农惠农政策有效落实的体制机制方面的主要根源。

（二）同级监督乏力，群众监督缺位

村支部书记和村委会主任既是具体经济活动的管理者，又是经济活动的实际运作者，集权钱于一身，农村基层组织权力运行缺少监督。不管是派驻纪检组对部门的监督，乡镇纪委对乡镇党委、政府的监督，还是村监会成员对村“两委”班子的监督，存在着不善监督、不会监督、不敢监督等监督难的问题。群众监督意识淡薄，有些群众只要不涉及自己利益就漠不关心，对干部的违纪行为不愿监督，客观上给村干部违纪违法行为提供了方便。同时，近年来随着青壮年外出务工、家长进城陪读等人数增多，农村人口急剧减少，空巢老人、留守妇女、残疾人及一些极度贫困户成为农村人口主体，这些人属于典型的弱势群体，维护自身权益的能力和意识更为薄弱。如原州区检察院 2015 年查办的黄铎堡镇老庄村三名村干部在公路征地拆迁中虚报冒领款物 5 万余元，对虚报面积之事群众事先毫不知晓。

（三）职能部门验收重形式，一些规定制度形同虚设

基层涉农部门一些干部掌握“实权”，在惠农资金分配上有绝对的支配权，在验收审核项目资金时出现“一言堂”“一人说了算”的现象，在审核验收时不执行财务审计等相关制度，一些制度未得到有效执行，制度形同虚设。如国家实施“营养午餐”工程和义务教育阶段寄宿学生生活费补助资金（以下称“一补”资金）政策。按照规定，“营养午餐”供应对象为全

体学生，“一补”资金的供应对象为寄宿学生，要求分别管理、分账核算。但西吉县红耀中学负责人却投机取巧，用“营养午餐”的原材料供应了全校学生的午餐以及寄宿学生的晚餐，将给寄宿学生供应晚餐的“一补”资金 174271.4 元据为已有，其贪婪丑态一览无余，却始终无人监督。

（四）政策宣传不到位，村务公开不实在

近年来，国家、自治区有关涉农惠农政策和资金监管制度不少，但宣传力度不够，群众知晓率不高。尽管近几年农村普遍实行了党务村务公开，但有的村务公开事项少，实行选择性公开，即使公开的事项也有“走过场”现象，甚至把公示公开工作做成了为应付上级检查，群众的知情权和监督权得不到有效保障，群众难以监督。有的村虽然建立了村监会，但是村监会人员大多外出务工，只有在冬闲时回家，村监会根本没有发挥应有的监督作用。

（五）一些乡村干部价值观扭曲，法纪观念淡薄

有的干部认为他们平时忙于村上事务，不仅顾不了家，还荒了自家田，自己的付出和收入不成正比，在项目上给自己弄一点“补助”没有什么，“吃点”“拿点”找点补偿理所当然，缺乏基本的法纪常识，法纪观念淡薄。如隆德县温堡乡吕梁村支书吕学习，挪用扶贫互助资金 82800 元，案发后不积极退还，百般拖延。有的党员干部理想信念不坚定，丧失应有的人生观、世界观、价值观，无视法律，以权谋私，一步步堕入犯罪深渊。如担任过组工干部的苏明珊在管理、教育干部的岗位上工作了多年，但仍然以身试法，贪污国家专项资金。

三、处置涉农惠农领域违纪违法问题的措施

（一）抓机制建设，完善涉农惠农资金监管体系

在这方面，固原市纪委十分突出的做法是探索建立了固原市涉农资金县乡村“三级审核、三级备案”和“一个平台监管”工作模式（简称“3+3+1”模式），进一步明确县乡村二级涉农惠农资金监管职责，制定统一的工作流程，建立工作制度，形成涉农惠农资金监督管理体系，推动涉农惠农资金依法合规安全运行。建立涉农惠农资金监督管理信息平台，有效

实现涉农惠农资金的“阳光”管理。

（二）抓思想教育，选好配强村干部

加强了对村干部理想信念、宗旨意识、纪律法规意识的教育，促进农村基层干部树立正确的人生观、价值观、权力观，开展各种违纪违法警示教育，抓早抓小，从源头上遏制违纪行为的发生，筑牢拒腐防变的思想道德防线。组织部门着力发挥“两个带头人”的作用，完善选人用人制度，选好配强村干部，做好村“两委”班子的换届选举工作，防止有人以家族势力、宗族势力或贿赂、威胁等不正当手段进入农村基层组织。加强了对农村干部的管理、监督，及时了解和掌握基层干部所需、所想，让真正愿意为群众干实事、干好事的人进入村干部序列。

（三）抓村务公开，切实加强村监会建设

认真执行村务公开制度，在全面公开、真正公开上下工夫，对每一项决策、每一项事务公开，杜绝暗箱操作、“走过场”。民政部门全面执行《村务监督委员会工作办法》，强化村监会监督职责，充分发挥村监会的监督作用，促进村务公开。建立完善乡镇有关会议制度，在要求村干部参加会议的同时，村监会人员列席会议，提高村监会人员对政策和有关会议精神的知晓率，让他们在懂得政策、领会精神的前提下履行监督职责。把经常在家、敢于监督、愿意监督、公道正派、敢于较真的村民选举到村监会，充实村监会力量，对村委会每一项工作进行全程监督，做到事前公示、事中提醒、事后回访。

（四）抓监督审核，不断强化制度执行力

市、县(区)审计、财政、发改等部门加强对涉农惠农项目资金管理使用情况的及时跟进审计，强化监督管理；在审计过程中，坚持原则，对资金的支付和使用要追根溯源，严格审计；善于发现问题，并下发整改通知书督促整改落实，对违纪违规问题要及时移交纪检监察机关严肃查处，强化对审计、财务和项目资金管理办法等制度的执行力。全面推行财务人员委派制，村级财务人员由乡镇干部兼任，实行村级财务乡村两级管理，从而有效监督和制约村干部的权力。县(区)农牧部门要组织人员，定期不定期对村级财务管理使用情况进行审查，审查内容要从形式审查转为真正的实质审查，发现问题及时纠正，并不断完善村级财务管理制度，堵塞漏洞。

（五）抓整治深化，加大纪律审查力度

巩固深化“集中开展预防职务犯罪和查处侵害群众利益不正之风和腐败问题专项活动”成果，每年选择1~2项涉农惠农资金进行专项整治，拓宽渠道收集和挖掘发生在群众身边的不正之风和腐败问题线索，加大对涉农惠农资金特别是扶贫领域违纪违法问题的审查力度。2017年，重点对扶贫、民政和农牧资金进行了集中清理清查，全市梳理侵害群众利益的不正之风和腐败问题举报线索243件，转立案调查69件，给予党政纪处分65人，其中处理乡村干部47名。尤其对一些典型案例，采取公开审判的形式，组织乡村干部旁听，善于运用身边的人和事教育警醒乡村干部，充分发挥震慑作用。建立党风廉政建设联系包抓基层工作机制，层层传导压力，级级落实责任，实现问责常态化。通过全面推行监督执纪“交叉审查”“交叉检查”“交叉审理”的“三交叉”制度，进一步完善市、县(区)纪委、派驻纪检组纪律交叉审查和乡(镇)纪委片区协作审查机制，对于干部违纪现形就抓、露头就打，切实增强纪律审查工作的威慑力。坚持“一案双查”，对违反国家惠农政策和损害群众利益的问题，不仅要坚决查处违纪违法者本人，还要严肃追究相关部门领导的主体责任和监管责任，推动全面从严治党向基层延伸。

四、对惩治涉农惠农领域违法违纪问题的几点思考

（一）要高度重视

遏制涉农腐败，确保各项涉农惠农政策全面有效贯彻落实，有效维护广大群众的切身利益，事关党的执政基础。贫困地区尤其要把整治涉农领域的违纪违法问题作为基层党风廉政建设的重中之重。2015年8月以来，固原市纪委注重发挥组织协调作用，牵头抓总，先后采取集中整治与专项督查相结合等方式，严肃查处了一批群众身边“微腐败”，侵害群众利益的不正之风得到了有效遏制，取得了良好的社会效果，为打赢扶贫攻坚战提供了有力的纪律保证，得到了上级党委的充分肯定。与此同时，固原市纪委又牵头组织涉农等有关部门成立调研组，深入县(区)、乡镇和村，紧紧

围绕坚决整治和查处侵害群众利益的不正之风和腐败问题课题广泛开展调查研究，查找问题，剖析根源，提出了对策和建议。

（二）要创新机制

整治涉农领域的违纪违法问题既要综合施策又要创新体制。市纪委和检察机关联合开展了整治和查处侵害群众利益的不正之风和腐败问题专项行动，2017 年全市梳理侵害群众利益的不正之风和腐败问题举报线索 243 件，转立案调查 69 件，给予党政纪处分 65 人，其中处理乡村干部 47 名。全市检察机关受理涉农惠农扶贫领域职务犯罪案件线索 9 件，立案侦查 9 件、20 人。除此之外，重点是深入调研，寻找症结，针对群众身边的“四风”和腐败问题易发多发的问题，探索提出了扶贫惠农资金的“3+3+1”模式。“3+3+1”模式的关键是推行政务村务公开透明，核心是规范和制约基层党员干部权力运行，目标是促进涉农惠农项目指标分解过程公平公正，项目实施规范有序；促进涉农惠农资金审批环节公开透明，运行安全高效；促进涉农惠农项目资金公开化实施，阳光化监管，确保党的各项涉农惠农政策得到全面落实。“3+3+1”模式的具体内容是：

1. 三级备案。

(1) 县级备案，县(区)政府(包括涉农部门)对区、市两级下达的涉农惠农项目，分别按照项目实施要求，根据项目实施要求及时研究制定项目《实施方案》，以政府文件正式下达到各乡(镇)，明确项目实施范围、计划安排、方法步骤等，并在监管平台及时公开，实施一级备案，应从项目下达至公开启日的 15 个工作日内完成。

(2) 乡镇备案。乡(镇)政府按照县(区)政府下发的《实施方案》，制定项目《实施计划》，以乡政府文件下达到村，进一步细化分解项目指标，明确对象范围，并在乡(镇)监管平台及时公开，实施二级备案，应在 10 个工作日内完成。

(3) 村级备案。根据乡(镇)下达的《实施计划》，在乡(镇)驻村干部的指导和村监会监督下，村“两委”班子研究制定《实施细则》，并以村“两委”名义在村监管平台及时公开，实施三级备案，应在 7 个工作日内完成。

2. 三级审核。

⑴ 村级评审。由村(居委会)“两委”主持召开村民代表会议或民主议政日进行评议，初步确定涉农惠农项目资金（实物)分配到户花名册，乡(镇)驻村干部的指导和村监会要全程参与监督。再经村“两委”会议研究，形成项目落实到户花名册，以村“两委”名义分别在村监督平台、村务公开栏进行公示，对公示期间群众反映的问题上报乡(镇)政府妥善解决。公示期满后，由村委会和村监会主任签字盖章，并上报乡(镇)政府。

⑵ 乡镇复审。乡(镇)政府对各村上报的花名册，及时组织有关人员在监管平台进行审核(对没有按照规定要求召开村民代表会议或民主议政日评议、公示以及村监会审核签字的不予审核)，并开展入户核查，核查面不得低于30%。审核完成后，由审核人、乡（镇)负责人共同签字，上报县(区)涉农部门。

⑶ 县级审定。县(区)相关涉农部门对乡(镇)上报的农户花名册和相关资料在监管平台进行审核(对乡镇没有按照规定要求进行核查以及审核签字的不予审核)，并组织验收。经审核验收符合规定要求，由县财政部门或相关职能部门按规定要求及时拨付兑现。

3. 一个平台监管。市、县、乡、村四级涉农惠农项目资金统一监管平台，市级监管平台发挥牵头抓总作用，按照“应进必进”的原则，督促指导县级监管平台把应纳入的涉农惠农项目及时纳入其中；县、乡、村监管平台严格执行“三级备案、三级审核”制度，按时在监管平台将涉农惠农项目实施过程、政策依据、申请条件、补贴标准、项目受益农户花名册、逐级审批过程等信息分别在相应的监管平台上全部公开，确保群众随时随地能够通过手机查看所有涉农惠农信息，便于群众监督，确保项目运行规范，资金拨付安全、高效。

经过一年的探索和实践，固原市扶贫惠农资金“三级审核、三级备案、一个平台监管”机制基本建成，目前，市级监管平台已完成72项项目资金的录入，11万条农户的信息采集，29个县(区)监管部门、62个乡镇信息的链接，10个示范村的全程运转。这一创新举措，受到自治区党委常委、纪委书记许传智和市委的充分肯定。目前，市纪委正在代市委、政府起草

《固原市全面推行涉农惠农资金“三级审核、三级备案和一个平台监管”模式实施意见》，力争2017年底，扶贫惠农领域基层干部腐败问题得到有效治理。按照许传智书记对这项工作的要求，扎实做好示范村平台建设工作，进一步推动全市监管体系落实，并做好经验总结上报自治区党委。

（三）要强化意识

有效提升农民的监督意识和维权意识，鼓励群众大胆监督举报基层干部的违纪违法行为。整治涉农领域的违纪违法问题，需要广大人民群众的支持，需要营造一个有利的大环境。农村的社会进步、人们的思想观念也是造成涉农领域违纪违法案件多发的原因。调研中发现，有些群众认为干部只要干事，拿点儿占点儿没啥，还有甚者认为干部工作辛苦，拿点儿占点儿是一种补偿。诸如此类心态，造成不愿监督、不懂维权等。因此，进一步提升农民群众的政策意识、法律意识，也是摆在农村工作面前的重要任务。

区域工作篇

QUYU GONGZUO PIAN

2017年银川市党风廉政建设和反腐败工作报告

高建华

2017年，银川市纪委认真贯彻落实中央纪委、自治区纪委和银川市委决策部署，全面履行党章赋予的职责，强化监督执纪问责，严明纪律正风肃纪，重拳出击惩治腐败，党风廉政建设和反腐败工作取得了新成效，为全市经济和社会发展提供了坚强的纪律保证。

一、党风廉政建设和反腐败工作主要做法和成效

（一）从严抓纪律，确保中央和区市党委政令畅通

始终把维护党的政治纪律和政治规矩摆在首位，教育引导党员干部牢固树立“四个意识”，坚定“四个自信”，始终与以习近平同志为核心的党中央保持高度一致。紧紧围绕中央、区市重大决策部署，加强对党的十九大学习贯彻、自治区党代会确定“三大战略”贯彻执行、银川市十四次党代会目标任务、贺兰山生态环境整治、花博会、河长制等落实情况的监督检查，严查上有政策、下有对策，有令不行、有禁不止等行为。2017年先后对市委、政府决策部署执行不力的156名相关责任人进行了严肃追责，以严明的纪律确保政令畅通。

作者简介 高建华，银川市纪委办公室主任。

(二) 从严抓责任制落实，推动“两个责任”有效落实

市委切实担负起全面从严治党主体责任，研究出台《关于推进全面从严治党的若干意见》等指导性文件。市委常委会先后听取和研究党风廉政建设和反腐败工作 13 次，领导和推动全市党风廉政建设深入推进。坚持从常委会自身做起，制定《深入贯彻中央八项规定精神进一步加强和改进市委常委会作风建设的若干意见》《银川市委政府领导首办负责制度(试行)》等。市委主要领导在重大会议上逢会必讲党风廉政建设，经常给纪委交任务、提要求，带头讲廉政党课，先后约谈市委班子成员、县(市)区和市直部门党组织负责人 18 人次；市四套班子成员切实履行“一岗双责”，既抓业务，又抓廉政，为全市党员干部作出表率。党的十九大召开后，市委把学习宣传贯彻作为当前和今后一个时期的首要政治任务抓紧抓实，召开全市领导干部大会、市委十四届四次全会，研究通过《中共银川市委员会关于深入学习宣传贯彻党的十九大精神的意见》。市级领导每周三下午集中自学，围绕 8 个专题，每周六上午确定重点发言人进行集体研讨，已召开 3 轮专题研讨会。举办全市领导干部学习十九大精神专题培训班，各级党组织通过集中培训、专题辅导、宣讲报告会等多种形式，在全市兴起学习贯彻党的十九大精神的热潮。

市纪委认真履行监督职责，出台《关于不履行党风廉政建设主体责任和监督责任追究办法》，建立全面从严治党“三个清单”，坚持年初细化分解任务、年中督导检查工作、年底考核完成情况，先后召开新任职领导干部廉政谈话会、纪检监察工作推进会、纪检监察系统学习贯彻十九大精神主题宣讲报告会等。建立“双查双述双报告”有效机制。市纪委主要领导先后约谈下级党组织主要负责人、纪委书记 57 人次。严格执行“一案四追责”，加大对“两个责任”落实不力追责力度，2017 年共查处落实“两个责任”不力问题 5 起，给予党政纪处分 9 人，问责 9 人，推动失责必问、问责必严成为常态。

(三) 从严抓执纪，不断巩固反腐败斗争压倒性态势

坚持反腐败全覆盖、零容忍、无禁区，持续保持高压态势。2017 年全市纪检监察机关共初核问题线索 1126 件，立案 603 件，处分 611 人，同比分别上升108%、100%、106%。其中市纪委监察局初核问题线索129件，立案68件，处分58人（其中处级干部19人），同比分别上升81.69%、106.06%、70.59%。严肃查处了银川经开区原主任助理梁亚彬、市水务局原局长汪秀琴等严重违纪案件。开展查处涉农扶贫领域腐败问题专项行动，全市共立案125件，党政纪处分101人，通报曝光40起典型案例。准确把握和运用监督执纪“四种形态”，2017年全市各级纪检监察机关共运用“四种形态”处理1370人次，其中，第一种形态746人次，占54%；第二种形态500人次，占36%；第三种形态82人次，占7%；第四种形态42人次，占3%。不敢腐的目标初步实现，腐败蔓延势头得到有效遏制，反腐败斗争压倒性态势已经形成并巩固发展。

（四）从严抓作风，不断促进干部作风有效转变

1. 持之以恒纠治“四风”。在全市开展党风廉政建设制度执行“回头看”活动，出台《进一步贯彻落实中央八项规定精神加强和改进有关工作的通知》《银川市党政机关市内公务接待管理办法》等。2017年严肃查处违反中央“八项规定”精神案件29件，给予党政纪处分46人，问责27人。

2. 开展“守纪律敢担当有作为”作风建设活动。出台《银川市党和国家机关工作人员不履职不担当不作为责任追究办法》，先后问责“三怕三缺三弱”（怕碰矛盾、怕担风险、怕担责任；缺乏政策水平、缺乏纪律观念、缺乏敬业精神；大局意识弱、服务意识弱、法治意识弱）干部27人。

3. 充分发挥“电视问政”作用。会同宣传部门、新闻传媒集团，紧盯干部作风，围绕群众反映强烈的人和事，加大问责力度。2017年共举办5期“电视问政”，问责干部50人，解决群众关注的热点难点问题335件。

4. 建立健全容错纠错机制。出台《银川市支持干部干事创业建立容错机制实施办法（试行）》，旗帜鲜明地为敢于担当、踏实做事、不谋私利的干部撑腰鼓劲，努力营造干事创业浓厚氛围。

（五）从严抓教育监督，推动全面从严治党向基层延伸

1. 加强廉政教育。成立银川市反腐倡廉宣讲团，构建“1+7”常态化宣讲机制。将9月确定为全市党风廉政建设宣讲月，先后举办23场宣讲活动，近万名干部职工接受教育。

2. 强化警示教育。坚持干部任前廉政谈话“四个一”制度（签订一份廉政承诺书、开展一次任前廉政谈话、组织一次警示教育观摩、参加一次专题教育报告会），2017 年先后签订廉政承诺书 223 份，对 150 名新任及调整交流处级干部开展集中廉政谈话、接受警示教育。

3. 深入开展巡察。出台《银川市巡察工作实施办法(试行)》，组建“一办六组”（1 个巡察办，6 个巡察组)巡察机构，构建市县一体化巡察机制。2017 年先后对建设工程项目多、资金使用量大的 6 个市直部门开展专项巡察。已结束巡察的市住建局、交通局、水务局、土储局共发现重点问题 237 个，移送问题线索 164 件，巡察的震慑作用充分彰显。

（六）从严抓队伍，努力打造治腐铁军

1. 抓制度，促规范。出台《加强市纪委常委会自身建设的意见》《市纪委常委会工作规则》《银川市纪委监察局班子成员首办负责制度》等指导性文件，制定《市纪委监察局机关问题线索管理和处置工作暂行办法》《自办案件涉案款物管理规定》等制度，切实把监督执纪的权力关进制度“笼子”。

2. 抓纪律，转作风。深入推进委局机关“两学一做”学习教育常态化制度化，建立市纪委监察局领导包抓县（市)区、市直部门纪检监察工作机制。出台《加强纪检监察干部监督的意见》，制定银川市纪检监察干部“七个严禁”纪律要求。

3. 抓学习，提素质。连续七年在市纪委监察机关开展“好习惯养成”活动，坚持每天早到 20 分钟晨学。组织干部 614 人次参加中央纪委、区纪委培训。2017 年先后举办全市纪律审查工作培训班、乡镇纪委书记培训班、新任职纪检监察干部专题培训班，纪检监察干部能力素质得到进一步提升。

二、银川市党风廉政建设和反腐败工作存在的问题

少数党组织管党治党责任意识不强，落实全面从严治党主体责任不到位，责任追究不严；工程建设、土地出让等重点领域违纪违法案件影响恶劣，侵害群众利益的不正之风和腐败问题时有发生；“四风”问题面上有所收敛，个别党员干部依然我行我素、顶风违纪；个别基层纪委和派驻机构

“三转”还不到位，监督作用发挥得还不充分。

三、对进一步加强银川市党风廉政建设和反腐败工作的思考

（一）坚持把政治建设摆在首位，持续营造风清气正的政治生态

加强对十九大精神和党章党规党纪执行情况的监督检查，严查违反党章党规党纪的各种行为，确保全市各级党员干部在政治立场、政治方向、政治原则、政治道路上同党中央保持高度一致，坚定不移地维护以习近平同志为核心的党中央权威和集中统一领导。紧紧围绕创新驱动、脱贫富民、生态立区等“三大战略”的实施和建设银川都市圈、贺兰山生态治理、环保污染问题治理、重大产业推进、重大项目建设，加大监督检查力度，严查上有政策、下有对策，有令不行、有禁不止，以严明纪律维护政令畅通。

（二）坚持以人民为中心，着力维护人民群众根本利益

把群众高兴不高兴、满意不满意、答应不答应作为检验工作的标准，深入开展涉农扶贫领域、城市贫困群体侵害群众利益不正之风和腐败问题专项整治，既严查农村基层干部虚报冒领、优亲厚友、克扣侵占、雁过拔毛等行为，又紧盯城市低保、廉租房、就业补助等，加大查处力度，维护群众利益，让群众有更多获得感。充分发挥“电视问政”作用，曝光干部作风、群众关注的热点难点问题，加大问责力度，推动群众反映强烈问题的解决，以反腐败的实际成效取信于民。

（三）坚持从严问责，把全面从严治党“两个责任”传导压实到基层

持续狠抓全面从严治党“两个责任”的落实，在推进“两个责任”落实具体化上下工夫。加强和改进“双查双述双报告”制度，严格执行全面从严治党“三个清单”，严格执行“一案四追责”制度，加大对“两个责任”落实不力问题的问责力度，用严厉问责倒逼“两个责任”落实到位。

（四）坚持以坚如磐石的决心，巩固反腐败斗争压倒性态势

以反腐败永远在路上的坚韧和执着，继续坚持无禁区、全覆盖、零容忍，坚持重遏制、强高压、长震慑，严查工程建设、土地出让、征地拆迁等重要领域和关键环节，侵害群众利益以及违反中央“八项规定”精神等“三个方面”的腐败问题，减少腐败存量，遏制腐败增量，深化标本兼治，

强化不敢腐的震慑，扎牢不能腐的笼子，增强不想腐的自觉，不断巩固压倒性态势、夺取压倒性胜利。

（五）坚持正风肃纪，着力营造干事创业的良好氛围

在全市开展“学、查、改”干部作风整治活动，着力解决干部队伍中存在的精神状态不佳、责任意识缺失、纪律规矩意识淡薄、为民服务意识不强等突出问题。驰而不息纠治“四风”。按照越往后执纪越严的要求，继续发扬钉钉子的精神，深入推进中央“八项规定”精神“回头看”活动，盯紧享乐主义和奢靡之风，克服形式主义和官僚主义，反对特权思想和特权现象，严查顶风违纪行为，不断巩固拓展落实中央“八项规定”精神成果，推动中央“八项规定”精神在银川落地生根。

（六）坚持从严教育监督，不断建立健全监督体制机制

深入推进反腐倡廉宣传教育，充分发挥银川反腐倡廉宣讲团作用，继续完善“1+7”常态化宣讲机制，加大宣讲力度，扩大宣讲覆盖面，教育引导党员干部增强不想腐的自觉，筑牢拒腐防变的思想防线。按照《中共银川市委员会市县巡察工作实施办法》总体要求，规范有序推进巡察工作，发现问题、形成震慑，督促整改、建章立制，把全面从严治党传导压实到基层。按照十九大部署要求，稳步推进全市监察体制改革，成立市县监察委员会，与纪委合署办公，实现对所有行使公权力的公职人员监察全覆盖。推进派驻机构统一管理和全覆盖，切实发挥“探头”作用。

（七）坚持严抓严管，建设让党放心、人民信赖的纪检监察干部队伍

按照打铁必须自身硬的要求，加强对纪检监察干部的教育监督管理，严格执行《银川市加强纪检监察干部监督的意见》和“七条禁令”纪律要求，加强对纪检监察干部的保密教育，树牢保密意识。以“零容忍”态度严查纪检监察干部违纪违法行为，用铁的纪律打造忠诚干净担当的纪检监察干部队伍。

2017年石嘴山市党风廉政建设和反腐败工作报告

张五红

2017年，石嘴山市各级纪律检查机关在自治区纪委和市委的坚强领导下，忠诚履行党章赋予的职责，围绕中心，聚焦主业，强化监督执纪问责，党风廉政建设和反腐败工作取得了新进展、新成效。

一、党风廉政建设和反腐败工作主要做法和成效

（一）创新举措，推动“两个责任”落实

1. 坚持以上率下，逐级压实责任。市委、市政府自觉把主体责任扛在肩上、抓在手上，市委召开十届二次全会，对推进全面从严治党进行了全面安排部署，市政府召开全市廉政工作会议，认真抓好政府系统党风廉政建设。全市各级党组织自上而下层层签订了目标责任书，将主体责任逐级压紧压实。市委常委会研究党风廉政建设重大问题和事项达到28次，将52项重点工作任务分解落实到市级领导、各县区、各部门，明确了任务清单和完成时限，并加大监督检查、推动工作落实。

2. 推进制度创新，强化制度建设。为了推动各级党组织主动落实主体责任，积极创新方式和举措，结合石嘴山实际，制定出台了《关于深入推进全面从严治党若干问题的意见》，对全面从严治党进行系统性和制度性安

作者简介　张五红，石嘴山市纪委办公室派驻纪检一组监察室主任。

排，明确了目标任务和工作措施。在全区率先出台了《落实全面从严治党主体责任全程纪实办法》《党内谈话实施办法》和《“双述双评”实施办法》，为进一步夯实从严治党主体责任提供了制度保障。在全市推行了“一纵四横”的党内谈话模式，实现了党内谈话纵向、横向全覆盖、常态化。

3. 推行清单管理，促进责任落实。推行“两个责任”清单化管理，督促三县区党委和69个市直部门（单位）党组织建立责任清单、问题清单和问责清单，逐级明确各级党政领导班子及其成员的具体责任、工作措施和问责情形，将责任延伸落实到基层党组织和重点岗位人员。

4. 深化述责述廉，增强监督实效。积极探索市纪委监督同级党政班子成员的有效途径，在市纪委十届二次全会上，安排1名副市长、3名部门党政负责人和三县区纪委书记进行述责述廉，公开个人有关事项，接受纪委委员质询、评议。述责述廉工作已延伸至市直部门、县区、乡镇和各级纪检组织，各级领导干部履职尽责、接受监督的意识明显增强。

5. 坚持问题导向，强化监督检查。加强监督检查、考评问责、约谈提醒、通报曝光力度，推动责任落实。组织对上半年全市“两个责任”落实、巩固深化中央八项规定精神“回头看”等党风廉政建设和反腐败重点工作进行了全面督查，现场向责任单位反馈存在问题，督促责任单位增补措施，加强整改。坚持以严问责、促履责，问责落实“两个责任”不力的领导干部24名，释放失责必问、问责必严的强烈信号。

（二）持续加压发力，持之以恒深化作风建设

1. 按照自治区纪委统一部署，扎实开展巩固深化中央“八项规定”精神“回头看”。制订工作方案，及时召开工作推进会，将巩固深化“回头看”纳入主体责任清单，自上而下对照“负面清单”开展自查自纠，既从制度的层面进行梳理校验，纠正制度，全面修订完善不配套、不适应、不落地的制度规定，同时，要求全市各级党员领导干部从执行落实方面进行自查自纠，纠正不到位、不落实的问题。全市共清理市级层面各类制度57项，编印《贯彻落实中央八项规定精神廉政新规汇编》，推进作风建设常态化、长效化。

2. 加强监督检查。紧盯重点领域、关键环节和重要节点，综合运用重点抽查、集中检查、明察暗访等方式，密切关注“四风”新动向新表现，严肃查处变相发放津补贴、借公务之名旅游等典型问题。全市共查处违反中央“八项规定”精神问题39个，问责处理46人，给予党政纪处分44人，分15批对27起典型问题点名道姓公开通报曝光，形成越往后执纪越严的有力震慑。

3. 强化专项整治，改进机关和干部作风。围绕市委、政府中心工作，加强对贺兰山自然保护区生态环境整治、扶贫攻坚、创城迎国检、“双创”、“双百”攻坚战等重点工作的巡察、督查、约谈力度，为市委各项决策部署的落实提供坚强保证。坚决整治“三不为”，对中央环保督察移交问题、银川市“1·05”公交纵火案等涉及石嘴山的相关责任人员严肃追究责任，共问责处理29人，给予党政纪处分23人。

（三）坚持惩防并举，实践监督执纪“四种形态”

1. 构建主体化的党纪党规教育平台。创新廉政教育形式和内容，建立了“廉洁石嘴山”微信平台，全面推行“互联网+”廉政知识学习、教育、培训、测试一体化模式，组织全市2500余名党员干部进行了廉政知识网上测试。

2. 强化廉政警示教育和优良作风教育。组织旁听职务犯罪公开庭审的新任职领导干部任前廉政考试制度，组织176名新任领导干部及配偶到自治区廉政警示教育中心接受了警示教育。对典型案例坚持公开通报曝光，发挥震慑作用，使党员干部受警醒、明底线、知敬畏。

3. 准确把握监督执纪“四种形态”。对党员干部存在的苗头性、倾向性问题早发现、早提醒、早处置。2017年以来，全市共开展谈话提醒576人次，诫勉谈话82次，函询134人次。出台《运用监督执纪“四种形态”实施办法（试行）》《反映党员干部问题线索谈话函询办法》，增强“四种形态”实践运用的规范化和实效性。对主动向组织交代问题的党员干部，从轻或减轻处分；为全市146名党员干部澄清了事实，使干部放下包袱、轻装上阵；对不收敛、不收手，严重违纪的党员干部，坚决予以查处。

（四）强化执纪审查，保持惩治腐败的高压态势。

1. 强化协作、凝聚合力。出台《石嘴山市党和国家工作人员涉嫌违纪违法犯罪案件(线索)通报移送实施办法(试行)》，建立健全联系协调、线索移交、案件移送等工作机制，强化纪检监察机关与公安、检察、审判、审计等部门协作配合。在市、县区共成立19个纪律审查协作区，对重要案件采取交叉办理、提级领办、挂牌交办、跟踪督办等方式统一调度，纪律审查工作绩效明显提升。1—10月份，全市各级纪检监察机关共处置问题线索690件，初核531件，立案303件，给予党政纪处分204人，四项重要指标在五市纪委排名第一。

2. 加强乡镇纪委建设。在全区率先实行乡镇纪委书记由县区纪委单列考核的工作机制，有效推动乡镇纪委落实“三转”，聚焦主业，全市20个乡镇共立案58件，处分32人，率先在全区实现了所有乡镇执纪审查全覆盖。

3. 狠抓专项整治。坚决整治侵害群众利益的不正之风和腐败问题，组织开展了查处涉农扶贫领域腐败问题专项行动，建立了由13家单位参加的联席会议制度，全市受理问题线索245件，立案105件，给予党政纪处分76人。先后4批次对15起典型案例点名道姓公开通报曝光，推动正风反腐向基层延伸。

(五) 突出政治巡察站位，利剑作用初步显现

1. 狠抓制度建设。贯彻落实中央、自治区关于巡视巡察的新部署新要求，出台了《市委巡察工作实施办法》等3个制度规定，组建了100多人的巡察组组长库、巡察干部人才库，推动巡察工作规范化、制度化和常态化。

2. 抓好市级巡察工作。组织制定了《巡察工作方案》，建立了工作例会制度，加强工作指导和统筹协调，发现了大量问题，发挥了震慑作用。共组织开展两轮巡察工作。第一轮巡察共成立3个巡察组，对市教体局、市人社局、市卫计局3个市直部门、28个二级单位进行综合巡察，共发现问题170个，已整改落实148个，建立健全各类制度27个，立案29起，处分23人，问责66人次。第二轮巡察对2016年巡察过的市农牧局(扶贫办)、市民政局、市住建局和涉农扶贫领域进行“回头看”，对市水务局、市园林局、市文广局进行综合巡察，发现问题203个，移交问题线索41个，立案2件、处分2人，收缴违纪资金45万元。

3. 统筹推进县区巡察工作。认真贯彻中央和自治区关于市、县区党委建立巡查制度的意见，加强对县区巡察工作的领导，构建市、县区巡察工作一体化、上下联动的工作格局。三县区均开展两轮巡察，共发现问题168个，移交问题线索116个，给予党政纪处分20人，形成实实在在的震慑。

（六）强化自身建设，着力打造忠诚干净担当的反腐铁军

1. 强化学习教育。深入推进“两学一做”学习教育制度化常态化，认真组织党员干部学习习近平总书记系列讲话精神，学习党章党规知识，努力做“四个合格”党员。组织召开专题学习会和全市监督执纪工作规则推进会，系统学习《中国共产党纪律检查机关监督执纪工作规则(试行)》，领会核心要义、纠正工作偏差。组织举办全市纪检监察干部培训班，分2批对市直部门、县乡镇纪检干部进行综合业务知识培训，不断提升业务素质和工作能力。

2. 完善内控机制。组织修订完善了纪委常委会工作规则，进一步规范议事程序，提高纪委常委会的科学决策能力。认真落实《中国共产党纪律检查机关监督执纪工作规则（试行）》，制定了线索处置、线索移送、约谈函询、涉案款物管理等方面的制度，健全内控机制，切实把监督执纪权用好管好。

3. 加强干部监督管理。积极履行委局班子主体责任，在全市纪检监察干部中间开展大约谈、大走访活动，了解干部思想状况，关心干部成长，加强对纪检监察干部的日常监督和管理，做到抓早抓小，常抓常管，严抓严管。坚持刀刃向内，严肃查处跑风漏气、瞒案抹案、以案谋私等违法违纪行为，对惠农区一名乡镇纪委书记违反廉洁纪律和工作纪律、平罗县一名部门纪委书记违规操办子女婚宴的典型违纪问题进行严肃处理并公开通报，坚决防止“灯下黑”。

二、党风廉政建设和反腐败工作存在的主要问题

个别党组织特别是一些基层党组织落实全面从严治党主体责任不到位，传导压力不够，不注重抓早抓小，日常监督管理抓得不严。

“四风”问题表现形式更加隐蔽，纪检监察机关发现隐形变异“四风”问题的能力还需进一步提高。

在对党员干部日常管理监督特别是8小时以外的监督中方法和手段不多，早发现、早处置工作机制还不完善。

基层侵害群众利益的不正之风和腐败问题还时有发生，纪检机关发现问题的能力有待提升。

派驻纪检组和基层纪委特别是乡镇纪委力量不足，派驻监督和巡察监督机构不健全，执纪监督的覆盖面还不够宽，落实“一案双查”的力度还不够大。

三、对进一步加强党风廉政建设和反腐败工作的思考

（一）认真贯彻党的十九大精神，严明党的政治纪律

一是全面贯彻十九大精神，坚决服从和维护以习近平同志为核心的党中央的集中统一领导，综合运用巡察监督、派驻监督、廉洁审查、谈话提醒、约谈函询、执纪审查等多种方式，加强对党的十九大、自治区十二届二次全会精神和党章党规执行情况的监督检查，坚决查纠上有政策、下有对策，有令不行、有禁不止，各行其是、阳奉阴违等行为，确保政令畅通、令行禁止，营造风清气正的良好政治生态。二是认真执行主体责任“双报告”和抄告制度，抓好党内谈话、“双述双评”和落实主体责任全程纪实等三项制度的贯彻执行，开展“三个清单”落实情况的监督检查。进一步深化述责述廉工作，有序扩大市级领导参与述责述廉范围。三是严格责任追究。紧紧抓住执行党内政治生活准则和党内监督条例不力、管党治党失职失责等典型问题，进一步加大问责力度，用好问责利剑，坚决把该打的“板子”打下去。健全典型问题通报曝光和追责情况定期报告制度，强化督查考评，落实终身问责机制，使问责和曝光成为常态、形成震慑，切实增强各级党组织和党员领导干部管党治党的政治责任。

（二）保持恒心韧劲，不断巩固作风建设成果

一是把开展落实中央“八项规定”精神“回头看”、巩固深化作风建设成果作为正风肃纪的重点，坚持问题导向，坚持“监督、查处、追责、曝光”四管齐下，建立高频次、常态化的监督检查机制，综合运用重点抽查、集中检查、明察暗访等方式，对变相公款吃喝、公款旅游、大操大办婚丧

事宜等隐形变异“四风”问题露头就打，严惩不贷，一律点名道姓公开通报曝光，坚决防止“四风”问题反弹回潮。二是围绕市委、市政府中心工作，强化行政监察职能，坚决查纠在推进重点项目、重点工作中的各种为官不为、落实不力、效率低下等问题，对不作为、慢作为、乱作为和庸懒散软拖等行为严肃问责，努力营造风清气正的发展环境。三是工作中将坚持“三个区分”原则，落实容错纠错机制，树立鼓励干事创业的执纪导向，凝聚推动发展的强大正能量。

（三）加强执纪审查，有效运用监督执纪“四种形态”

一是推动实现第一种形态常态化。严格落实《监督执纪“四种形态”实施细则》和《市纪委谈话函询办法》两个规范性制度，加大对苗头性、倾向性和轻微违纪问题的处置力度，使红脸出汗、咬耳扯袖成为常态，党纪轻处分和组织调整经常使用。推动各级党组织、纪检机构和党员领导干部将运用监督执纪“四种形态”特别是第一种形态作为日常工作抓在手上。二是坚定不移惩治腐败不放松。严格落实《石嘴山市党和国家工作人员涉嫌违纪违法犯罪案件(线索)通报移送实施办法(试行)》，强化协作配合，加强案件和线索移送管理。保持政治定力，高举反腐利剑，保持惩治腐败的力度不减、节奏不变、尺度不松，持续强化不敢腐的氛围。同时，做好执纪审查“后半篇”文章，认真落实“一案双书”工作机制，督促发生案件的单位完善制度、加强监管；加强对受处分党员干部回访教育，做好受处分党员干部的思想疏导、教育激励工作；深刻剖析典型案件，编印警示教育读本、拍摄警示教育片，强化警示教育作用，放大执纪审查综合效应；进一步巩固完善互联网+廉政教育模式，将严明纪律体现在日常监督管理，提升党员干部的纪律规矩意识。三是坚决整治和查处侵害群众利益的不正之风和腐败问题。重点围绕强农惠农政策落实、农村“三资”管理、土地征用、房屋征收等重点领域，加大巡察和监督力度，严肃查处虚报冒领、侵吞挪用、优亲厚友、吃拿卡要、截留私分等与民争利问题。对扶贫领域发生的违纪违规行为，从重处理，严惩不贷，对敢于在群众“救命钱”“血汗钱”上动心眼、下黑手的绝不放过。

（四）强化巡察和派驻监督，推动全面从严治党向基层延伸

一是发挥巡察利剑作用。认真执行自治区党委《关于市、县(区)党委建立巡察制度的实施意见》，加强巡察工作规范化建设，着力构建市、县区联动机制，形成巡察工作全市“一盘棋”的工作格局。对巡察反馈问题整改落实情况进行“回头看”，做到问题不查清不放过、责任不落实不放过、整改不彻底不放过，切实提升巡察工作成效。二是增强派驻监督实效。健全派驻纪检组负责人与驻在部门领导班子成员定期约谈、廉政谈话、联系沟通等机制，加强派驻纪检组对驻在部门和归口监督单位领导班子、中层以上干部的日常监督，督促驻在部门党组织认真履行全面从严治党主体责任，切实发挥好“前哨”作用。

（五）聚焦忠诚干净担当，持之以恒加强自身建设

一是找准职责定位，持续深化“三转”。按照中央纪委和自治区纪委的部署要求，调整内设机构，将执纪监督和执纪审查职责分开，使执纪监督、执纪审查、案件审理等环节相互协调、相互制约。二是进一步强化上级纪委对下级纪委的领导，加强对基层纪委的业务指导，建立健全报告工作、述职述责、考核评价等机制。拓宽选人用人视野，用好“三个提名考察权”，严格选人用人标准，严把入口，畅通出口，加大干部轮岗、交流和调整力度，进一步优化干部队伍结构。三是认真执行《中国共产党纪律检查机关监督执纪工作规则（试行）》，严格规范执纪审查工作程序，完善请示报告、回避等制度，加强监督管理，严控自由裁量权。建立健全内控机制，加强对信访举报、线索处置、执纪审查、定性量纪、涉案款物管理等重点岗位和关键环节的监督。四是加大对纪检监察干部的监督管理，对作风不实、不守规矩，不担当、不负责的要调整岗位；对执纪违纪、失职失责造成严重后果的，既要追究当事人责任，也要对纪委书记（纪检组长）问责；对不忠诚、不干净，造成恶劣影响的，要坚决查处，清理好门户，用严明的纪律打造一支让党放心、人民信赖的干部队伍。

2017年吴忠市党风廉政建设和反腐败工作报告

马和清　李海东

2017年，在自治区党委、纪委的坚强领导下，吴忠市委坚守政治担当，认真履行全面从严治党主体责任，扎实推进党风廉政建设和反腐败工作。市纪委及各级纪检监察机关积极履行监督责任，聚力主责主业，坚持挺纪在前，改革创新工作机制，加大正风肃纪力度，始终保持惩治腐败高压态势，推动全面从严治党向基层延伸，为建设绿色经济示范市提供了坚强有力的纪律保障。

一、吴忠市党风廉政建设和反腐败工作基本情况

（一）坚持以上率下，压紧压实“两个责任”

紧紧抓住“明责、定责、查责、问责”四个环节，通过建章立制、签字背书、督查考核等措施，全面铺开党风廉政建设“责任网”。

1. 明确责任，分解任务。制定《2017年吴忠市党风廉政建设和反腐败主要任务分工》，将全市党风廉政建设和反腐败工作50项任务具体分解到2个协调领导小组和17个牵头单位，并以责任书形式推进工作落实。

2. 全程纪实，压实责任。建立《吴忠市落实党风廉政建设“两个责任”

作者简介　马和清，原吴忠市委常委、纪委书记，现任中卫市委副书记；李海东，吴忠市纪委副书记、监察局局长。

全程纪实制度(试行)》，印发了主体责任、监督责任、一岗双责等三类纪实手册630余本，全市副处级以上领导干部人手一册，要求如实填写，确保党风廉政建设“两个责任”履责有痕、落实有力。在市纪委派出纪工委实行“3312”机制(“三抓”：抓主体责任落实、抓监督检查、抓党风廉政制度落地；“三问”：问责、问廉、问效；“十二项监督措施”：报、示、听、审、查、访、述、评、测、纠、追、曝)，落实派出机构监督责任，做到有问题清单、有监督纪实、有提醒诫勉谈话、有线索处置、有问责整改结果，使全面从严治党主体责任进一步落实，党内政治生活进一步规范。

3. 严格报告，跟踪督查。市本级74个党组(党委)、38名地市级领导干部、25个纪委(纪检组、纪工委)分别向市委、市纪委书面报告了2017年上半年和全年落实党风廉政建设主体责任、一岗双责和监督责任落实情况，并对报告情况进行通报。6月份，市纪委成立4个监督检查组，对市直各部门(单位)落实党风廉政建设“两个责任”、全程纪实制度落实情况开展专项督查。

4. 清单管理，从严问责。建立《吴忠市全面从严治党“三个清单”》，对落实党风廉政建设“两个责任”实行清单化管理，涉及98个部门和单位、493名领导干部，梳理出责任项目数2808条，具体落实措施6517条，建立问题清单442个。

(二) 坚持正风肃纪，稳步深化作风建设

持之以恒正作风、强监督、严整治，以党风带动政风民风持续向好。

1. 加大监督检查力度不放松。紧盯重要时间节点，严肃查处公款吃喝、公款旅游、公车私用、违规发放津补贴或福利、大操大办婚丧喜庆事宜及隐形变异“四风”问题，全市纪检监察机关已开展督查53次，下发督查通报24期，查处违反中央“八项规定”精神问题51个，处理44人，给予党政纪处分36人，对31起典型问题公开通报曝光。

2. 深入推进“回头看”不减压。持续推进落实中央“八项规定”精神“回头看”，对69个市直部门、142个下属单位开展监督检查，发现问题线索18个，立案8件，给予党政纪处分6人。要求全市对各项制度逐条逐项再审示、再清理、再校验，截至目前，全市共清理各项制度1264个，保留

1049个，修订完善142个，废止73个。

3. 严肃追责问责不降标。严肃查处“三不为”行为，促进机关效能提升，全市问责干部121名，特别对创建全国文明城市重点区域卫生问题进行调查核实，对负有重要领导责任的4名干部进行诫勉谈话，对5名领导干部进行提醒谈话，对14名相关干部予以责任追究，并在全市范围内通报，起到了警示和震慑作用，有力推动了创城工作任务落地生效。

（三）坚持提质增效，持续保持惩腐高压态势

坚持无禁区、全覆盖、零容忍，形成反腐败工作压倒性态势。

1. 强力反腐肃贪，以零容忍态度惩治腐败。认真落实《吴忠市关于运用监督执纪“四种形态”建立市、县（市、区）纪律审查工作协作区机制的实施意见》，健全纪律审查协作区机制，建立91人的执纪审查人才库。通过纪律审查协作区，初核问题线索469件、占总数的77.28%，与2016年同比增长30.65%。认真落实自治区纪委《2017年案件监督管理（信访）工作要点》，依托信访和案管“两个系统”，完善“六项台账”，实行问题线索归口管理，构建了“多渠道进水，一个池子蓄水，一个龙头出水”的信访举报集中管理处置模式，有效杜绝信访举报线索流失。严格落实“一报告两为主”工作机制，坚持问题线索月报制。扎实做好数据录入、审核，坚持月汇总、季分析，发挥数据统计分析作用。开展“纪律审查规范年”活动，分市县纪委、乡镇纪委两个层次开展，全面提升监督执纪规范化水平。充分发挥执纪审查协作区作用，加大常规指导和专项督导力度。加大对移交件的跟踪督办力度，及时向自治区纪委报送结果，及时督办移交给基层纪委的问题线索，确保件件高效办理。1—10月，全市纪检监察机关共处置问题线索924件，同比上升61.25%；立案416件，同比增长122.46%；给予党政纪处分324人，同比增长110.38%。全市45个乡镇均有立案，共立案165件，实现全覆盖。

2. 聚焦脱贫攻坚，严查涉农扶贫领域腐败问题。把基层涉农领域腐败问题的查处工作作为全面从严治党向基层延伸的重大举措，采取市县联动方式，精准发力开展涉农扶贫领域专项巡察。成立三个巡察组，分别由市纪委监察局班子成员任组长，重点对扶贫、农牧、园林、民政、水务等关联单位落实中央涉农扶贫工作方针政策和自治区、市委重大决策部署、开展涉农扶贫领域腐败问题专项查处行动推进、项目和资金监管使用、问题线索处置等情况进行巡察。各县（市、区）根据工作需要，成立2~3个巡察组，对有关县直部门和乡镇开展专项巡察。同时市级巡察组将巡察重心下沉到涉农扶贫领域腐败问题专项查处行动的县（市、区）和乡镇主战场，市级巡察组与县(市、区)巡察组联合在每个县(市、区)巡察2~3个县直部门和1~2个乡镇。市县两级共成立巡察组18个，抽调人员72名，巡察了12个市直部门(单位)、5个县(市、区)、10个县(市、区)直部门、5个乡镇，延伸巡察35个村，共受理信访举报89个，发现问题267个，梳理移交问题线索88个。截至目前，立案20件，给予党政纪处分29人。

3. 夯实基础建设，强化执纪审查安全保障。认真贯彻《中国共产党纪律检查机关监督执纪工作规则（试行）》，成立17人的执纪审查看护队伍，修订《安全防范制度》《错案责任追究制度》等制度，全面完善全程录音录像、视频监控、医疗器械等安全办案保障设施。市纪委及五个县(市、区)纪委都建立标准化谈话室，29个乡镇探索建立普通谈话室。坚持安全先行，不断加强执纪审查安全工作，确保不发生安全事故这一底线，实现了安全零事故、执纪审查人员零违纪的“双零”目标。执纪审查体现人文关怀，照顾当事人婚丧喜庆等特殊情况，增强教化效果。

(四) 坚持正本清源，筑牢拒腐防变纪律防线。

积极创新廉政宣传教育形式，深入推进廉政教育宣传工作，不断筑牢党员干部拒腐防变的思想防线。

1. 强化宣传引导。抓好《吴忠市纪委监察局对外宣传报道管理考核办法(试行)》《吴忠市纪委监察局网站管理办法(试行)》《关于建立网络新闻发言人协调小组及网络舆情信息员等“三支队伍”的通知》的落实，及时做好网上跟帖、评论、转发和舆论引导，1—10月，组织网评跟帖15次670余条，转帖96条110次，上报网评78篇，在市纪委监察局网站刊登各类宣传稿件2135条，在《中国纪检监察报》《共产党人》杂志等各类媒体、网站刊发稿件495篇。逢重大节假日向全市领导干部发送廉政提醒短信11期3.1万余条。开展征集优秀家风家规家训活动，征集作品230余篇，编印《吴忠好家风》2300册，征订《中国家规》《八德诠释》等569册并组织干部学习，营造崇廉尚俭、以德治家、以廉养家的浓厚氛围。

2. 常抓警示教育。将党纪党规纳入各级党校主体培训班学习内容，在市委党校开设警示教育课。坚持用身边人身边事开展警示教育，将十八大以来吴忠市查处的侵害群众利益不正之风和腐败问题典型案例编辑成《吴忠涉农扶贫领域腐败问题典型案例警示录》印发，在副处级以上干部传阅《忏悔录（2016版）》，发放《整治和查处侵害群众利益的不正之风和腐败问题典型案例警示录》等1100余册；组织观看《权力之殇》等警示教育片和《只有进行时》等专题片，组织22个涉农部门（单位）副处级以上领导干部及关键岗位人员观看《蝇贪之害——群众身边腐败典型案例警示录》。充分发挥警示教育基地作用，截至目前，到吴忠市反腐倡廉警示教育基地、吴忠监狱等开展活动有133个单位113场次6046人。

3. 坚持抓早抓小。严把党风廉政意见回复关，建立市管干部问题线索查询登记表，认真做好干部提拔任职、表彰奖励、出国（境）等党风廉政意见回复，1—10月，市本级出具回复函135次涉及43个部门938人（次），全市纪检监察机关谈话函询96人（次）、提醒谈话1273人（次）、诫勉谈话80人（次），给予党纪处分289人，给予政纪处分50人。

（五）坚持内修外炼，打造纪检监察铁军

始终高度重视队伍建设，深化“三转”，强化管理，严格监督，倾力打造忠诚干净担当的纪检监察铁军。

1. 强化学习，提升业务能力。完善理论中心组学习制度，开展理论学习中心组学习10次，坚持周一例会学习、业务大讲堂等机制，采取集中学习、讨论交流、撰写体会、观看警示教育片等形式，切实提升干部素养。选派委局32名干部参加了各级各类培训，3月份举办了全市206名干部参加的业务培训班。积极参加“推进全面从严治党迎接自治区第十二次党代会和党的十九大召开”主题征文等各类征文活动，征集文章200余篇，上报69篇，获奖16篇。抓好“三会两带”（案例集体学习剖析会、案情分析会、案件总结点评会，以老带新、以上带下），开展“双学双查双促”等活动，进一步提高工作能力和水平。坚持在派出机构开展“八有”活动，打造市直部门(单位)党风廉政建设示范点24个，各派出纪工委初核问题线索23件、参与办理案件2件，参加市直部门党组(党委)党风廉政建设和反腐败工作会议53场次，“探头”作用发挥明显。

2. 家庭助廉，建立良好家风。在全市纪检监察机关组织开展“家庭助廉月”活动，向180余个纪检监察干部家庭发送家庭助廉倡议书、签订家庭助廉承诺书、赠送《吴忠好家风》、11次发送廉政提醒短信，组织500余名纪检监察干部及其家属观看“清廉吴忠”文艺演出，组织委局全体干部及其家属到吴忠市反腐倡廉警示教育基地开展教育活动，不断强化纪检监察干部及其家庭带头遵守党纪法规、廉洁履职的自觉性和坚定性。

3. 严格管理，建设廉洁队伍。制定《机关工作人员严禁打听和泄漏执纪审查及来信来访情况的规定》《市纪委监察局干部外出授课有关规定》等制度，严格落实执行。开展廉政承诺活动，组织市、县、乡三级纪检监察干部分层签订“八个带头”《廉政承诺书》。在“吴忠市纪检监察网站”设立纪检监察干部举报平台，接受社会监督。完善纪检监察干部问题线索报告机制，实行问题线索每月一报。严查纪检监察干部违纪行为，目前已查核问题线索6起，通报曝光1起基层纪委书记不履行监督责任的典型案件，对1名干部诫勉谈话。

二、吴忠市党风廉政建设和反腐败工作存在的主要问题

2017年以来，尽管全市党风廉政建设和反腐败工作取得了一定成果成效，但也存在一些差距和不足。主要是：落实两个责任存在不平衡现象，有的单位责任落实力度不够；落实中央“八项规定”精神监督检查手段有待进一步创新，社会、群众监督的积极性有待进一步提高，隐形“四风”问题仍然存在；纪律审查工作还不平衡，个别乡镇还存在纪律审查业务不熟悉的问题，分析研判处置能力有待进一步提高；基层吃拿卡要、优亲厚友等“微腐败”有待进一步下大力气解决，对村级党员干部的监督和教育还不够；执纪监督和执纪审查业务专业化水平有待进一步提升，对纪检监察干部的监督机制还需要进一步完善。

三、对进一步加强吴忠市党风廉政建设和反腐败工作的思考和建议

党的十九大对党在新时代的使命任务进行了全面和具体的部署，对党的建设和全面从严治党提出了新的更高的要求。吴忠市纪委将全面贯彻党的十九大精神，主动适应形势任务发展，全面履行党章赋予的职责，扛起监督执纪问责的主责主业，坚定不移全面从严治党，推动党风廉政建设和反腐败斗争深入开展，为习近平新时代中国特色社会主义思想在吴忠落地生根、形成生动实践提供坚强保证。

（一）严明政治纪律，加强重大决策部署贯彻落实情况的监督检查

紧密结合实际，加强对党的十九大精神和党章党规执行情况的监督检查，加强中央、自治区及市委、政府重大决策部署落实情况监督检查，严明政治纪律和政治规矩，坚决杜绝有令不行、有禁不止的现象，确保政令畅通。

（二）健全监督机制，夯实党风廉政建设“两个责任”

健全完善机制，加强对“两个责任”、“三个清单”、全程纪实制度落实情况的监督检查。坚持政治巡察导向，突出重点，把握节奏，规范流程，推动巡察监督向基层延伸；在市直部门开展3轮常规巡察，市县联动专项巡察涉农扶贫领域，并适时开展巡察工作“回头看”。

（三）持续正风肃纪，巩固拓展落实中央“八项规定”精神成果

贯彻落实党的十九大对作风建设的新部署新要求，用钉钉子的精神抓落实。盯紧“四风”新动向，巡察、督促和明察暗访共同发力，抓死角、堵漏洞，以党员领导干部的示范引领和各方面监督合力，严防“四风”反弹回潮。坚持、巩固、深化，重点督查“小散远直”单位，对责任落实不到位、制度执行不严格的严肃问责、从严处理。健全“5+5”工作机制，加大问题线索督办力度，严肃查处基层不正之风和“微腐败”问题。

（四）运用“四种形态”，加大执纪审查力度

完善信访和案管“两个系统”“六项台账”，着力在信访举报工作“两个推进”“三个聚焦”和“四个解决”上下硬工夫(两个推进：推进信访举报精

细化管理、信访信息分析工作再深化；“三个聚焦”：聚焦重点人员、重点工作、重点问题；“四个解决”：解决督导监管不力的问题，底数不清的问题，群众反映突出的问题，重复、越级信访问题）。深化“纪律审查规范年”活动，坚持无禁区、全覆盖、零容忍，发挥纪律审查协作区作用，突出工作重点，积极运用“四种形态”，加大执纪监督监察力度，强化执纪安全保障，不断提升工作质效。

（五）强化宣传教育，提升党员干部拒腐防变意识

加强党的十九大精神及中央纪委、自治区纪委、市委全会精神等的宣传贯彻，办好自办媒体，及时做好网上跟帖、评论、转发和舆论引导，开展纪检监察好新闻、优秀理论征文评选活动，形成优秀成果。进一步发挥廉政警示教育基地的教育功能，提高党员干部廉洁自律意识，筑牢拒腐防变思想防线。

（六）推进体制改革，强化机关和干部队伍建设

深化国家监察体制改革试点工作，完善监察委员会运行机制。推进“两学一做”学习教育常态化制度化，采取以案代培、跟班学习等方式，强化业务学习，全面提升纪检监察干部履职能力。严格监督管理，严肃查办纪检监察干部违纪问题，努力打造一支忠诚干净担当的干部队伍。

2017年固原市党风廉政建设和反腐败工作报告

张　毅

2017年，固原市纪委认真贯彻落实中央纪委、自治区纪委全会精神和自治区第十二次党代会精神，坚持以强化“两个责任”落实为主线，抓重点求突破，抓创新促提升，全市党风廉政建设和反腐败各项工作取得了新进展、新成效，为打赢脱贫攻坚战、全面建成小康社会提供了有力保证。

一、党风廉政建设和反腐败工作主要做法与成效

（一）抓重点突破，推动党风廉政建设和反腐败整体工作全面发展

1. 坚持传导压力，推动“两个责任”落地生根。市纪委积极协助市委加强党风廉政建设和组织协调反腐败工作，先后15次提请市委常委会专题研究部署党风廉政建设和反腐败工作。4次对全市所有乡镇落实“两个责任”情况进行全面督导，整改问题58个。问责落实全面从严治党“两个责任”不力问题36起，处理36人，其中党政纪处分12人，公开通报曝光2人。组织开展了全市部分乡镇落实全面从严治党要求首轮交叉巡察和第二轮扶贫领域项目资金专项巡察，巡察乡镇、市直部门单位14个，移交问题线索69件，初核54件，转立案10件，问责8人，给予党政纪处分5人。

2. 坚持挺纪在前，推动践行“四种形态”具体化。结合推进“两学一

作者简介　张毅，固原市纪委宣教室主任。

做”学习教育常态化制度化，通过举办“六盘清韵”廉政书画展、组织党员干部到自治区廉政警示教育中心接受警示教育、开展“抵制腐败，共享和谐”警示教育宣传周活动，增强纪律规矩意识。认真践行监督执纪“四种形态”，作出适当处理的521人次，同比增加40%；给予纪律轻处分的262人次，同比增加82%；给予纪律重处分的74人次，同比增加72%；移送司法机关的16人次，同比下降38%。

3. 坚持专项整治，促进正风肃纪常态化。协助市委制定出台了《关于深入贯彻中央八项规定精神进一步加强和改进领导干部作风建设的若干意见》。持续深入开展干部作风专项整治，整改问题2213个，查处问题178个，问责单位30个、干部302人。开展交叉检查5次，查处违反中央“八项规定”精神问题13起，问责处理10人，组织处理3人。与2016年同期相比，查处违反中央“八项规定”精神问题案件下降了8.3%，处理人数下降了39%。结合调研活动以及同群众谈话了解显示，干部群众认为“四风问题”得到遏制的达97%以上。

4. 坚持“零容忍”态度，持续加大纪律审查力度。及时出台修订《问题线索处置及集中监督管理暂行办法》《执纪审查信息管理系统数据报送暂行办法》《谈话函询暂行办法》等规定，制定了信访举报件处理、领导批示件跟踪督办办法等制度。加大纪律审查力度，2017年1—11月份，全市共受理信访举报468件，处置问题线索807件、立案341件、结案347件、给予党纪政纪处分341人，同比分别上升1%、34%、52%、53%、51%。

5. 坚持以基层党风廉政建设为重点，严肃查处群众身边的腐败问题。以民政资金和危窑危房改造补助资金为重点，深入开展查处涉农扶贫领域腐败问题专项行动，共排查清理涉农扶贫领域问题线索428件，查处159起，处理党员干部200人，其中，党政纪处分179人，组织处理27人，通报涉农腐败问题13期44起66人。与2016年同期相比，查处侵害群众利益的腐败案件上升了105%，处理干部人数上升了97%，群众对整治基层腐败力度和成效满意度明显上升，达到96%。

（二）抓创新提升，打造具有固原特色的党风廉政建设和反腐败工作亮点

1. 全面推行“三级同述”、“三级包抓”工作机制。全面推行市县乡三级党组织主要负责人述廉述责制度，先后有2名县委书记、60名市直部门(单位)党组织负责人向市纪委全会进行述廉述责，有效解决了党委(党组)落实主体责任意识不强、虚化空转等问题。全面推行市县乡三级纪委班子成员联系包抓党风廉政建设和反腐败工作制度，8名市纪委常委包抓5个县(区)纪委和11个纪检组，34名县(区)纪委领导包抓65个乡镇(街道)、228个县直部门(单位)，374名乡镇纪委领导包抓822个行政村(社区)，有效解决了不会监督、不愿监督、不敢监督的问题。

2. 全面推行监督执纪"三交叉"工作机制。以推动中央"八项规定"精神落实、纠治"四风"为重点，开展异地交叉检查4次，有效解决了监督执纪人员在本地区难以发现问题和问责不到位、监督乏力等问题。全面推行市、县(区)纪委、派驻纪检组交叉执纪审查机制，组织对35起扶贫涉农领域违纪违规案件进行了交叉审查，既提高了成案率，又达到了"以案代训"和精准执纪的目的。全面推行案件交叉审理机制，组织对69起案件进行了交叉审理，既解决了案件定性量纪不准的问题，又突出了以审代训。

3. 全面推行执纪审查一体化模式。制定了《关于加强和改进全市执纪审查工作的意见》，探索建立问题线索管理一体化、执纪审查组织指挥一体化、力量调配一体化、安全防范一体化、后勤保障一体化的"五位一体"执纪审查工作模式，切实发挥市纪委龙头示范、县(区)纪委中坚骨干、乡镇纪委联合作战和派驻纪检组探头作用，形成执纪审查工作的整体合力，全力突破执纪审查难点，集中查办有影响的案件。

4. 借助"331"监管机制运行扎牢不能腐的笼子。盯紧涉农资金监管，借助"三级备案、三级审核、一个平台监管"工作机制落实，配套出台《固原市涉农惠农资金监督管理责任追究办法》，强化监督执纪问责，保障涉农项目安全、资金安全、干部安全，在扎牢不能腐的笼子上迈出了新步伐。目前借助监管平台梳理问题线索26件，调查核实12件，立案5件，了结7件。自治区纪委将固原借助扶贫项目资金"331"监管机制运行扎牢不能腐笼子的经验做法印发全区推广。

5. 全面推行执纪审查协作区机制。出台《乡镇纪委执纪审查协作区暂行办法》《消灭乡镇纪委执纪审查"空白点"暂行办法》和《市纪委加强派驻纪检组执纪审查工作暂行办法》，按照就近整合、优势互补、有利工作的原则，在全市62个乡镇建立了20个协作区，将11个派驻纪检组划分成2个执纪审查工作协作区，通过强化领办、交办和交叉办案，共立案159件，实现了立案审查全覆盖、零突破。

6. 全面推行派驻机构垂直管理模式。制定出台了《关于加强市纪委派驻机构建设的实施意见》《固原市纪委派驻机构垂直管理工作办法》和《关于市纪委派驻机构全面履行监督职责的实施意见》，形成派驻机构监督全覆盖和垂直管理的制度安排。采取单独派驻与综合派驻两种方式，设置派驻纪检组11个、核定编制24名，监督全市85个市直部门（单位）和4个国资企业，实现派驻监督全覆盖。配套制定向市纪委报告工作、市纪委领导包抓派驻机构工作、执纪审查协作区、工作例会、工作调查研究等制度，并明确“5类监督方式”，有力指导派驻机构正确有效履职。

（三）抓自身建设，全面提升监督执纪工作能力水平

1. 持续深化“三转”。制定了纪委书记和副书记、派驻纪检组长和副组长“两个提名考察办法”，下发了《关于乡镇纪委书记不分管其他业务聚焦主业专司纪检监察工作的通知》，督促乡镇纪委书记实现专职专责。出台《固原市纪委委员履职工作办法》，对市纪委委员履职尽责发挥作用作出明确规定和要求。成立了委局机关党总支，下设三个党支部，为强化监督执纪问责提供了有力支撑。

2. 增强履职能力。制定《2017年全市纪检监察干部教育培训方案》，分期分批分层次对全市纪检监察干部进行全面系统培训，共举办培训班11期，培训干部1500余人次。并以“三级包抓”“纪律审查片区协作”、监督执纪“三交叉”等工作机制为载体，强化实践锻炼，全市纪检监察干部的监督执纪能力和水平不断提升。

3. 严格监督管理。认真落实监督执纪工作规则，加强对重要岗位和关键环节的监督，规范“七项权力”行使。以“两学一做”学习教育常态化制度化和整治干部作风优化发展环境活动为载体，着力解决纪检监察干部作风不实、纪律规矩意识淡薄等问题，打造忠诚干净担当的纪检监察干部队伍。

二、党风廉政建设和反腐败工作存在的问题

固原市党风廉政建设和反腐败工作虽然取得了一定成效，但还存在一些问题和不足，主要是：个别地方落实主体责任不够有力，措施不实，办法不多；从源头上预防腐败的有效机制还不够完善，涉农扶贫领域腐败问题和违反中央“八项规定”精神行为在一定范围内存在；巡察工作机制还不健全，基层纪检机关监督执纪“四种形态”实践运用还不够准确；有的纪检监察干部思想观念、能力素质和工作作风还不能适应新任务、新要求。

三、对进一步加强党风廉政建设和反腐败工作的思考

（一）深入学习宣传贯彻党的十九大精神，坚决维护党的全面领导

1. 要增强政治自觉。充分认清党章赋予的政治使命和责任，切实增强“四个意识”、坚定“四个自信”，坚持用十九大精神管党治党，以新部署新要求推动固原市纪律检查工作纵深开展，自觉做维护党的全面领导的忠实践行者。

2. 要抓好学习贯彻。把学习贯彻党的十九大精神作为当前首要政治任务，结合“两学一做”学习教育常态化制度化，坚持用习近平新时代中国特色社会主义思想武装头脑、指导实践、推动工作。

3. 要加强监督检查。结合学习贯彻自治区十二届二次、市委四届二次全会精神，扎实开展党的十九大精神和党章党规执行情况监督检查，运用公开通报、追责问责等手段，提升全市各级党组织和党员干部的思想自觉和行动自觉，纠正自行其是、各自为政、有令不行、有禁不止等问题，确保政令畅通。

（二）切实突出思想建党和制度治党，持续推进全面从严治党向基层延伸

1. 要全面加强纪律建设。强化监督执纪“四种形态”运用，让红脸出汗成为常态，约谈函询、教育提醒比例明显提升。认真落实市委《关于建立容错纠错正向激励机制支持干部想干事能干事干成事的实施办法》。

2. 要严肃党内政治生活。加强对“关键少数”特别是一把手政治生活的监督，督促其严格执行议事制度、落实上级党组织派人参加下级党组织

领导班子民主生活会制度和“五不直接分管”、个人重大事项报告等制度，用严明的纪律和严格的监督使党员领导干部知敬畏、存戒惧、守底线。

3. 要推进全面从严治党向基层延伸。继续抓好“三级同述”“三级包抓”工作机制落实，切实把管党治党政治责任向县（区）、乡镇（街道）压实，延伸到村一级党组织和党员干部。严格执行《中国共产党问责条例》和自治区实施办法，坚持“一案双查”，倒逼全面从严治党主体责任落实到位。

（三）坚持不懈改进作风，努力提升党员干部落实中央八项规定精神的行动自觉

1. 认真落实中央“八项规定”精神。继续运用交叉检查工作机制，守住重要节点，强化日常监管，坚决防止“四风”问题反弹回潮。把违反中央“八项规定”精神问题作为巡察检查、线索处置、执纪审查的重点，先于其他问题查处和通报，做到违纪必究、执纪必严。

2. 突出整治关键重点。严格落实《关于深入贯彻中央八项规定精神进一步加强和改进领导干部作风建设的若干意见》，着力纠正一些领导干部庸懒散软和不愿担事、冷硬横推、吃拿卡要等“三不为”问题，使违规使用“三公”经费、违规操办婚丧嫁娶和公车私用等隐性问题得到有效治理。

3. 构建作风长效机制。办好固原纪检监察网、《固原纪检监察》期刊，使其成为党员干部内外学习交流的重要平台。健全“四风”问题处置快速反应机制，实现市、县、乡三级联动，对反映突出问题坚持做到一竿子插到底，以点带面，步步深入。

（四）全面推开监察体制改革试点，建立健全全覆盖一体化监督格局

1. 推开监察体制改革试点。协助市委制定《固原市推进国家监察体制改革试点工作实施方案》，积极配合自治区抓好组织市县两项目级监察委员会的组织实施和具体落实。完善监察委员会运行机制，出台监察工作具体制度办法，探索监察体制改革后执纪监督与执纪审查相互制约、执纪与执法相互衔接的实现路径，实现对所有行使公权力的公职人员监察全覆盖。

2. 强化派驻监督实效。稳步推进县级派驻机构垂直管理，实现派驻监督全覆盖。健全派驻机构领导体制和工作机制，出台派驻机构考核工作细则，落实监察职能向派驻机构延伸。

3. 发挥巡察利剑作用。落实好自治区党委《关于市县(区)党委建立巡察制度的实施意见》和《中共固原市委巡察工作实施办法》，构建上下联动的巡察监督网，开展专项巡察和交叉巡察，发挥政治“显微镜”和“探照灯”作用，力争五年实现对全市巡察全覆盖。

（五）持续保持惩治腐败高压态势，全力营造风清气正政治生态

1. 坚定不移惩治腐败。保持惩治腐败力度不减、节奏不变，巩固深化纪律审查一体化管理模式和交叉审查工作模式，把党员领导干部违反政治纪律和政治规矩、侵害群众切实利益问题作为执纪审查工作重点，严肃查处对党不忠诚、阳奉阴违，搞攻守同盟、对抗组织审查的问题，坚决查处分割群众利益，克扣侵占涉农惠农项目资金和社会保障资金的腐败案件。

2. 加强纪法衔接和法法衔接。优化纪委监委内部运行规程，明确线索处置、证据转换、案件移送等具体操作，使执纪审查和依法监察相互衔接、协同推进。探索建立协调落实和追责问责工作机制。

3. 做好惩治腐败后半篇文章。充分发挥典型案例和违纪违法干部忏悔录的反面教材作用，深刻剖析问题成因和沉痛教训，达到查处一个、警示一批、教育一片的效果。健全完善管党治党各项制度，扎实开展各类警示教育活动，强化不敢腐的震慑、扎牢不能腐的笼子、增强不想腐的自觉。

（六）加强基层党风廉政建设，着力增强人民群众满意度和获得感

1. 严肃惩治“微腐败”。继续推进乡镇纪委纪律审查片区协作机制，全力整治扶贫资金方面贪污侵占、骗取套取，扶贫项目分配审核方面以权谋私、优亲厚友、收受好处费等 “微腐败”问题。

2. 扎实开展专项整治。紧紧围绕打赢脱贫攻坚战，督促市扶贫办和财政局，集中开展整治数字脱贫、虚假脱贫和村级“三资”使用管理专项行动，坚决纠治基层党员干部欺上瞒下、谎报虚报等问题和村级干部侵吞集体资产、挤占公共资源等行为。

3. 坚持惩防并重。继续开展“抵制腐败，共享和谐”警示教育宣传周活动，推动纪律教育向“神经末梢”延伸。借助扶贫项目资金“331”监管机制运行，加大监督执纪力度，严格执行《固原市涉农惠农资金监督管理责任追究办法》，认真办理平台移交的问题线索，提升群众获得感。

（七）加强纪检干部队伍建设，奋力践行新时代纪检监察工作新部署新要求

1. 加大教育培训力度。制定全市纪检监察干部培训计划，围绕党的十九大关于反腐倡廉新理念，突出监察体制改革试点工作强化培训，加大转隶人员党章党规党纪教育和原有人员宪法法律知识培训，补齐业务短板，增强工作能力。

2. 强化作风建设。严格执行集体决策、请示报告、回避、涉案款物管理等制度规定和监督执纪工作规则，探索实行市纪委执纪监督、执纪审查部门职责分离，使执纪监督、执纪审查、案件审理各环节相互协调、相互制约。完善内部监管机制，发挥纪检监察干部监督室作用，坚决查处跑风漏气、以案谋私等行为，推动监督执纪工作更加规范化、制度化。

3. 加强干部队伍建设。加强纪委常委会自身建设，完善基层纪检机构管理体制和工作机制，领好班子、带好队伍。加强干部轮岗、交流力度，增加干部实践锻炼机会，把能干事、敢干事、会干事干部用起来，提升干部生机活力，建设一支较高水平的纪检监察干部队伍。

2017年中卫市党风廉政建设和反腐败工作报告

刘明生　李学智

2017年以来，中卫市各级纪检监察机关认真落实中央、区、市党委的安排部署，坚决履行管党治党政治责任，强化党内监督，始终把纪律挺在前面，聚焦监督执纪问责，持续纠治“四风”，着力解决群众身边的“微腐败”问题，有力地推进了全市党风廉政建设和反腐败工作，为建设开放富裕和谐美丽中卫提供了坚强纪律保证。

一、党风廉政建设和反腐败工作主要做法与成效

（一）强化政治自觉，深入学习贯彻党的十九大精神

党的十九大召开以来，市纪委高度重视，迅速下发了《关于在全市纪检监察系统深入学习贯彻党的十九大精神的通知》，组织全市纪检监察干部深入学习贯彻落实党的十九大精神。

1. 召开专题学习会。2017年10月下旬、11月上旬，先后2次组织传达学习了党的十九大精神；11月5日，利用一天时间，又组织纪检监察干部听原声、学原文，原原本本地学习了党的十九大报告、中央纪委工作报告等内容；11月13日，原原本本学习了中央和自治区党委、市委有关学

作者简介　刘明生，中共中卫市委常委、纪委书记；李学智，中共中卫市纪委正处级纪检监察员。

习贯彻党的十九大文件，进一步统一思想、明确方向、凝聚共识、学思践悟，着力解决学懂的问题。

2. 召开专题研讨会议。结合“两学一做”学习教育，举办纪检监察干部学习党的十九大精神专题研讨会，深学、细研，领会精神实质，着力解决弄通的问题。

3. 召开专题座谈会议。召开党的十九大精神座谈会，结合纪检监察业务实际，围绕学习贯彻党的十九大精神，理清工作思路，谋划今后工作，着力解决做实的问题。

（二）聚焦扶贫领域，深挖细查基层“微腐败”问题

2017 年，市纪委将工作重心向涉农扶贫领域聚焦，进一步强化监督执纪问责，严肃查处侵害群众身边的“小贪蝇腐”问题，增强基层群众获得感。

1. 开展“五必进五必问五必查”活动，深度扫描基层“微腐败”问题线索。研究制定了《关于开展扶贫领域监督执纪问责“五必进五必问五必查”活动通知》，变“被动监督”为“主动监督”，变“等待举报线索”为“主动发现线索”。计划用三年时间，组织全市纪检监察干部深入基层一线逐户走访摸排侵害群众利益的不正之风和腐败问题线索。2017 年年底前，中宁县、沙坡头区走访排查不低于 40%的重点村，海原县走访排查不低于 15%的重点村，计划 2018 年上半年全市各县（区）要实现脱贫攻坚重点村走访排查全覆盖。截止到 2017 年 11 月份，市纪委已组织 29 名干部深入基层一线，走访群众 158 户，排查问题线索 7 件。

2. 推行领导接访制度，畅通信访举报渠道。研究制定了《中卫市纪检监察系统领导班子成员接访工作制度》，每月第一周周五作为领导接访日，轮流安排一名委局领导坐班接待群众来访，对反映的问题线索及时处置。

3. 设立信访举报箱，及时受理群众举报。在全市 208 个贫困村及贫困区域所在的 29 个乡镇设立 237 个举报箱，发布《受理反映扶贫领域违纪问题信访举报公告》，由乡镇纪委书记和纪检干部每隔 10 天开启举报箱，如实登记、及时处置举报信件 4 件。通过将举报箱设立在群众家门口，实现了群众举报“零距离”。

4. 建立联席会议制度，通力协作严查基层“微腐败”问题。建立了《中卫市扶贫领域监督执纪问责联席会议制度》《中卫市纪委中卫市扶贫办脱贫攻坚精准监督联席会议制度》，召开了由市扶贫办、市农牧局等17家单位参加的联席会议，共同研究解决扶贫领域监督执纪问责工作，充分发挥涉农职能部门的职能监督作用，形成信息共享、资源共用、齐抓共管的工作格局。同时，开展对涉农职能部门履行脱贫攻坚主体责任情况专项检查，督促职能部门切实履行职能部门的主体责任。

5. 提级查办，“直查直究”基层“微腐败”问题。针对海原县基层“微腐败”问题多发易发等问题，市纪委集中主要办案力量向海原县倾斜，由一名副书记蹲点海原县督导、常委分片包抓，10名干部到海原县直查直办、挂牌督办，提级查办问题线索35个。针对明察暗访中发现中宁县喊叫水、徐套乡扶贫工作存在的问题，对18名相关责任人予以追责问责，给予党纪政纪处分10人、党政纪双处分1人。截至目前，全市纪检监察机关共排查问题线索217件，立案176件，给予党纪政纪处分169人，移送司法机关10人，对27起典型案例点名道姓通报曝光。

（三）聚焦全面从严治党，扛稳抓牢管党治党政治责任

中卫市委、市纪委在认真落实“两个责任”实施意见、“两个责任”考核办法和责任追究办法的基础上，在着力构建“两个责任”落实体系上下工夫，突出抓好全程纪实留痕、追责问责关键环节，形成了“党委主体责任、纪委监督责任、党委书记第一责任人职责和班子成员一岗双责”的“四责合一”及“明责、履责、述责、督责、考责、问责”六责联动“4+6”责任落实机制，有效推动“两个责任”落地生根，推进全面从严治党向纵深发展。

1. 制定清单全面明责。认真落实区、市党委《关于推进全面从严治党若干问题的意见》，按照《中卫市落实党风廉政建设党委主体责任和纪委监督责任清单》要求，逐级厘清责任边界，明确党委主体责任56项、纪委监督责任54项、党委主要负责人责任14项、班子成员责任9项。同时，在全市范围建立了全面从严治党“责任清单、问题清单、问责清单”，对责任事项实行“清单式”管理，不断压紧压实“两个责任”。

2. 全程纪实精准履责。在全市推行落实“两个责任”全程纪实留痕管理新模式，层层签字背书，制发《党委(党组)领导班子及其成员落实党风廉政建设主体责任全程纪实手册》428份，《纪委(纪检组)落实党风廉政建设监督责任全程纪实手册》32份。按照“科目化”记账方式，由党委（党组）、纪委(纪检组)领导班子及其成员本人对研究部署、督促检查、听取汇报、干部选任、廉政谈话、作风建设、问责处理、问题整改、案件查处、民主生活会、党内监督、“三重一大”等18个方面共计85项履职情况进行照单履责，实行“一事一记录、一责一留痕”，确保履责有痕、倒查有据、落实有力。

3. 三述三评公开述责。在扎实落实党风廉政建设“双报告”的基础上，2017年组织5名县（区）、市直部门（单位）党政组织主要负责人、纪委书记在市委全委会上进行述职评议，17名县（区）党员副职和乡镇、部门党政主要负责人在县（区）委全委会上进行述职评议，其他班子成员围绕责任落实在本县（区）或部门内部进行述职述责述廉，并对述职述责述廉报告公开、民主测评结果公开、整改落实情况公开，市、县（区）“三述三评”综合考评机制进一步完善。

4. 监督检查常态督责。采取明察暗访、重点抽查、专项巡察、半年督查相结合方式，对责任落实情况进行监督检查，制发《纪检监察建议书》和《廉情抄告书》287份，整改落实问题703个，督促“两个责任”有效落实。全面推行“五谈二会一报告”机制，坚持抓早抓小，警钟长鸣，全市共开展各类谈话6044人次，其中：谈心谈话4317人次，提醒谈话1109人次，责任约谈418人次，诫勉谈话130人次，函询谈话70人次。

5. 实施量化严格考责。进一步完善《中卫市落实党风廉政建设党委主体责任和纪委监督责任考核办法》，将考核内容细化为15项，实行百分制考核，注重抓平时、抓日常抽查，注重过程管理，强化平时考核导向作用，针对督查考核中发现的问题，督促责任单位制定方案限期整改。

6. 强化追究严肃问责。坚持有权必有责、有责要担当、用权受监督、失责必追究，严格实行“一案双查”，对“两个责任”落实不力的既追究直接责任、主体责任、监督责任，还追究领导责任和党组织的责任。2017

年以来，对落实“两个责任”不力的83名领导干部(市本级27名)进行了问责追责，其中给予党纪政纪处分36人（市本级15人），组织处理6人（市本级1人），诫勉41人（市本级11人）。通过问责倒逼“两个责任”落地生根。

（四）突出重点环节，纠治“四风”强化作风建设

坚持以抓铁有痕、踏石留印的韧性和恒心，把贯彻落实中央“八项规定”精神作为作风建设的“风向标”，深化巩固中央“八项规定”精神“回头看”，紧盯隐身变异“四风”问题，着力构建暗访、查处、追责、曝光“四位一体”长效机制，坚决防止“四风”反弹回潮。

1. 紧盯节点抓作风。紧盯重要节点，严查“四风”隐身变异问题，净化了党风政风，提振了社风民风。2017年以来，共组织明察暗访50次，累计抽查520个部门（单位）工作纪律情况，排查公车2.25万辆（次）、酒店33家、商场超市24家，督促整改问题167个。

2. 开展公车改革纪律执行情况专项检查。市纪委会同市车改办对全市党政机关公务用车改革纪律执行情况进行了专项检查，发现问题5个，督促限期整改落实。同时，针对公车改革后存在的问题，要求财政部门对全市交通补贴发放情况进行专项检查，坚决杜绝违纪违规现象发生。

3. 开展违规公款购买消费高档白酒问题集中排查整治工作。联合税务、审计等部门，对市直各部门（单位）2017年以来公款购买消费高档白酒情况进行了专项检查。

4. 开展财务报销违规问题专项整治行动。由市财政局牵头，组成4个检查组围绕违规设定收费项目、收费标准、滥发津贴补贴、违规使用“三公”经费、私设“小金库”等17类重点问题，对36个市直部门和“小远偏直”下属单位2015年以来的财务报销问题进行“拉网式”检查，督促财政部门下发《责令整改通知书》36份，移交问题线索3个。特别是对中卫第十小学校长、财务人员违纪违法问题进行了立案查处。

5. 严肃纪律狠刹“人情风”。深化借婚丧喜庆事宜敛财“1+4”机制，严格“八不准”“双报告”和随机抽查核实制度，加强对借婚丧喜庆事宜敛财行为的查处力度。市纪委严肃查处了柔远中学违反中央“八项规定”精神、公款吃喝问题，给予柔远中学校长开除党籍处分，其他涉嫌违法犯罪问题移送司法机关依法处理；给予副校长党内警告处分、总务主任党内严重警告处分，并在全市通报曝光。同时，针对海原县政协办公室主任违规操办婚丧喜庆事宜问题，海原县纪委给予其党内严重警告处分。

6. 规范借全域旅游考察名义旅游观光问题。针对个别单位借考察名义到景区观光旅游以及少数部门在其他公务接待中安排外省市单位到旅游景点等问题，市纪委会同公安部门，选取主要景点进出口路段，调取卡口录像，排查车辆信息 9797 条，下发《纪检监察建议书》6 份。

7. 加强干部作风建设。在全市组织开展“忠诚干净、担当干事”深化作风建设专项行动，坚决整治“庸懒散软拖”“为官不为、为官畏为”等问题。认真落实容错纠错免责实施办法，严格按照市委《关于激励全市干部想干事能干事干成事的实施方案》要求，充分激发广大干部干事创业的内生动力，树立鼓励干事、惩处腐败的鲜明执纪导向，激发党员干部担当精神。

（五）围绕中心服务大局，不断加强执纪监督

紧盯重点领域和关键环节，加强对主责部门履职情况的再监督再检查，坚决纠正上有政策、下有对策、有令不行、有禁不止等不守纪律、不守规矩行为，确保政令畅通，力促重大决策部署不折不扣地贯彻落实。

1. 紧盯重点领域开展监督。组织开展“制度落实监督年”专项行动，重点以《准则》《条例》的贯彻落实推动各项规章制度落实。围绕“严明纪律、强化监管”，针对项目招投标、工程造价、工程款支付等重点环节和关键领域，督促发改、住建等主责部门开展了工程建设领域突出问题专项行动，确保工程建设领域突出问题治理取得实效。

2. 紧盯关键环节开展监督。强化对贯彻落实中央、区、市党委、政府重大决策部署不坚决、工作中监管不力、履职不到位等问题的追责问责力度。针对环境保护整改、林业管理、安全生产责任事故涉及监管不力、履职不到位的 33 名责任人进行了追责。

3. 深化市、县巡察工作。积极探索市、县（区）巡察联动机制，发挥派驻机构“探头”作用，实行“AB 岗”“主配角”、平时监督和集中巡察相结合的方式，对 3 个县（区）、8 个乡镇、31 部门（单位）落实“两个责任”、意识形态工作责任制等情况进行了专项巡察，督促整改问题76个，移交问题线索4个，进一步压紧压实各级党委(党组)的“两个责任”，加强各级党委(党组)政治责任和领导责任。同时，按照中央和自治区党委《关于市县党委建立巡察制度的意见》要求，制定《中共中卫市委员会巡察工作实施办法(试行)》，着力构建市、县(区)巡察联动工作新机制。

4. 持续深化“村廉通”机制。进一步深化农村集体财务管理监督，将村级经营、发包租赁、资产处置等纳入监管内容，真正把“村廉通”打造成治理“微腐败”的监督利剑。2017年以来，共发送财务收支短信8210条，监督收入资金23339.21万元，支出资金22950.88万元，杜绝违规开支14笔10.85万元。

（六）强化纪律教育，厚植政治生态优秀文化

不断创新反腐倡廉宣传教育机制，坚持把纪律挺在前面，抓早抓小，不断深化“三个五”党风廉政建设大宣教工作格局，突出抓好党员干部家风、家教建设，从源头上筑牢党员干部拒腐防变思想道德防线。

1. 不断打造“五大板块”，强化宣传教育。充分利用“五大板块”新平台，有效借助“两微一端”等公众参与新媒体，及时宣传监督执纪问责“好声音”，发放《坚守纪律底线》730本、准则条例合订本550册，编发《“清廉中卫”建设探索与纪实》700册，从源头上筑牢党员干部拒腐防变思想道德防线。

2. 不断建设“五大基地”，强化警示教育。深入挖掘“五大基地”警示教育新资源，组织全市各级领导干部到自治区警示教育中心和市“五大教育”基地接受纪律教育4539人（次），以案说纪、以案明纪，发挥了查处一个、警示一批、教育一片的效应，切实增强学习教育的实效性。

3. 不断丰富“五大载体”，强化廉洁教育。持续注入“五大载体”新内涵，围绕“廉洁修身、廉洁齐家”，扎实开展“树清廉家风　创美好家庭”家风建设活动，组织“中卫廉洁齐家好故事”征集活动，举办了“感党恩·树家风·颂清廉”廉政文化广场文艺演出，进一步深化“廉内助”“廉花朵朵开”“清风伴医行”“创清风家园　建和谐社区”等主题教育活动。完善新任职领导干部党纪党规知识计算机考试制度和“1+6”任前廉政教育机制，组织191名新任职领导干部进行党政纪知识考试，不断提高党员干部学纪知纪守纪自觉性。

（七）加强执纪审查，始终保持惩治腐败高压态势

坚持把加强执纪审查作为监督执纪的重点，做到有案必查、有贪必肃、有腐必惩，持续释放重拳反腐强烈信号。

1. 不断加大执纪审查力度。强化执纪审查力度，坚持办案人员向执纪审查一线倾斜、办案重点向上级纪委交办的案件倾斜、办案力度向涉农扶贫领域“苍蝇式”腐败问题倾斜，始终保持惩治腐败高压态势。截至11月30日，全市受理信访举报484件（市本级262件），处置问题线索548件（市本级97件），立案347件(市本级69件)，给予党政纪处分344人(市本级65人)，移送司法机关13人(市本级3人)。特别是在不采取“两规”措施的情况下，对海原县科技局原局长付舟、中卫柔远中学原校长张学海、海原县郑旗乡南山村党支部原书记杨兴江3人实现了案件的突破。

2. 健全完善执纪审查机制。加强对县(区)纪委和派驻机构执纪审查工作的领导和指导，不断完善派驻机构、乡镇执纪审查协作区制度。围绕“强化案件审理、提高审理质效”，扎实开展了“执纪审理质量提升年”活动，健全完善制度，堵塞漏洞，履行好审核把关和监督制约职责。

（八）加强队伍建设，锻造一支忠诚干净担当的执纪“铁军”

坚持打铁还需自身硬，认真执行监督执纪工作规则，持续深化“转职能、转方式、转作风”，全面提高履职能力。

1. 稳步推进监察体制改革。按照中央和自治区党委、纪委部署，市委高度重视，召开市委常委会议专题研究部署，成立了中卫市深化国家监察体制改革试点工作小组，由市纪委领导带队组成学习考察组，赴浙江省杭州市考察学习监察体制改革试点工作经验，起草了《中卫市深化监察体制改革试点实施方案》，主动与组织、编办等部门对接，全面摸清了涉改部门人员编制、实有人员、案件线索等情况，做到底数清。

2. 深化派驻纪检机构改革。根据自治区党委办公厅《〈关于加强宁夏回族自治区纪委派驻机构建设的意见〉的通知》和《〈关于全面落实自治区纪委向自治区一级党和国家机关派驻纪检机构的方案〉的通知》精神，制定《市纪委向市直部门(单位)派驻纪检机构的改革方案》，设置12个派驻纪检组，实行统一领导管理，实现全面派驻、规范设置形式、统一机构名称、充实机构力量。

3. 加强县(区)乡(镇)纪委管理。研究制定《关于进一步加强对县(区)纪委工作督导的意见》，对县(区)纪委重大决策部署落实、重点工作落实以及上级批示交办事项落实情况进行跟踪指导，增强县(区)纪委工作的主动性和积极性。深化县(区)纪委对乡镇纪委单列考核机制，制定了《关于推进县(区)乡(镇)纪检工作一体化管理的指导意见》，深度整合各县(区)、乡镇纪检工作力量，充分发挥乡镇纪委作用，促使乡镇纪委聚焦主责主业，打通责任落实“最后一公里”，切实解决了从严治党要求从上到下层层递减的问题。

4. 强化干部队伍建设。围绕“强化内部监督、促进素质提升”，扎实开展纪检监察干部队伍建设“1+3”素质提升专项行动，举办全市乡镇纪委书记专题培训班和“四个能手”大比武活动，编印《纪检监察案件模拟案卷》，纪检监察干部的政治素质和业务能力全面提升。健全完善内部监管制度，认真执行监督执纪工作规则，从严教育、从严管理、从严监督，坚决防止“灯下黑”，努力打造一支让党放心和人民信赖的忠诚干净担当纪检监察队伍。

二、中卫市党风廉政建设和反腐败工作中存在的问题

中卫市反腐败工作取得了一些新的成效，但是，随着全市经济社会的日益发展，一些党员干部所处的环境发生了较大的变化，党员队伍中也出现了一些问题，有的理想信念动摇，发展意识还不够强，缺乏干事创业的激情和本领；有的党员干部服务意识还不够强，作风不实，侵犯群众权益的案件屡有发生等等。特别是一些党组织和部门(单位) 在落实“两个责任”、推进党风廉政建设向纵深发展、为经济社会健康平稳发展保驾护航等方面还存在一些问题，例如在“两个责任”落实上还不到位。个别党组织在落实 “两个责任”方面措施不多，办法较少，个别部门注重经济与政绩的建设，对权力制约和防治腐败有所放松。纪委(纪检组)不敢监督、不善

监督的问题仍然存在。在纪律审查机制方面还不完善。纪律审查工作质量有待提高。比如：乡镇自办案件少，初核率、成案率低；重大轻小，抓早抓小不够主动，工作机制、工作力度有待强化，全方位、精细化、专业化纪律审查工作方式还未形成。“四风”问题禁而未绝。违反中央“八项规定”精神的问题还不同程度的存在，“四风”问题在面上有所收敛，但并没有绝迹，个别党员干部依然我行我素、顶风违纪等问题还在一定程度上存在。“微腐败”问题仍然突出。一些基层组织监督不到位，村党支部、村委会、村监会履职不够，“四议两公开”等制度执行还不到位。纪检监察干部队伍素质有待提高。熟练掌握经济、法律、金融、审计等专业知识的办案人才少，特别是大多数新任乡镇纪委书记在线索梳理、调查取证、关联性线索分析等方面业务不熟悉、经验不足，发现问题的能力较弱。

三、对进一步加强党风廉政建设和反腐败工作的对策建议

形势决定任务，要针对当前党风廉政建设和反腐败斗争的新情况、新问题、新特点，切实把思想和行动统一到党的十九大对反腐败形势的判断分析上来，保持冷静清醒，强化责任担当，按照“四个全面”战略布局，采取更加严厉和得力措施，坚持把纪律挺在前面，运用好监督执纪“四种形态”，把工作做好做扎实，用最坚决的态度减少腐败存量，用最果断的措施遏制腐败增量，逐步形成“不敢腐”“不能腐”“不想腐”的有效机制。

（一）抓实“两个责任”

党委要建立或协调落实主体责任的日常工作部门，切实改变以往在落实“两个责任”上工作重点、工作部门、工作责任不清、不分等问题。要抓住各级党委“一把手”和领导班子这个重点，既要形成内部控制和层级监督垂直导压机制，也要有上级纪委与同级纪委监督导压机制，推动党委落实“两个责任”特别是主体责任常态化。加强对权力清单、责任清单公开与监督，出台责任追究措施，对违规违纪踩“红线”、越“底线”、闯“雷区”的，坚决严肃查处，让纪律、制度的力量充分释放。同时，要严格执行责任追究制度，完善责任追究依据、启动程序、追究方式等方面的制度，兑现“一案双查”，对履行管党治党主体责任、监督责任失职，本地区

本部门发生区域性、系统性不正之风和严重腐败问题，不掌握情况、不主动采取措施或治理不力的，要强化问责，严肃追究有关党组织和领导干部的责任。

（二）坚持挺纪在前

要注重抓早抓小，强化教育的渗透力，把唤醒党章党规意识作为当前教育的重点，守住纪律高压线，对干部身上的苗头性、倾向性问题及时“咬耳扯袖”“红脸出汗”，提醒他们守住做人、处事、用权、交友的底线，决不把小问题拖成大问题。要扎实开展“五谈二会一报告”，督促各级党组织进一步完善好责任清单、问题清单、问责清单，班子成员履行好“一岗双责”。要切实查处群众身边“四风”和腐败问题，加强对落实中央“八项规定”精神和纠正“四风”情况的监督检查，注重发现“四风”新动向、新形式，建立“分析报告、集中督查、回访复核、警示诫勉”四项工作机制，坚决纠正以形式主义、官僚主义对待党委、政府决策部署等新情况、新问题，不断提升纠治“四风”工作的规范化水平。

（三）强化纪律审查

要加强对各项决策部署执行情况的监督检查，坚决纠正党员干部不作为、乱作为等突出问题，从严从快查处虚报冒领、截留挪用、优亲厚友、吃拿卡要、挥霍浪费、雁过拔毛、强占掠夺等侵害群众利益的不正之风和腐败问题，释放越往后执纪越严的强烈信号。要突出审查重点，处理好“治病树、拔烂树”和“保护森林”的关系，重点查处不收敛不收手、问题线索反映集中、群众反映强烈的人，形成足够震慑。要把违反中央“八项规定”精神问题列入审查重点，加大对群众身边不正之风和腐败问题查处力度。要建立全系统办案人员人才库，对重大、复杂、疑难案件，实行提级办案制度。要突出纪法分开，坚持用纪律的尺子、纪律的眼光去发现、审视、甄别各类违纪违规行为，合理把握纪律处分与移送司法处理的权重比例。

（四）增强队伍战斗力

要全面贯彻落实“打铁必须自身硬”新要求，进一步促进乡镇纪委书记、纪检干事专职，聚焦主业，凝聚执纪力量。严格落实监督执纪工作规则，进一步整合纪委、监察局、检察院涉改部门资源，配优配强配齐纪检监委干部队伍。要树立“严细深实”的工作作风，使“严细深实”的作风在纪检监察机关蔚然成风。要加快监督执纪问责信息管理平台建设，建立情况明、数字准、可监控的数据库，提高信息工作现代化水平，要抓好纪检监察队伍建设，坚持用党的创新理论和中央精神武装头脑，进一步提升纪检监察干部队伍素质。要全面激活干部队伍，建立和完善纪检监察干部进退流转机制，严格监督管理，细化纪检监察机关岗位风险防范措施，教育引导积极适应监督与被监督的“新常态”，坚决防止“执法毁法”“灯下黑”问题。

（注：本文数据均截止到 2017 年 11 月 30 日）

亮点工作篇

LIANGDIAN GONGZUO PIAN

银川市建立容错纠错机制的实践探索

马雪飞　虎云燕

一、银川市探索建立容错机制的主要做法

近年来，银川市纪委在建立容错纠错机制方面进行了大量探索，做了大量政策研究和法规制定工作。2009 年以来先后制定出台《党和国家机关及其工作人员不当行为问责办法》《行政决策过错责任追究办法》等 15 个问责制度，构建了具有银川特色的问责制度体系；研究制定了《银川市关于"精准执纪"践行"四种形态"的实施意见》《纪律审查谈话函询办法》等，为银川市纪委履行监督执纪职责奠定了制度基础。2016 年底，银川市纪委以审理法规室、宣教政研室为核心力量启动了干部容错纠错机制的研究探索工作，开展调研讨论历时近一年，先后起草了《银川市改革创新容错免责机制实施办法(试行)》《银川市支持干部干事创业建立容错机制实施办法(试行)》征求意见稿，2017 年 11 月，正式出台了《银川市支持干部干事创业建立容错机制实施办法(试行)》。

(一) 坚持抓早抓小容错纠错

持续推进"小事"问责，相继制定实施《银川市党和国家机关工作人员不当行为问责办法》等 15 个问责制度，构建起具有银川特色的问责制度体

作者简介　马雪飞，银川市纪委副书记；虎云燕，银川市纪委第四纪检监察室主任。

系，坚持抓早抓小抓预防，“小病”快治、小错即纠，先后问责 233 个单位 2043 人，防止党员干部小错变大错，违规变违纪。

（二）加大约谈函询力度容错纠错

出台《银川市纪委监察局约谈办法》《纪律审查谈话函询办法》等制度，建立市委主要领导与部门“一把手”、部门“一把手”与班子成员、班子成员与一般干部逐级约谈和在干部履新期、调整期针对性约谈的分级分期约谈有效机制，对来信来访、明察暗访、检查考核和案件查办中发现的苗头性和倾向性问题，以书面告诫、工作约谈、函询、通报、专题民主生活会等方式提醒有关人员和单位及时纠正和整改。先后约谈 751 余人次、诫勉谈话 450 余人次、函询 210 余件次，“咬耳扯袖、红脸出汗”成为常态。

（三）强化廉政教育容错纠错

搭建了“一课、一网、一刊、一信”(一课即廉政党课；一网即银川市纪检监察网；一刊即市纪委刊物《党风与廉政》；一信即市纪委“廉洁银川”微信公众服务平台)四个平台，推进廉政教育。编印发放《警示教育案例汇编》等教材，用身边的事教育身边的人。成立银川市反腐倡廉宣讲团，构建“1+7”常态化宣讲机制，通过近 30 场次的精准化宣讲，万余名党员干部参与其中接受教育，基本实现对全市卫生教育、交通环保、社会保障、市场监管、政务服务、公安政法、住建园林、工业园区等重点领域和关键岗位廉政警示教育的全覆盖。先后组织 4 万余名党员干部及家属参观自治区廉政警示教育中心，不断筑牢党员干部拒腐防变的思想防线。注重典型引领，在全市树立 18 名勤廉典型，弘扬正气，传递正能量。深入推进廉洁家风建设。出台《关于开展廉洁家风建设的实施意见》，以举办好家风巡展、家风主题讲座、“传承发扬好家风，争做最美银川人”系列活动和寻找“银川最美家庭”等活动为抓手，深入推进廉洁家风建设，筑牢拒腐防变的家庭防线。

（四）在监督执纪中容错纠错

在纪律审查中注重全面收集证据，充分掌握客观情况，将违纪行为发生的主客观原因和违纪人的一贯表现、认错态度作为酌定情节纳入定性量纪。在失职渎职违纪问题的处理中，将工作任务过重、工作精力不够与工作作风飘浮、敷衍塞责予以区别处理；将业务水平不高或者工作经验不足导致不良后果与玩忽职守、滥用职权造成的不良后果予以区别对待。在严查“四风”突出问题中，认真开展了治理“门难进、脸难看、事难办”“两不一慢”“三政两不为”、八项规定精神“回头看”“纠‘四风’‘三办四快’直通车”、严查涉农扶贫领域腐败等专项行动等，着力整治不作为、慢作为、乱作为等作风顽疾。

（五）借力“电视问政”容错纠错

会同宣传、新闻传媒集团打造“银川问政”品牌，形成“群众发现问题、提出问题；媒体紧盯问题、曝光问题；纪检部门抓住问题、督办问题”的“三位一体”监督模式。共举办“银川问政”22期，问责干部198人，解决群众关注的热点难点问题2768件，切实发挥了媒体监督、群众监督作用。

二、银川市干部对容错纠错机制的主要关注内容

2017年6月，课题组共向银川市6个县（市）区、18个市直部门发放《银川市构建容错纠错机制调查问卷》2000份，收回1923份。其中科级以下干部1178人，科级干部694人，处级干部51人。从调查问卷回答，我们了解到，领导干部关注的内容主要集中在土地规划审批、历史遗留问题等方面，具体见下表。

表1　在改革创新过程中容易出现失误或错误的领域

1	土地规划审批	1362
2	历史遗留问题	1138
3	招投标	908
4	招商引资	856
5	民生事业	856
6	环保	654
7	投融资	642
8	公检法	449
9	其他	48

表 2 在改革创新过程中容易出现失误或错误的具体工作

1	重大项目落地,未批先建,审批后置	1588
2	执法	907
3	创新工作方法,某方面提高工作效率	795
4	公务应酬	709
5	科技创新	401
6	人际交往	398
7	其他	26

表 3 在改革创新过程中容易导致工作出现失误或错误的因素

1	上级文件有明确规定,无操作指导细则	1388
2	已有的工作流程存在瑕疵或者隐患	1244
3	政策调整	1073
4	突发事件	958
5	不可抗力	831
6	主动担当,精益求精	604
7	其他因素	36

三、银川市探索建立容错纠错机制的总体构想

探索建立容错纠错机制，要认真贯彻落实好中央、自治区党委的相关要求，紧密结合银川实际，准确把握指导思想和基本原则，合理设置适用情形，严格规范认定程序，注重结果运用，确保“容”得正确，“免”得合理，最大限度激发党员、干部干事创业的激情和热情，给改革创新者撑腰鼓劲。在充分吸收借鉴区内外相关容错纠错办法经验基础上，对银川市建立容错纠错机制提出以下总体构想：

（一）指导思想

以马列主义、毛泽东思想、邓小平理论、“三个代表”重要思想、科学发展观、习近平新时代中国特色社会主义思想为指导，深入贯彻落实党的十九大和十八届三、四中、五中、六中全会精神，特别是习近平总书记视察宁夏重要讲话精神，探索建立实事求是、科学合理、灵活管用的容错机制，旗帜鲜明地支持改革者、鼓励创新者、保护干事者、宽容失误者，为负责者负责，为担当者担当，正确处理严格监督问责与激励履职担当的

矛盾，着力解决部分党员、干部特别是领导干部不敢担当、不愿作为等问题，大力营造风清气正的政治生态和干事创业的良好环境，为银川经济社会跨越发展提供坚强有力的保障。

（二）基本原则

建立容错纠错机制应遵循以下原则。

1. 依纪依法，坚守底线。容错不是对失误、偏差和错误无界限的纵容，不等于一切失误和责任都可以无底线、无条件地容忍或豁免，必须依纪依法，坚守法律纪律和政策底线。党员、干部和国家公职人员只有在国家法律法规和党的纪律规矩允许的范围内因履行职责、秉公办事、推动工作而出现的失误、错误和偏差才可以视情得到宽容。有意逾越或任何假借改革创新之名冲撞国家法律法规和党的纪律规矩“底线”和“高压线”的行为，都是不能得到宽容和姑息的。

2. 实事求是，区别对待。以党内纪律规章、国家法律、规章和政策为准绳，坚持以事实为依据，严格区分失误与失职、敢为与乱为、负责与懈怠、为公与谋私的界限，坚持“三个区分开来”，即把党员、干部在推进改革中因缺乏经验、先行先试出现的失误和错误，同明知故犯的违纪违法行为区分开来；把上级尚无明确限制的探索性试验中的失误和错误，同上级明令禁止后依然我行我素的违纪违法行为区分开来；把为推动改革的无意过失，同为谋取私利的违纪违法行为区分开来，辩证分析并综合考虑问题发生的背景原因、动机目的、政策依据、情节轻重和性质后果等方面因素，科学准确地认定相关单位和个人的责任，做到客观公正。

3. 鼓励探索，宽容失误。积极鼓励干部改革创新、干事创业、先行先试、破解难题，对于已经尽职尽责付出努力但未达到预期效果、由于不可预见因素或不可抗力造成损失失败、没有先例和经验可循进行试验探索而带来的风险，以及重大事项经过评估论证、集体决策而非个人专断、一意孤行、蛮横干预造成的不良后果，都可以通过容错机制视情况予以甄别和宽容，让党员、干部在干事创业的过程中，不因为怕犯错误而出现各种懒政怠政。

4. 抓早抓小，及时纠错。既然过错不可避免，就必须敢于承认过错、敢于纠正过错。如果已发现失误或错误，就应采取积极措施，把可能造成的损失降到最低。要在鼓励干部改革创新、干事创业、先行先试、破解难题的过程中实践好“四种形态”，加强对可能出现问题的预测和防范，对党员、干部工作中出现的苗头性、倾向性问题，早发现、早提醒、早纠正，防止小错误变成大问题，最大限度地避免工作上的损失。

（三）适用情形

容错纠错机制的“错”是党内法规、法律法规和政策所允许的范围内的失误和错误，应包括以下几个方面：一是在落实中央、自治区党委、政府及银川市委、市政府决策部署中，因自然灾害等不可抗力因素，工作未能完成既定目标和任务或造成一定损失的；二是在改革创新实践中，敢于担当、积极创新、大胆探索、尽职尽责、推动落实，因缺乏经验先行先试出现一般性工作偏差、失误的；三是在争取项目、资金、招商引资、实施重点项目、民生工程中，因国家政策调整或上级党委、政府决策部署变动，工作未达到预期效果或造成负面影响或损失的；四是在服务企业、服务群众中，因着眼于提高效率进行容缺受理、容缺审查，出现偏差或失误的；五是在处置紧急突发事件或完成急难险重工作任务中，主动揽责涉险、积极担当作为，但出现失误、偏差或被个别人非议的；六是在化解矛盾焦点、解决历史遗留问题中，因勇于破除障碍、触及固有利益，造成一定损失或引发一般性信访问题的；七是党章党规、法律法规和上级尚无明确禁止和限制，未利用职权为自己、他人或单位谋取私利，按程序经集体研究、民主决策，但在具体实施中出现偏差或过失的；八是在工作中出现偏差、失误后，能主动纠错、积极主动挽回损失和影响的；九是其他符合容错免责情形的。

（四）认定程序

1. 申请。相关单位和个人受到问责实施机关追责时，如认为符合容错免责条件的，应在启动追责程序后10个工作日内，按照干部管理权限向纪检监察机关或组织部门提出书面容错免责申请。

2. 核实认定。受理申请事项的纪检监察机关或组织部门依申请事项开展调查，在10个工作日内出具书面调查报告，提出予以从轻、减轻、免责或不予免责的认定意见；情况复杂，一时难以定论的，可以适当延长调查核实时间，但不得超过20个工作日。对于重大、复杂事项，必要时可以邀请有关部门或组织专家讨论评估，有关部门应当积极配合协调。

3. 反馈处理。受理申请的纪检监察机关或组织部门在5个工作日内，向问责实施机关和申请单位或个人下发书面认定书。问责实施机关根据认定书，作出问责或从轻、减轻、免责的处理。

4. 建档。容错免责认定工作结束后，问责实施机关应将有关资料装订成册，归档管理。

（五）结果运用

经认定给予容错免责的单位和个人，可在以下方面不受影响：一是党风廉政建设责任制考核；二是干部提拔任用党风廉政审查；三是评优评先、职称评定及年度考核。

四、探索建立健全容错的保障机制

既然容错不是目的，而是为了更好地纠错，促进党员、干部改革创新、干事创业。因此，探索建立容错机制，必须同步推进包括教育引导、激励保障、澄清保护、纠错改正、问责处理等机制在内的一整套制度体系建设。

（一）教育引导机制

1. 强化教育培训。把改革创新、担当有为作为党员、干部教育培训的重要内容，充分发挥市委党校(行政学校)在干部培训中的主阵地作用，持续抓好理想信念、宗旨意识、党内法规、国家法律法规、党的路线方针政策及新时代中国特色社会主义思想的学习培训，教育引导党员、干部牢固树立中国特色社会主义“四个自信”，严守党的政治纪律和政治规矩，学会在约束中工作，习惯在监督下干事，把压力变成动力，做到既干净又干事，既廉又勤，不断提升改革创新、推动发展的能力。

2. 强化舆论宣传。充分发挥广播、电视、报刊等主流媒体和微博、微信、手机客户端等新型媒体的作用，教育引导党员、干部强化改革创新和担当有为精神，增强干事创业的激情和热情，在其位谋其政，既要想干愿干积极干，又要能干会干善于干，大力营造支持和保护改革创新、干事创业的良好氛围。

（二）激励保障机制

1. 健全绩效考核机制。充分发挥绩效考核指挥棒和风向标作用，完善领导干部综合考核评价实施办法，加大对改革创新实绩的考核权重，既鼓励创新、表扬先进，也允许试错、宽容失败，对真抓实干的地方、部门和干部，加大奖励支持力度，鼓励各地从实际出发竞相发展，坚决杜绝干与不干一个样、干好干坏一个样的情况，形成鼓励改革、支持创新的正确导向。

2. 坚持凭实绩选人用人的导向。在选人用人时，坚持“信念坚定、为民服务、勤政务实、敢于担当、清正廉洁”的好干部标准，严格落实《干部任用条例》，注重选拔奋发有为、敢于担当的干部，对因敢抓敢管得罪人、影响得票的干部，要为其主持公道，客观评价。认真贯彻中央和自治区党委推进领导干部能上能下的若干规定，疏通领导干部“能下”的渠道，形成能者上、庸者下、劣者汰的机制。

3. 落实好工资增长机制。在坚决堵住“偏门”，解决党员、干部谋取不当利益问题的同时，打开“正门”，切实保障公务人员工作所需的条件、合理的收入待遇和应有的尊严，落实好工资正常增长机制，不断提高机关事业单位在职人员的基本工资。

（三）澄清保护机制

1. 及时消除信访负面影响。对涉及改革创新、干事创业的信访举报及时进行调查核实，防止出现负面影响。对查无实据或有轻微违规行为但不够追究纪律责任的信访问题，要在一定范围内澄清，消除负面影响。属实名举报的，要按规定向举报人反馈结果。

2. 严肃查处诬告陷害行为。对恶意中伤、干扰改革创新或持续上访造成恶劣影响的单位和个人，视情节给予批评教育、党政纪处分，涉嫌犯罪的，移送司法机关依法处理，并及时通报曝光典型案件。

3. 实行执纪审理助辩制度。审理因公而发生的违纪案件，要充分听取各方面的意见和建议，涉嫌违纪的党员、干部所在单位及其工作人员可为其所犯失误和错误的性质、情节、影响作证和辩护。

（四）纠错改正机制

1. 认真评估。对党员、干部在改革创新、干事创业过程中所犯的错误及时进行评估，厘清责任，研判后果。

2. 及时纠错。采取党风廉政建设责任建议书、约谈、诫勉谈话、责令纠错等方式，督促有关单位或党员、干部找准问题症结，分析错误原因，研究解决对策，及时纠正失误和错误，把可能造成的损失降到最低。

（五）问责处理机制

1. 严肃追责问责。有权必有责、有责要担当、失责必追究。要认真贯彻《中国共产党问责条例》《自治区实施〈中国共产党问责条例〉办法（试行）》《银川市党和国家机关工作人员不当行为问责办法》，对推进改革创新敷衍塞责、拖延扯皮的，对重视不够、贯彻不力的，要严肃问责，让失责必问、问责必严成为常态，不断增强全市各级党组织和党员领导干部的责任意识，激发担当精神。

2. 加强组织调整。认真贯彻中央、自治区、银川市党委推进领导干部能上能下的若干规定，对不担当、不作为的干部进行组织调整，视情况予以调离岗位、改任非领导职务、免职、降职。

3. 公开通报曝光。加大为官不为典型问题点名道姓通报曝光力度，做到见人见事，让在其位不谋其政的人付出代价，教育警示广大干部更好地改革创新、担当有为。

石嘴山市构建"一横五纵"大约谈工作机制

李亚东

2017年，石嘴山市纪委监察局创新党内监督方式，在实践运用监督执纪"四种形态"特别是第一种形态上下工夫，坚持抓早抓小，在全区率先制定出台《石嘴山市党内谈话实施办法》，以开展经常性日常约谈和提醒谈话为主体，着力构建"一横五纵"大约谈工作格局，层层压实"两个责任"，将党内谈话覆盖到全市各级党组织、各级纪检组织和每一名党员干部，使"咬耳扯袖、红脸出汗"成为常态，推动党内监督工作制度化、常态化、规范化。

一、石嘴山市构建"一横五纵"大约谈工作机制背景说明

党的十九大明确指出："要强化自上而下的组织监督，加强对党员干部的日常监督。"这是新时代对加强党内监督工作做出的新部署、提出的新要求。同时，《中国共产党党内监督条例》将监督执纪"四种形态"写进条文，明确规定："党内监督必须把纪律挺在前面，运用监督执纪'四种形态'，经常开展批评和自我批评、约谈函询，让'红红脸、出出汗'成为常态。"这既是对党的十八大以来管党治党最新成果的总结和归纳，也为开展党内监督工作提供了基本遵循。

作者简介 李亚东，石嘴山市纪委派驻纪检三组监察室主任。

实践“四种形态”，关键是要在用好第一种形态上下工夫。只有党内政治生活严起来，让“咬耳扯袖、红脸出汗”式的监督无处不在、成为常态，才能防止党员干部破规破纪进而破法，夯实全面从严治党的基础。

如何在实践运用第一种形态过程中有章可循，取得实效，是各级纪检监察机关面临的共同课题，石嘴山市坚持问题导向，认真分析研究第一种形态所涉及的谈话提醒、函询、批评教育、约谈、诫勉谈话等方式方法，以规范谈话作为切入点，充分考虑各级党组织与党员干部接触多、对情况了解深，能够第一时间发现苗头性问题和各级纪检机关对第一种形态把握准、积累经验多的互补优势，切实发挥“1+1 > 2”的协同效应，建立起全市统一、内容明确、程序规范、横向到边、纵向到底、全面覆盖、人人参与的大约谈工作格局，实现了抓早抓小、防微杜渐的目标。

二、“一横五纵”大约谈工作机制的主要做法

（一）制度先行，规范党内谈话行为

石嘴山市认真总结开展党内谈话工作经验，率先在全区制定出台了《石嘴山市党内谈话实施办法》，将党内谈话的类型、情形、对象、主体、实施和程序等关键环节进行了制度化。党内谈话办法坚持教育为先治未病、小病早治防大病，体现了实事求是、严肃认真，教育在先、注重预防，惩前毖后、治病救人，严明纪律、关怀激励相结合的原则，旨在通过面对面谈话，了解沟通情况，督促指导工作，及时提醒警示，开展批评教育，进行诫勉惩戒，教育帮助谈话对象端正思想、整改问题。

（二）创新机制，构建“一横五纵”体系

为了将党内谈话落实在党内各个层面，体现党内监督的全面性，使每一级党组织和党员领导干部均能将责任落实，我们建立了覆盖全市各级党组织和全体党员的“一横五纵”大约谈工作机制。“一横”即在各级党组织班子中经常开展批评和自我批评，让“咬耳扯袖、红脸出汗”成为常态。“五纵”即自上而下层层开展约谈工作，市委书记约谈市人大、政府、政协党组书记和市委班子成员，市人大、政府、政协党组书记约谈本班子成员；市委、市政府班子成员约谈县区、部门（单位）党组织主要负责人；县区、

部门（单位）党组织主要负责人约谈本班子成员；县区、部门（单位）班子成员约谈分管和联系的下属单位、内设科室、派出机构负责人；科室、支部负责人约谈普通党员干部，做到人人见面，人人约谈，实现党内谈话的全覆盖、无禁区。

（三）坚持“六必谈”，增强针对性

谈话中严格做到“六个必谈”。一谈纪律，看是否存在有令不行、有禁不止、顶风违纪等不讲纪律、不守规矩的行为；二谈履职，看在贯彻落实市委、政府重大决策部署中是否存在“等靠推拖”现象；三谈思想，看是否存在党性意识弱化、宗旨观念淡薄、组织纪律涣散等问题；四谈作风，看自身是否存在“四风”新发病；五谈态度，看党员干部在工作岗位上是否立足于本职工作，在为民服务的工作实践中是否尽心尽责，是否存在“冷硬横推”，破坏党群、干群关系的现象；六谈责任，看在落实党风廉政建设“一岗双责”中是否扛起管党治党政治责任，是否发挥了一名党员干部应有的作用。

（四）严格区分三种情形，对症下药，力求实效

在实施谈话中，区别不同情形，采取不同的谈话方式，分类施策，对症下药。我们将党内谈话分为三类，分别界定了日常约谈的4类适用情形、提醒谈话的6类适用情形和诫勉谈话的14类适用情形，细化了党内谈话的组织、程序和要求，对整改落实和责任追究进行了详细规定。

1. 日常约谈唤醒责任担当。扭紧开关压实责任，市委书记带头约谈常委班子成员和三县区党委书记，政府市长、人大主任、政协主席亲自约谈本班子成员，落实管党治党政治责任。市级领导经常性约谈分管联系的部门（单位）企业主要负责人，明确全面从严治党要求。谈心谈话经常性开展，每一级党组织和各级领导干部针对党员干部日常动态，及时了解情况，收集意见建议，听取个人心声，体现组织关怀。

2. 提醒谈话直指存在问题。紧扣问题提醒约谈，针对会风会纪、重点工作推动不力、“三公经费”支出不规范等方面存在的轻微问题，对涉及单位、分管领导和责任人员进行重点约谈，限期整改。抓住倾向警示约谈，针对思想、作风、纪律、工作等方面的苗头性、倾向性问题，每一级党组织和各级领导干部结合党员干部日常表现，直指问题表现，讲明倾向危害，体现辣味警醒，明确整改要求。

3. 诫勉谈话体现惩戒问责。责任缺失纠错诫勉，针对失职失责情节较轻、“两个责任”落实不力、存在“三不为”问题的党员干部，及时进行诫勉谈话，督促其履职尽责；违纪轻微问责诫勉，针对主动交代错误、违纪行为轻微、造成不良影响的党员干部，及时进行诫勉谈话，督促其遵规守纪。

（五）全程留痕，夯实夯细主体责任

为了将“一横五纵”大约谈工作落到实处，制定了《石嘴山市党员领导干部履行主体责任全程纪实办法》，编印了《全程纪实手册》，发放给全市各级领导干部，做到人手一册，由各级领导干部将党内谈话等履行主体责任的情况逐一翔实记录，全程留痕，倒查有据。特别是在实施党内谈话中，要求针对不同的谈话对象，做到“约谈前有提纲、约谈中点穴位、约谈后列清单”，要求约谈对象针对反馈问题列出整改清单，实行销号管理，抓好整改落实。

（六）突出专责，推动监督责任全覆盖

全市纪检监察机关在大约谈中走在前，树标杆，主动延伸触角，扩大覆盖范围，将各级纪委委员、纪（工）委书记、纪检组长纳入约谈范围，推动监督责任落实。市纪委班子召开民主生活会，班子成员结合述职述廉开展批评与自我批评。市委常委、纪委书记约谈本班子成员和县区纪委书记；市纪委副书记、班子成员约谈市纪委委员、纪（工）委书记、纪检组长和室组负责人；室组负责人约谈本部门党员。三县区纪委书记、市纪委委员、纪（工）委书记和纪检组长上行下效，将约谈覆盖到全市各级纪检监察机关。

三、“一横五纵”大约谈工作机制取得的成效

截至2017年10月底，石嘴山市各级党组织共约谈党员干部7513人次，各级纪检监察机关共约谈纪委委员、纪检干部223人次，实现了横向到边、纵向到底的谈话全覆盖目标。通过约谈常态化的持续开展，督促各级党组织全面从严治党更加有力、落实两个责任更加到位、干部作风更加

好转，专项整治更加有效，取得了实实在在的效果。

（一）“两个责任”逐级压实

通过大约谈，层层传导压力，增强各级党委及纪委责任意识，切实把“两个责任”牢牢扛在肩上，抓在手上，做到守土有责、守土尽责。各级党组织、各级纪检监察机关进一步完善健全落实全面从严治党“两个责任”的责任清单、问题清单和问责清单，将责任延伸落实到基层党组织和全体党员干部，体现权责匹配、责任到人。

（二）作风建设巩固深化

通过大约谈，解决突出问题，促使各级党委主要领导切实肩负起作风建设主体责任，努力营造风清气正的发展环境。市级层面共清理各类制度57项，编印下发《贯彻落实中央八项规定精神廉政新规汇编》2000余册，推进作风建设制度化、常态化、长效化。全市各级党政机关、企事业单位认真自查自纠贯彻执行中央八项规定精神方面的问题，累计清退违规发放的通讯费、津补贴和多报销的差旅费等费用共计245万元，以实实在在的整改成效取信于民。

（三）干部履职更加高效

通过大约谈，唤醒责任担当，督促全体干部履职尽责，进一步提振精气神，加强改进作风，提高服务效能。针对部分干部中存在的“三不为”等作风问题，各级党组织共开展谈话提醒576人次，诫勉谈话82人次，函询134人次，对相关责任人员严肃追究责任，共问责处理29人，其中给予党政纪处分23人。

（四）群众利益得到有效维护

通过建立市级领导包抓基层工作制度和问题清单、对账约谈、跟踪督办、领导包抓、重点巡察等五项工作机制，紧盯群众关心关注的问题，开展大约谈，切实维护群众利益。全市共推动解决涉及群众切身利益的问题140余个，为扎实推进“脱贫富民”战略提供了纪律保障。

吴忠市市县联动开展涉农扶贫领域专项巡察

任海涛　袁宗辉

2017年，吴忠市委、市纪委坚决贯彻落实中央、中纪委和自治区党委、纪委的决策部署，把坚持巡察作为强化党内监督、压紧靠实各级党委主体责任和纪委监督责任的有力措施，作为发现问题、解决问题、传导压力的有效方式，将专项巡察与涉农扶贫领域腐败问题专项查处行动紧密结合，采取市县联动方式，将巡察重心下沉到脱贫攻坚战的主战场县（市、区）和乡镇，对12个涉农市直部门和32个县直部门及乡镇开展专项巡察，重点巡察落实中央涉农扶贫工作方针政策和自治区、吴忠市决策部署、开展涉农扶贫领域腐败问题专项查处行动推进、项目和资金监管使用、问题线索处置等情况，对在巡察中发现的落实中央政策不到位、政策执行搞变通等问题严肃进行整改，违纪问题严肃查处，以专项巡察助力全市脱贫攻坚。市县两级共受理信访举报89个，发现问题267个，梳理并移交问题线索88个，截至10月底已立案20件，给予党政纪处分29人。

一、涉农扶贫领域专项巡察主要做法及成效

（一）强化组织领导，做足做细准备工作

市委、市纪委高度重视涉农扶贫领域专项巡察工作，多次召开会议研

作者简介　任海涛，吴忠市纪委副书记；袁宗辉，吴忠市纪委副书记。

究，要求精准聚焦，紧盯问题不放松、严肃查处不手软。根据市委、纪委安排部署，5月初市纪委副书记带领市委巡察办及各县（市、区）党委巡察机构有关同志到河南省郑州市和洛阳市考察学习两市巡察工作尤其是专项巡察工作经验，为吴忠市开展市县联动巡察提供借鉴。市巡察办认真研究制定了《吴忠市市县联动开展涉农扶贫领域专项巡察方案》，对巡察的目的、内容、范围、方式、程序进行明确，要求各巡察组采取召开汇报会、个别谈话、查阅资料、走访调查等方式深入被巡察单位及其下属单位、走村入户实地了解情况，听取群众诉求反映，全面掌握基层工作情况，直接查找问题线索。

（二）配强巡察队伍，严明巡察工作纪律

市巡察办面向纪检、组织、检察、审计、公安、财政、税务、国土、住建、教育、卫生、民政、人社等部门选拔熟悉法律、财会金融、侦查、审计等专业人员40人，建立巡察工作人员库，根据工作需要从中抽调人员，配强巡察组力量。市委巡察工作领导小组要求各巡察组要在授权范围内行使职权，严格按照程序办事，严格执行各项规定标准，既要保证巡察有效果，又要不干扰基层工作，让基层集中精力开展扶贫攻坚工作。要求巡察组重大问题及时请示汇报，不得跑风漏气；不得接受被巡察单位任何形式的礼品、礼金和宴请等，自觉接受监督；对重大问题应该发现没有发现、发现问题没有如实报告的要进行责任追究，严肃处理。

（三）创新方式方法，有的放矢确保实效

1. 市县联动相互借力。创新巡察方法，采取市县联动，两级巡察机构同时行动，既各有重点、分别巡察，又密切配合、共同发力。市级共成立3个巡察组，县(市、区)共成立15个巡察组，两级巡察组共抽调72人组成。市级巡察组对12个涉农扶贫领域市直部门开展巡察，在每个县(市、区)抽取2个县直部门和1个乡镇，由市县两级巡察组联合开展巡察；各县（市、区）自行确定2~3个涉农扶贫领域县直部门和乡镇同步开展巡察，市县两级巡察力量拧成一股绳，在信息、资源、成果等方面互联共享，做到相互借力、增强巡察效果。

2. 走访谈话突出重点。巡察进驻前，巡察办向市纪委案管室、信访督办局等单位收集被巡察单位相关情况，及时转交相应巡察组。巡察组在掌握被巡察单位基本情况的基础上，结合被巡察单位业务特点和干部群众反映的问题，量身定做谈话方案，明确谁来谈、谈什么、怎么谈，做到心中有数。在谈话内容上，必谈问题、必谈风险、必谈责任；谈话对象的选择上，一把手必谈、分管项目及财务的副职必谈、关键岗位人员必谈。在巡察乡镇时，驻村第一书记必谈，通过谈话了解情况，查找项目资金监管的薄弱环节，查找相应资料或到实地察看印证。如巡察组在走访农户过程中，了解到群众对农村灌溉用水超标准收费问题反映比较强烈，通过深入核查，发现红寺堡区大河乡红崖村超标准收费等 5 条问题线索，移交相关县区纪检监察机关处置，并向市委巡察工作领导小组提交了《关于涉农扶贫领域专项巡察发现农村灌溉用水相关问题的专项报告》，供决策参考。针对城乡低保申请、退出等环节，巡察组按照被巡察乡镇低保人员名册，进行抽样检查，共延伸到 10 个村，其中包括盐池县与甘肃省环县交界处的萌城等偏远村，深入进行核查，确保巡察监督不留死角。

3. 合理利用审计结果。借助审计结果，有的放矢开展巡察了解，收集被巡察单位近年专项资金等审计报告，摸清被巡察单位在涉农扶贫领域项目资金管理使用中存在的问题，核实审计中发现问题整改到位情况，整改后建立健全长效机制情况，评估分析领导干部财经法纪意识及管理水平，查找项目资金监管漏洞，使巡察了解更精准。如巡察组通过对青铜峡市部分涉农项目资金审计整改情况进行追踪督查，发现叶盛镇挪用涉农项目资金等 4 条问题线索，移交青铜峡市纪委处置。

（四）聚焦突出问题，注重巡察成果运用

1. 深入基层剑指问题。此次专项巡察紧紧围绕全面从严治党向基层延伸，聚焦涉农扶贫工作中主体责任、监督责任和监管责任落实以及党员干部在贯彻落实涉农扶贫政策及推进工作中存在的突出问题等方面。各巡察组根据实际情况，突出问题导向，灵活采取听汇报、召开座谈会、个别谈话、受理信访、查阅和复制有关资料、深入基层企业、进村入户进行访谈等方式了解情况，并根据掌握的问题线索初步进行核查，各巡察组延伸巡察 35 个村，召开汇报座谈会 45 场次，个别谈话 473 人次，走访企业农户

536家，市县两级巡察组共受理信访举报89个，发现问题267个。

2. 强化巡察成果运用。巡察办及时对收集到的问题线索进行梳理归纳，报市委巡察工作领导小组同意后，将梳理出的88个问题线索向各县（市、区）纪委进行移交，要求快速受理、优先处置，做到巡察与纪律审查工作无缝对接，形成有力震慑。梳理并移交问题线索88个，截至10月底已立案20件，给予党政纪处分29人。要求被巡察部门对存在的问题认真进行梳理和分析，找准原因症结，逐一整改落实，同时加大对涉农扶贫资金运行过程各个环节的监督检查，突出建章立制，不折不扣地把巡察整改工作落到实处。

二、对开展市县(区)联动涉农扶贫领域巡查的思考

习近平总书记强调，“党内监督要纵向到底，压力必须传导下去，市县要建立巡察制度，有效解决基层‘打虎拍蝇’，夯实基础”。精准扶贫、精准脱贫是中央的重大决策，也是决胜全面建成小康社会的关键。巡察是党内监督的利器、脱贫是中央的大政方针，如何把专项巡察与涉农扶贫领域腐败问题专项查处行动有效结合，是我们执纪监督工作需要探索的一个课题。市县联动对涉农扶贫领域进行专项巡察，有效促进党风廉政建设向基层延伸，取得了良好成效。

（一）开展涉农扶贫领域专项巡察，要广泛动员，促使基层提高政治站位

我们把市县联动专项巡察作为推进全面从严治党向基层延伸的重要抓手，作为涉农扶贫领域腐败问题专项查处行动的有力举措，在巡察前深入研究、广泛动员，全面部署，扎实推进，有效促进了基层党组织和相关部门进一步提高政治责任感，主动衔接配合，自觉接受督查，让巡察组全面、深入了解市县涉农扶贫领域、干部队伍建设、党风廉政建设等各方面情况；有效促进了基层各级党组织和涉农部门不断提高政治站位，认真落实党的大政方针政策和惠民项目资金。下一步我们将进一步聚焦涉农扶贫领域，继续采取联动巡察，机动巡察等方式，直接对问题反映集中的领域和地方进行监督，保障脱贫攻坚战全面打赢。

（二）开展涉农扶贫领域专项巡察，要抓住关键，促进责任落实

党的涉农扶贫政策的落实、惠农项目和资金的有效监管实施，集中体现了基层责任落实情况。这次市县联动专项巡察围绕政策落实、项目资金管理使用、专项查处行动进展情况等方面，把身子沉下去，倾听农村基层的声音，掌握第一手信息，督促基层党委落实好涉农扶贫政策，就是对基层落实主体责任、监督责任和监管责任情况的一次全面检查，通过对发现的问题从面上进行反馈整改，从点上对问题线索进行核查处理，进一步向县、乡、村传导了压力，促进基层逐级落实责任，完善项目资金监管措施，遏制扶贫领域腐败问题的发生，让惠农政策走好“最后一公里”。下一步，我们将按照中央和中纪委加强对涉农扶贫领域专项巡察的要求，深入推进涉农扶贫领域腐败问题专项查处行动，让广大群众充分享受党和国家的惠民政策，不断提高获得感。

（三）开展涉农扶贫领域专项巡察，要有的放矢，注重完善方式方法

我们认真总结了市县联动涉农扶贫领域专项巡察经验，对群众参与度有待提高、巡察方式有待改进等问题进行了深入思考。开展市县联动巡察形成“一盘棋”，有利于加强上下联系、全程对接，构建横向到边、纵向到底的巡察“大格局”。市县联动巡察也促使巡察干部放下地方“人头熟”不好监督的顾虑，有效避免地方说情风和关系网的干扰，真正达到巡深察透的效果。在今后的工作中，我们将继续积极探索创新，建立符合区情、市情的巡察工作机制。在巡察方式上采取市县(市、区)统筹和自己巡察等方式，在巡察方法上采取深入基层走访了解等方法，着力查找被巡察单位党组织在党的领导、党的建设、全面从严治党、党风廉政建设和反腐败斗争方面存在的突出问题，使巡察真正成为基层党内监督的前哨、发现问题的尖兵、从严治党的利剑。

（四）开展涉农扶贫领域专项巡察，要注重成效，严肃查处侵害群众利益不正之风和腐败问题

在巡察过程中，巡察组始终坚持工作重心下移、力量下沉，抓住扶贫攻坚各个环节，紧盯扶贫项目落实、资金分配、发放管理、检查验收等重要环节，以项目资金主管部门为源头，聚焦程序环节，摸清“上级给多少”

“被巡察单位支多少”“实际落地多少”三个数据，从对比中找差距，从差距中查问题。发现问题和线索只是巡察工作的前半篇，查找病灶、深挖根源，用好巡察成果解决突出问题，让其发挥标本兼治的作用才是目的。一只“蝇贪”的背后可能是一个制度的漏洞，巡察不但要发现表面的问题，还要督促被巡察党组织把制度完善起来。要督促被巡察党组织将巡察组反馈的每个问题整改当作“必答题”，以最坚决的态度、最有力的措施、最迅速的行动，抓好整改落实。要从严从实查处发生在基层的“蝇贪蚁腐”，释放了强烈信号，形成有力震慑。拿出全面从严治党永远在路上的恒心和韧劲，持续发力，从根本上推进管党治党从“宽松软”走向“严紧硬”。

固原市创新建立涉农项目资金“331”监管机制 运用“制度+科技”扎牢不能腐的笼子

张　毅　李润良

2016年以来，固原市通过不断地探索实践，创新建立了集涉农扶贫政策和项目资金宣传、公开、监督、管理及投诉举报等功能于一体的“三级备案、三级审核、一个平台监管”工作机制（简称“331”监管机制），充分运用“制度+科技”手段，保障涉农项目安全、资金安全、干部安全，在扎牢不能腐的笼子上迈出了新步伐，为打赢脱贫攻坚战提供了保证。

一、创建“331”监管机制的背景

固原市地处六盘山集中连片特困地区核心区，是全区脱贫攻坚的主战场，也是中央、自治区在涉农扶贫项目资金方面投入最多的地方。党的十八大以来，每年下拨给固原的涉农扶贫资金达20亿元，广大干部群众真切地感受到党的亲切关怀。但是随着涉农扶贫资金投入的不断增加，涉农扶贫领域违纪违法问题也随之凸显。据统计，党的十八大以来，固原市各级纪检监察机关共处置涉农扶贫领域问题线索1276条，立案调查551件，给予党政纪处分510人。这些违纪违法问题，几乎遍及退耕还林、扶贫开发、草原生态补贴、危房危窑改造、扶贫互助、移民搬迁、征地拆迁等各个领

作者简介　张毅，固原市纪委宣教室主任；李润良，固原市纪委党风政风监督室副主任。

域。在给予党政纪处分的510人中，贪污贿赂人员占六成以上，达到64%，高居首位。其中村干部占总处分人数的61%。这些问题如果不解决，将直接影响党的根基，降低群众的获得感。正如习近平总书记指出的："'微腐败'也可能成为'大祸害'，它损害的是老百姓切身利益，啃食的是群众获得感，挥霍的是基层群众对党的信任。"

涉农扶贫领域侵害群众利益的不正之风和腐败问题为什么会易发多发，根源何在？怎样才能有效防治？带着这一系列问题，固原市纪委通过全面摸底调研分析发现，监管部门履行职责不力，项目实施流程不规范，涉农扶贫资金监管不透明，涉农扶贫政策宣传执行不到位，公开不真实，制度形同虚设，乡镇对农户情况不掌握，农户对涉农扶贫政策不了解，基层纪检监察机关不善监督、不会监督，监督乏力、缺位，是涉农扶贫领域腐败问题发生的主要根源。同时，我们在调研中发现，西吉县硝河乡硝河村建立的平安联防信息网络平台，正是运用了"制度+科技"的手段，加强了村级平安联防，达到了群防群治的效果。受此启发，我们针对涉农扶贫项目资金管理使用主要在县、乡、村三级的实际，建议市委、政府建立"331"监管机制，运用"制度+科技"手段破解难题、补齐短板，实现"促进政务村务全过程公开透明，规范和制约基层干部权力运行，促进涉农扶贫项目指标分解公平公正，项目实施规范有序，资金审批公开透明，实现阳光化监管，预防和减少涉农扶贫领域腐败问题发生"的目的。

二、"331"监管机制的运行模式

（一）自上而下，三级备案

对涉农扶贫项目实行自上而下的县、乡、村"三级备案"。县级备案是指县（区）政府（包括涉农部门）对区、市两级下达的以及本县（区）自行安排的涉农扶贫项目，根据项目实施要求及时制定《实施方案》，以政府文件下达到各乡（镇），并在监管平台及时公开，实行一级备案。乡级备案是乡（镇）政府按照县（区）《实施方案》要求，及时研究制定项目《实施计划》，以乡（镇）政府文件下达到各村，实行二级备案。村级备案是根据乡（镇）《实施计划》，在乡（镇）驻村干部指导和村监会监督下，村"两委"班子研究制定《实施细则》，以村“两委”名义在村监管平台及时公开，实行三级备案。

（二）自下而上，三级审核

对涉农扶贫资金实行自下而上的村、乡、县“三级审核”。村级评审由村“两委”主持召开村民代表会议或民主议政日进行评议，初步确定涉农惠农资金(实物)分配到户花名册，乡(镇)驻村干部和村监会全程参与监督，再经村“两委”会议研究，形成资金分配到户花名册，以村“两委”名义在村监管平台进行公示，公示期满无异议后，由村委会和村监会主任签字盖章上报乡(镇)政府。乡级复审是乡(镇)政府对各村上报的资金分配到户花名册，及时组织有关人员在监管平台进行审核，并开展入户核查，核查面不得低于30%。审核完成后，由审核人、乡(镇)负责人共同签字，上报县(区)涉农部门。县级审定是县(区)涉农部门对乡(镇)上报的资金分配到户花名册以及项目资金立项、申报、评估、项目实施、竣工验收、资金发放的每一个环节和程序在监管平台进行审核，并组织验收，经审核验收符合规定要求，由县(区)财政部门或相关职能部门按规定及时拨付兑现。

（三）建立四级平台，立体式监管

建立市、县、乡、村四级涉农扶贫项目资金监管平台，严格管控所有涉农扶贫政策、项目和资金的实施情况。市级监管平台发挥牵头抓总作用，按照“应进则进”等原则，督促指导各涉农部门把应纳入的涉农扶贫项目及时纳入其中；县、乡、村监管平台严格执行“三级备案、三级审核”制度，及时将涉农扶贫项目实施过程、政策依据、申请条件、补贴标准、项目受益农户花名册、逐级审批过程等信息分别在相应的监管平台上全部公开，确保群众能够随时随地通过手机查看所有涉农扶贫政策信息，全程了解涉农扶贫项目资金分解落实全过程，便于群众监督，确保项目运行规范，资金拨付安全、高效。

三、“331监管机制”的主要做法

（一）政府牵头抓总、分级负责，职能部门具体实施、各司其职

1. 作出制度安排，明确目标要求。市委、政府制定出台了《关于切实加强涉农惠农项目资金监管　全面推行“三级备案、三级审核、一个平台监管”机制的实施意见》，明确了总体要求、基本原则、工作内容、职责分工和保障措施六项主要内容，提出2016年建成监管平台，确定10个示范村，试点先行、探索经验；2017年以当年实施的涉农项目资金为重点，使监管平台覆盖全市822个行政村；2018年完善提高，巩固深化，形成运行规范的“331”监管工作模式。

2. 准确定位职责，统筹协调推进。市、县(区)政府成立涉农扶贫项目资金监管工作领导小组，常务副市长(副县长)任组长，政府办、审计、扶贫、农牧、民政、财政、住建、林业、卫计等部门为成员单位，统筹推进监管平台建设和推广应用。县(区)政府主要负责抓好平台建设，协调解决存在问题，确保设备和经费落实、信息员配备和督查考核到位。各级职能部门和行政村抓好项目资金“三级备案”和“三级审核”，通过监管平台加强监管，确保依法合规运行。

3. 试点先行，全面推开。2016年，市委、政府在每个县(区)选取2个乡(镇)和2个行政村，在全市先行试点，探索积累经验，确定需要备案审核的具体项目，并形成运行流程图，使备案审核的重点越来越明晰，操作性越来越强。2017年3月份召开了全市涉农扶贫项目资金监管推广应用会，8月份召开了全市涉农扶贫项目资金“331”监管机制推广应用现场观摩会。目前监管平台已覆盖全市822个行政村，共录入农业人口116万人，户籍录入率100%；市、县(区)45个涉农部门共实施项目备案212项，项目审核210项。

（二）纪委及时跟进，强化监督执纪问责

1. 强化监督检查，解决突出问题。坚持把推进“331”监管机制落实作为部门（单位）履行主体责任的重要内容，采取交叉检查、明察暗访、随机抽查等方式，定期不定期对职能部门履行监管责任情况进行监督检查，对发现的问题下发整改建议书要求整改，促使涉农部门切实扛起监管责任，严明纪律规矩，强化制度执行，堵塞监管漏洞，确保涉农扶贫政策落实到基层、落实到农户。

2. 强化责任追究，倒逼责任落实。制定出台了《固原市涉农惠农资金监督管理责任追究办法》，明确县(区)政府、乡镇（街道）和村级组织，涉农部门以及纪委、检察、审计等部门工作职责，明确责任追究情形和方式，对督查中发现的落实“331”监管机制不力、履行职责不到位，以及不作为、慢作为的人和事，严格追究责任，倒逼监管职责履行到位、项目备案到位、资金审核到位、政策落实到位。

3. 强化举报处置，从严从快查处。制定出台了《固原市涉农项目资金监管平台咨询和投诉(举报)处置办法》，对监管平台受理的群众举报由市纪委统一受理。属于市纪委办理的，及时分流处置；属于县（区）和涉农部门办理的，及时交办、转办。自“331”监管平台运行以来，共受理信访举报65件，梳理问题线索26件，调查核实12件，立案5件，了结7件，给予党政纪处分2人；正在调查核实14件。原州区开城镇上青石村通过“331”监管平台发现村干部在兑付草原生态补助资金中存在优亲厚友现象，经调查属实，取消陈小利等14户670亩不合理补贴。

四、“331”监管机制成效及启示

（一）初步成效

1. 创新了涉农扶贫项目资金监管机制。“331”监管机制的推行，利用科技手段，健全完善监管体系，有效解决了过去监管职能发散、监管制度执行不力、人为“隐形”操作等突出问题，对90%以上的涉农扶贫项目资金进行全程监管，使不能腐的笼子越扎越牢。彭阳县基层干部普遍反映，监管平台的推广应用，扎紧项目资金的“口袋”，有效杜绝了违规使用现象。泾源县政府认为，监管平台的推广应用，是“小屏幕”聚焦了“大监督”，“小平台”实现了“大监管”。

2. 遏制了投诉和信访举报增量。“331”监管机制的推行，有效解决了不公开、假公开、公开不到位的问题，政策执行、项目资金落实更加阳光透明、公正公平，群众满意度达到96%以上，无根无据反映问题、捕风捉影投诉举报的现象明显减少。2017年以来，泾源县六盘山镇受理来信来访47件(次)，同期相比下降47.9%；大湾乡13个行政村，有7个村是无信访村。原州区炭山乡一村民说：“以前信息不透明，村里没少为申报扶持政策的事闹矛盾，而今好了，真公开了，谁家能享受，谁家不符合，一看很清楚，就不再闹了。”

3. 规范了基层干部权力行使。“331”监管机制的推行，将基层干部权力行使情况全程晒于网上，使权力行使公开透明、留有痕迹，强化了干部自律，消除了监督盲区，避免了暗箱操作，预防和减少了骗取冒领、截留挪用、权力寻租、优亲厚友、吃拿卡要等“微腐败”问题的发生。2017 年春季，原州区的一些村干部，分别来到农牧局，主动把自己及亲属名下曾经虚报的草原面积核销掉，自愿把多领的草原补贴退还给国家。

4. 发挥了群众监督作用。“331”监管机制的推行，落实了“让人民监督权力”的要求，为群众监督搭建了大舞台，群众参与村级事务管理的渠道更加畅通，知情权、参与权和监督权进一步扩大，群众人人成为纪检员，实现群众零距离监督。三营镇监管平台管理员任旭利说：“监管平台的推广应用，不仅激发了群众参与监督的积极性，也杜绝了村干部说了算的现象。”

5 提高了政策知晓率和落实精准度。“331”监管机制的推行，使群众随时随地打开手机就能全面了解掌握涉农扶贫政策和项目资金，清楚自己能享受什么政策、不能享受什么政策，监管平台被群众称为“政策到家直通车”。同时，通过县乡村逐级审核把关、群众全程监督，避免了“中梗阻”现象，使涉农政策落实更加精准到位。泾源县六盘山镇什字村村民王登攀说：“这个平台好，原来对有些项目资金不晓得，现在打开手机，自己享受的补贴一目了然，别人享受的也能看到，没必要到处跑着问，特别明朗。”

（二）经验启示

“331”监管机制的推广应用，从制度机制上破解了涉农扶贫项目资金监管的难题，探索出了一条监管新途径，有利于提高扶贫工作科学化水平，符合新时代发展要求。在打赢脱贫攻坚战、全面建成小康社会的关键时期，各级政府和涉农部门要在坚持中总结完善、巩固深化，实现“331”监管机制的推广应用制度化、程序化、规范化，确保涉农扶贫政策和项目资金落地实施。

“331”监管机制的推广应用，形成上下联动的监督网，有利于强化干部自我监督和群众监督，构建基层风清气正的政治生态。各级纪检监察机关和各职能部门、各乡镇要借助“331”监管机制的推广应用，借力发力，切实加强对基层党员干部的监督管理，加强对权力运行的制约和监督，让权力在阳光下运行，把权力关进制度的笼子。

“331”监管机制的推广应用，突出了重点领域和关键环节，有利于加强基层党风廉政建设，增强群众的获得感。各级纪检监察机关要以“331”监管机制为载体，切实加强基层党风廉政建设，强化涉农扶贫领域监督执纪问责，严肃查处群众身边的“微腐败”，推动全面从严治党向基层延伸，以实际成效取信于民，厚植党的执政基础。

中卫市把握运用第一种形态开展“五谈二会一报告”的探索与实践

金　忱　彭红兵

2015年9月24日至26日，王岐山同志在福建调研时首次提出，要运用好监督执纪“四种形态”，党内关系要正常化，批评和自我批评要经常开展，让“咬耳扯袖、红脸出汗”成为常态；党纪轻处分和组织处理要成为大多数；对严重违纪的重处分、作出重大职务调整应当是少数；而严重违纪涉嫌违法立案审查的只能是极极少数。中卫市认真实践“四种形态”特别是第一种形态，创建“五谈二会一报告”工作机制，注重抓早抓小、动辄则咎，加强党员思想政治和关爱教育；坚持挺纪在前，以纪律建设推进从严治党、依规治党，在加强和改进党的建设等方面取得新成效。

一、中卫市把握运用第一种形态开展“五谈二会一报告基本情况

监督执纪“四种形态”，是对党的十八大以来管党治党实践的经验总结，是深刻把握党风廉政建设规律、提升反腐倡廉精准度的路径选择，是落实全面从严治党的具体举措。把握运用“四种形态”，最关键的是用好“第一种形态”。中卫市委、市纪委认真落实管党治党责任，正确处理“树

作者简介　金忱，中卫市纪委副书记；彭红兵，中卫市纪委廉政教育和信息中心副主任。

木”与“森林”的关系，把握运用“四种形态”特别是第一种形态，建立了“五谈二会一报告”工作机制。2016年在市直部门试点开展，2017年在全市全面推开，突出抓早抓小，防微杜渐，加强党员思想政治和关爱教育；坚持挺纪在前，以纪律建设推进从严治党、依规治党，在加强和改进党的建设、落实党风廉政建设等方面取得新成效。截至目前，全市共开展各类谈话6044人次，其中，谈心谈话4317人次，提醒谈话1109人次，责任约谈418人次，诫勉谈话130人次，函询谈话70人次。

二、运用第一种形态开展“五谈二会一报告”的主要做法

（一）突出顶层设计，建立“五谈二会一报告”工作机制

把握运用监督执纪“四种形态”，中卫市高度重视、大胆探索，从顶层设计入手，2016年5月4日出台了《关于把握运用监督执纪“四种形态”的实施意见》，10月10日出台了《关于中卫市运用监督执纪“四种形态”第一种形态的实施意见》，10月12日又制定了《关于践行“四种形态”第一种形态 扎实开展“五谈二会一报告”活动的方案》，积极探索建立“四种形态”第一种形态“五谈二会一报告”工作机制。“五谈”即谈心谈话、提醒谈话、责任约谈、诫勉谈话和函询谈话，设计了28种适用情形，以便党委（党组）、纪委或纪检组实施。“二会”即对被谈话人的整改情况在民主生活会或组织生活会上进行评议。其中领导班子成员在民主生活会上接受评议，一般党员干部在组织生活会上接受评议。“一报告”即相关人员的谈话、整改汇报、评议等材料一并装入党员干部廉政档案，年底由所在单位党委（党组）专题报告市委和市纪委。2017年5月，在扎实践行“四种形态”开展“五谈二会一报告”的基础上，认真梳理总结开展“五谈二会一报告”的典型做法和成功经验，对运行过程中形成的一些文件、材料和新闻报道汇集成册，出版了《让红脸出汗成为常态》内部刊物，向全市各级党组织赠送，方便广大党员干部学习。

（二）领导带头垂范，层层形成工作合力

监督执纪“四种形态”，既是对纪委监督责任的要求，更是对党委主体责任的要求。在实践中，市委坚持把落实主体责任作为重大政治任务，特

别是市委、政府主要领导勇做践行党风廉政建设主体责任的领导者、推动者;市纪委全面落实监督责任，积极协助市委加强党风廉政建设和组织协调反腐败工作。把践行“四种形态”与各级党委(党组)落实党风廉政建设责任清单相结合，与注重平常抓工作落实相结合，与向同级班子廉情抄告相结合，与下发纪律检查建议书相结合，与“三述三评”报告主体责任相结合，形成工作合力和推动力。践行第一种形态开展“五谈二会一报告”推行以来，市委书记、市长等市委、政府领导主动担当，带头亲自参与谈话提醒，形成了书记、市长和常委、副市长谈，常委、副市长与分管部门负责人谈，部门负责人与班子成员、科室负责人谈，部门班子成员、科室主任与责任人谈的层层履行第一责任人职责和“一岗双责”的机制，让监督提醒、批评教育、咬耳扯袖、红脸出汗成为落实主体责任的常态。先后共对13名市级领导干部和44名处级领导开展了约谈，涉及违反廉洁纪律、工作纪律、生活纪律和违反中央“八项规定”精神、列支不符合规定范围开支、不正确履职等6个方面25个问题线索，在全市形成了发现苗头就去提醒、听到反映直接过问、提前预警、存在问题及时查处的工作常态。市纪委在认真梳理问题线索的同时，对市委组织部移交的48名领导干部本人不如实报告个人重大事项问题线索进行了提醒谈话和责任约谈。

(三）压实主体责任，扣紧党委责任链条

谁来谈？和谁谈？中卫市从压实“两个责任”入手，把落实主体责任和监督责任的要求贯穿到党的政治纪律、组织纪律、廉洁纪律、群众纪律、工作纪律和生活纪律的各个方面，不断深化和推进。按照“属地管理、分层分级、层层负责”的原则，立足于全方位、全覆盖开展谈话，各级党委(党组)主要负责人对班子成员和下级党委(党总支、党支部)主要负责人开展谈话；各级党委(党组)其他班子成员对联系和分管部门主要负责人进行谈话；各级纪委主要负责人对班子成员、下级纪委主要负责人和具有责任约谈、诫勉谈话、函询谈话所属情形的领导干部进行谈话；各部门负责人对本部门工作人员进行谈话。必要时实行同级谈或者越级谈，增强谈话操作过程的灵活性和实效性。同时，从狠抓从严治党主体责任和第一责任人职责落实开始，实行主体责任清单制度，明确党委(党组）负责组织实施

"五谈"中的"谈心谈话、提醒谈话、责任约谈"三种谈话和"二会""一报告"，并设计了28种谈话情形，使主体责任一目了然，纪委派驻纪检组对各党委(党组)开展谈话情况跟进监督，使谈话具体化、程序化、制度化。

(四) 明晰谈话类型，做到精准发力

怎么谈？谈什么？为防止谈话流于形式、不规范，在出台《关于把握运用监督执纪"四种形态"的实施意见》的基础上，相继又制定了《关于中卫市运用监督执纪"四种形态"第一种形态的实施意见》和《关于践行"四种形态"第一种形态扎实开展"五谈二会一报告"活动的方案》，从制度体系层面明确"五谈二会一报告"实施标准。同时，市纪委采取全员推进抓谈话的方式，形成工作合力。由纪检监察室、案件管理室、党风政风监督室等广泛收集问题线索，按标准进行分类，为谈话做足"体检"准备。就谈心谈话、提醒谈话、责任约谈、诫勉谈话和函询谈话问题线索进行筛选分类，将上级部门督查反馈、信访举报、执纪审查、监督检查、明察暗访、专项巡察、审计和相关查处的涉及党员干部一般性、苗头性、倾向性问题根据"五谈"中的谈心谈话、提醒谈话和责任约谈交由党委(党组)组织实施，对履行党委主体责任、党风廉政建设和反腐败工作中存在的问题及违反"六大纪律"的党员干部，由市纪委根据适应情形对相关负责人进行责任约谈、诫勉谈话和函询谈话。党委(党组)着眼于"无病常防、初病早治"，对"触碰底线"行为亮灯警示。纪委着眼于"有病快治、重病严治"，对"踩越红线""触碰底线"行为"拉电网"，于"严管"中体现"厚爱"。

(五) 全程纪实留痕，形成闭环运行

在深入"体检"对标的基础上，紧盯存在的问题，注重严把"谈前、谈中、谈后"关口，做细做实做足功课，确保谈话取得实效。谈话前，党委（党组）按照"五谈二会一报告"工作要求，认真梳理问题线索，针对存在的问题对照28种情形，明确谈话方式，认真撰写谈话提纲，明确谈什么、怎么谈，做到心中有数。谈话中，坚持问题导向，对苗头性、倾向性问题及时批评教育、提醒警示，从源头上防止党员干部破纪进而破法。由记录人员认真做好谈话记录，填写设定好的谈话记录特定表格，在表格上谈话对象承诺、记录人签字、谈话领导签字，形成了"谈话有记录、表格有签字、承诺有内容”一整套严谨体系。谈话后，督促谈话对象认真整改落实，并按程序进行评议和报告。谈话表、整改汇报、评议材料等一并装入党员干部廉政档案，进行备案，使党委(党组)落实主体责任做到“有据可查，全程留痕”，形成了“封闭回路”，“闭环运行”。

（六）注重结果运用，作为干部考核依据

在认真实践“四种形态”的基础上，把实践第一种形态结果运用到党员干部考察任用和日常管理中。在干部提拔任用前的廉政鉴定上，首先查看拟提拔党员干部廉政档案，是否受到过谈心谈话、提醒谈话、责任约谈、诫勉谈话和函询谈话，是否在履行第一责任人职责或“一岗双责”践行“四种形态”上存在不到位、不落实。同时，把结果的运用深化到平常，市纪委把践行第一种形态开展“五谈二会一报告”纳入年度党风廉政建设目标任务，与各级党委签订党风廉政建设责任制目标责任书，作为各级党委（党组）党建和党风廉政建设的一项重要载体，在半年督察，年终进行考核；作为党委（党组）负责人履行第一责任人职责和班子成员履行“一岗双责”，落实全面从严治党的重要证据；作为党员干部年终考核、评先评优的重要依据，确保做实第一种形态的各项举措有效落实，取得实效。

三、运用第一种形态开展“五谈二会一报告”取得的成效

（一）为推动“两个责任”落地生根开出了新处方

以前落实“两个责任”习惯于年初签字背书，列出责任清单，年终进行检查考核，抓日常、日常抓没有很好的抓手，成为短板。通过“五谈二会一报告”工作机制，使各级党委(党组)在抓日常、抓平常、抓早、抓小上，又有了新载体和新手段，改变了以往注重抓“两头”的格局，通过抓日常、抓平常，抓早、抓小，为责任落实开出了新处方。随着谈话提醒、抓早抓小工作的推进，各级党组织一把手越来越将更多的精力放在管党治党建设党方面。市农牧局、林业局、教育局等党委(党组)主要负责人一致认为，通过落实“五谈二会一报告”机制，使党委(党组)在落实“两个责任”上有了新抓手。通过落实第一种形态，“倒逼”领导干部特别是“一把手”更加注重自我约束。“监督别人，自身首先得过硬”，也是开展谈话

提醒以来领导干部的突出感受。

（二）为强化第一责任人履职担当赋予了新抓手

“四种形态”设置层层防线，实现关口前移，体现抓早抓小，但具体怎么抓、抓什么？“五谈二会一报告”工作机制列出“五谈”的28种具体适用情形，给党委(党组)负责人布置了新作业，设置了“日程表”，拉响了“上课铃”，到点就根据情形启动谈话。如：遇有干部轮岗、婚丧嫁娶、工作不在状态等情形，党委(党组)负责人都要进行谈心谈话、提醒谈话，给党员干部打预防针，使监督更加从严从实、从早从细，注重平常成为常态，杜绝了责任虚化空转现象。市卫计局党委书记通过落实谈话制度，切身感到“五谈二会一报告”工作机制好，给党委(党组)履行主体责任指明了方向，也给党委(党组)书记履职列出了“课程表”，使履行第一责任人职责、班子成员“一岗双责”有了具体抓手。市城管局党组书记、局长认为：通过谈话提醒强化日常监督，厘清责任，深感市委、纪委对党委一把手管党治党要求越来越严，责任越来越明晰，也越压越实。

（三）为创新执纪监督问责找准了新接口

过去有一种倾向，纪委往往以办大案要案论英雄，长期对小问题视而不见，一处理就只能“算总账”。从结果上看，造成干部要么是“好同志”、要么是“阶下囚”。现在，运用“四种形态”特别是实践第一种形态，为执纪监督找到了“新接口”，从原来的重点查违法、盯少数转变为盯违纪、管全体，既见“树木”又见“森林”，挺纪在前，严明党的纪律，实现不敢腐、不能腐、不想腐的机制。既对党的事业负责，也对广大党员干部关心爱护。通过落实“五谈二会一报告”，为纪检监察机关监督执纪问责找到了“新接点”。“咬耳扯袖、红脸出汗填补了以往党内监督在抓早抓小方面的空白点。”

（四）为加强党内监督充实了“新内容”

“五谈二会一报告”工作机制是中卫市落实十八届六中全会精神，推进全面从严治党，认真贯彻执行《关于新形势下党内政治生活的若干准则》和《中国共产党党内监督条例》的主要举措之一。各级党委(党组)把通报谈话整改情况作为民主生活会、组织生活会的一项重要议程，组织开展党员民主评议，充分利用批评和自我批评武器，使党内生活内容更加具体、更加务实，让务虚转为务实。在全面从严治党新形势下，部分有轻微违规违纪问题的党员干部思想上有负担，或担心被组织约谈，或犹豫要不要找组织说明问题。如理城乡产业集团公司有关责任人针对存在的问题就主动找组织说明情况，承认错误，退还分红资金，相关人员被诫勉谈话后，认为谈话对其触动很大，为其敲响了警钟。

“五谈二会一报告”在中卫市落实全面从严治党、强化党内监督方面，为“无病防治、初病早治、有病快治、重病严治”开出了新药方，为正“歪树”、治“病树”、拔“烂树”、“护森林”提供了新模式，取得了阶段性成效，但也还存在一些不足。中卫市将按照“深入推进全面从严治党，压实管党治党政治责任”要求，紧密结合中卫市落实“四责合一”“六责联动”的“4+6”责任机制，紧密结合落实“三个清单”“三述三评三公开”，紧密结合落实“两个责任”全程纪实留痕，紧密结合落实党风廉政建设廉情抄告制，紧盯“六大纪律”，进一步把握运用监督执纪“四种形态”，特别是第一种形态，深入推进“五谈二会一报告”机制，使之成为全面落实从严治党、执纪监督的利器。

西夏区开展纪委对同级党委监督推动全面从严治党向纵深发展

胡纪康

党的十九大报告强调，“要加强对权力运行的制约和监督，发挥同级互相监督作用……”纪委监督同级党委，既是党章赋予纪检机关的重大职责，也是加强自身建设、有效预防腐败的重要措施，更是强化党内监督、推进全面从严治党的重点难点。2017年，针对“同级监督”这一党内监督的薄弱环节，西夏区纪委在自治区范围内率先出台《西夏区关于加强纪委对区委常委班子及其成员监督办法(试行)》，积极开展纪委对同级党委监督，推进了同级党委权力规范运行，从源头上预防违规违纪问题发生，推动了全面从严治党向纵深发展。

一、突出一个“早”，把监督关口移到前

西夏区纪委充分发挥对同级党委在思想倾向、工作动态和重大决策等方面最了解、最清楚、最熟悉的天然优势，在职权范围内依规依纪行使对区委常委班子及其成员的监督职责，立足于抓早抓小，防微杜渐，围绕事前监督和过程监督强化制度设计。

1. 绘好“权力运行图”。推行区委权力清单制度，区委制定《全面从严治党责任清单和问题清单、问责清单》《区委班子成员“一岗双责”责任清

作者简介 胡纪康，银川市西夏区委常委、纪委书记。

单》，绘制区委常委会权力运行图和“三重一大”事项决策流程图，将区委权力细化到具体的常委会成员，并进行公示公开，接受同级纪委监督和群众监督，进一步规范区委常委班子及其成员的权力运行。

2. 抓好“廉政风险点”。主动排摸权力运行中的“廉政风险点”，针对风险点早提醒、早预防，推动完善相应的防范制度，扎细扎牢“制度笼子”，加强事前监督。例如，纪委在巡察中发现，存在党费收缴不及时不规范问题，及时向区委常委、组织部长进行意见反馈，推动完善了西夏区党费收缴制度。截至目前，共排查廉政风险点 10 余个，修改完善制度 20 余项。

3. 打好“廉洁预防针”。区委对重大建设项目、重大民生工程等重大事项进行决策时，纪委书记参加会议，履行监督职责，加强过程监督。例如，对棚户区改造等涉及群体多、工作难度大、利益关系复杂的重大事项立项审议，积极听取纪委意见建议，纪委根据实际情况，提出廉洁意见建议 10 余条，推动了区委重大事项决策的规范性和科学性，将监督的关口移到最前面，有利于及早发现存在的倾向性、苗头性问题，做到及时提醒、及时纠正，有利于从源头上预防腐败现象的发生。

二、突出一个“深”，把监督网络织更密

西夏区纪委在市纪委和区委的双重领导下，找准切入点，抓住重点，深化拓展对区委常委班子及其成员的监督内容，主要包括六个方面。一是对全面从严治党主体责任、区委书记履行全面从严治党第一责任、班子成员履行分管领域“一岗双责”进行监督。区委以打铁必须自身硬的态度带头示范，主动接受监督，2017 年，常委会研究党风廉政建设 13 次，学习有关文件精神 24 次，区委主要领导以身作则、以上率下，亲自抓、亲自管，领导和支持纪委开展同级监督，及时解决纪检工作问题困难，切实把同级监督落到实处。二是对遵守六大纪律和落实中央“八项规定”精神情况监督。区委主要领导和纪委书记，逢会必讲廉政建设，加强日常提醒和监督，促使区委常委班子及其成员带头落实中央“八项规定”精神和廉洁自律有关规定，带头转作风、反“四风”。三是对贯彻执行中央、自治区、

银川市有关工作部署情况进行监督，加强对上级决策部署实际执行情况的监督检查。四是对坚持民主集中制情况进行监督，特别是加强区委对重大改革措施、干部选拔任用、重点建设项目、大额度资金使用等重大事项决策监督，落实主要领导末位表态等制度。五是执行干部选拔任用工作规定情况，纪委出台《西夏区管干部任职、出国（境）、评先评优前征求西夏区纪委监察局意见的暂行办法》，对区委拟提拔任用的领导干部，组织部在酝酿确定拟任职人选时，同时征求纪委意见，截至目前，已累计取消 3 人的任职资格。六是个人重大事项报告情况及插手干预重大事项情况进行监督。班子成员个人重大事项按要求上报的同时，向纪委报备，有关部门对班子成员违规插手干预干部工程建设、执纪执法等问题记录在案，并及时向纪委报告，织牢织密同级监督网，促使常委班子及其成员做到有权必有责、有责要担当。

三、突出一个“细”，把监督方式抓到位

按照易于操作、务实管用的原则，细化设立三种监督方式。

（一）预警提醒

建立全面从严治党预警机制，及时发现常委班子成员在履行“主体责任”、重大工作部署等方面存在的苗头性倾向性问题，及时提出预警建议并采取相应措施。截至目前，对西夏区卫生和计生系统近年来连续出现违法违纪问题，已向 1 名区委常委、1 名副区长下发落实党风廉政建设“一岗双责”建议书，督促其认真履行对分管领域的“一岗双责”责任。

（二）谈话提醒

建立谈话提醒机制，对在履行工作职责、遵守“六大纪律”、落实中央“八项规定”精神等方面问题，建议由区委书记对其进行谈话提醒，要求其对自身存在问题和所分管领域问题进行限期整改。例如，针对银川第 21 期电视问政曝光的市容环境问题，由区委主要领导对分管县级领导进行了工作约谈，取得了良好的成效。

（三）述责述廉

建立区委常委班子成员向纪委全会述责述廉制度，每年确定 2~3 名常

委，报请区委同意后，重点围绕执行政治纪律和政治规矩、履行管党治党责任、个人重大事项报告情况等向西夏区纪委全会述责述廉并接受质询评议。

四、突出一个“实”，把保障措施落到底

为进一步增强监督的实效性，明确了两项保障措施。

（一）西夏区纪委会同组织部加强对区委常委班子民主生活会情况的监督

区委每年年底按照上级党委确定的主题召开民主生活会，认真开展批评与自我批评，对受到约谈的班子成员就约谈的问题及整改结果在民主生活会上做出说明，督促其剖析问题，汲取教训、引以为戒。通过民主生活会上的说明剖析，推动班子成员将批评和监督当作一面镜子，习惯在受监督和约束的环境中工作生活，确保进一步严肃党内政治生活，强化党性观念和纪律意识。

（二）严格落实对区委常委班子及其成员问题线索报告制度

利用职务便利违规干预插手干部选拔任用、司法活动等问题及其他问题线索，按照干部管理权限规定，由纪委书记阅后（涉及其本人的除外），向自治区纪委或银川市纪委上报并移送有关材料，对于重大或时效性强的问题线索随时报告，确保第一时间发现问题，第一时间报送线索，增强监督的时效性、实效性，推进同级监督常态化、长效化，以扎扎实实的工作实效推动党的十九大精神在西夏区落地生根。

平罗县通过“四化一覆盖”廉政档案新模式增强干部动态监管精准度

郭华利　王立楠

为准确把握干部廉政轨迹、增强干部廉洁自律意识、提高选人用人的准确性，营造风清气正的良好氛围，以适应纪检监察工作新形势、新任务的时代需求，平罗县充分运用“制度+科技”手段，探索建立了领导干部电子廉政档案管理制度，率先在全区建立了领导干部电子廉政档案，开发设计了廉政档案信息管理系统，建成了规范化廉政档案室，扩大了干部监督范围，实现了建档内容科学化、档案管理信息化、数据采集规范化、运行过程安全化、建档对象全覆盖的“四化一覆盖”目标，电子廉政档案成为反映平罗县干部廉洁情况的一面“镜子”和增强干部防腐拒变能力的一座“警钟”。

一、平罗县建立廉政档案的主要做法

廉政档案做到电子档案与纸质档案、个人填报与组织填报“两个结合”，实行填报单位自审和纪委再审的“双方联审”，全程记录干部个人廉洁勤政方面的痕迹，搭建干部廉政动态监督的“记录仪”，增强监督的实效性和精准度。

作者简介　郭华利，平罗县纪委常委、办公室主任；王立楠，平罗县纪委党风政风监督室干部。

（一）建档内容科学化

廉政档案分为个人填写和组织填写两部分，个人填写部分的内容包含了本人基本情况、婚姻情况、配偶、子女及其配偶从业情况、房产情况、经商办企业情况、出国（境）情况、民主生活会情况、奖惩情况等21项内容。组织填写部分的内容包含了领导干部廉政谈话情况、信访举报及处理情况、巡察情况、谈话函询情况、问责情况、违纪违法案件处理情况、党风廉洁意见回复情况、领导干部选拔任用工作纪实、任期或离任经济责任审计情况等9部分。廉政档案不仅把干部本人的基本经历、年度收入、任期经济责任审计、历史奖惩等情况进行登记，而且把其主要社会关系、配偶子女从业状况等也一并归档，切实做到建档内容科学化、全方位，填报事项多角度、全覆盖，让干部“晒出家底”，亮明廉洁从政“身份证”。

（二）档案管理信息化

以信息化为依托，开发了全县廉政档案信息管理系统，系统具备廉政档案导入、校验、更新、编辑、审核、查询、导出等功能，并设置了权限管理、日志管理和统计分析功能。廉政档案信息录入实行动态化的管理方式，按照“有事及时报，年终系统报”的原则，随时更新补充档案信息，各单位明确一名档案管理员，负责随时收集上报本单位领导干部廉政信息变动情况，对因提拔、调入、调出的及时新建或调整廉政档案，努力实现对领导干部重大事项报告、重要人事调整等关键环节的全程、实时监管。

（三）数据采集规范化

信息采集坚持个人填报与组织审查相结合、相关部门提供与管理机构收集相结合、定期收集与随时报送相结合的原则。本人填报部分须由本人如实填写并签字确认，单位党组织负责人认真审核，加盖公章后方可送交。县纪委案件监督管理室、信访室、纪检监察室等内设机构提供的材料必须经室（中心）主任签字并加盖印章后报送，各类处分决定必须为正式文件。县委组织部、法院、检察院、公安局、审计局等职能部门提供的材料必须由分管领导审核签字并加盖公章。县纪委对廉政档案的所有内容信息细致鉴定，去伪存真，确保档案内容齐全、客观、翔实和准确。

（四）运行过程安全化

廉政档案严格遵守《中华人民共和国档案法》和《中华人民共和国保密法》有关规定，建立了档案室管理制度、保密工作制度、查借阅制度和档案员工作职责四项制度。县纪委确定专门的电子廉政档案管理员和审核员，负责档案材料的收集、筛选、录入、审核和日常管理工作，确保信息安全。档案的报送方式主要采取纸质版和电子版两种方式，纸质廉政档案以一人一档模式创建，由县纪委党风政风监督室统一收取、归档、存放，实行专人负责制；电子廉政档案系统运行采取单机版管理模式，实行专人、专机封闭式管理，不连接外部网络，相关数据只能通过光盘收集，确保系统运行安全。严明档案保密纪律，对因工作需要查阅档案的，严格履行报批手续，经县纪委分管领导审批后方可查阅。对在调阅、使用廉政档案过程中出现的泄露内容、私自归档、篡改、抽换档案信息等违规行为，严格追究责任。

（五）建档对象全覆盖

县纪委负责建立全县科级领导干部电子廉政档案，包括全县各级党的机关、人大机关、行政机关、政协机关、审判机关、检察机关中副科级及以上实职领导干部。各单位负责建立一般干部的电子廉政档案，包括本单位非领导职务科级干部，重点是各级党的机关、各乡镇、县直各部门、审判机关、检察机关的党员干部等。截至目前，全县600余名科级干部和7000余名财政在编人员的廉政档案信息已全部建档完毕，基本实现了廉政档案全覆盖、掌握问题无死角。

二、平罗县廉政档案新模式主要成效

以强化反腐倡廉前瞻性和预见性为目标，建立“廉政档案”这个大数据库，集合信息查询和分析研判两项功能，作用发挥明显。同时，随着领导干部电子廉政档案制度的实施，也让党员领导干部在廉洁问题上“温水煮青蛙”的现象得到了有效遏制。

（一）为干部选任考评提供参考依据

电子廉政档案将领导干部档案资源进行了全面整合，实现了“廉政数据资源”共享，形成“用人提干先看档案”的机制。干部一旦出现违纪违法问题，将及时载入“廉政档案”，年终考核、评先评优时实行“廉政一票否决制”，避免“带病提拔”情况发生。将廉政档案审查作为干部选拔任用的前置程序，在领导干部调整使用前，纪检监察机关可根据廉政档案系统记载的信息数据，把好党风廉政意见回复关。截至目前，廉政档案信息系统已为组织考察工作提供100余人次的查询，回复党风廉政意见函15份。

（二）为执纪审查提供信息支撑

廉政档案的建立，为监督执纪工作提供了第一手资料，根据廉政档案掌握被调查对象的基本情况，对调查取证和找准违纪违法案件的突破口发挥了积极作用，为进一步加强精准监督提供保障。同时，改变纪委传统办案向组织、公安等多部门调取信息的分散收集模式，减少信息收集环节，增强了纪律审查保密工作的可靠性。电子廉政档案信息系统建立以来，已为纪律审查工作提供相关人员信息查询10人次。

（三）为源头防腐提供智力保障

通过分析统计党员干部在一段时期内买卖房屋、车辆、经商、投资等情况，了解其经济收入和支出状况，实现廉情信息的动态分析比对，对苗头性、倾向性问题做到早提醒、早教育，切实防止小错酿成大错，做到有病早治、动辄则咎、惩前毖后、治病救人；对涉嫌违纪违规的，由纪检监察机关立案处理，让监督执纪工作“既见树木，又见森林”，有效打破档案建起来就置之高阁、积尘蒙灰的旧例，变“死档案”为“活材料”。2017年以来，共开展谈话提醒58人次，诫勉谈话18人次，日常约谈1800余人次，函询41人次，“第一种形态”得到充分运用。

（四）为实现公职人员监察全覆盖奠定基础

监察体制改革要求组建监察委员会，同纪委合署办公，实现对所有行使公权力的公职人员监察全覆盖。平罗县先行一步，将全县600余名科级领导干部和7000余名财政在编人员全部纳入“电子廉政档案”建档范围，为监察委员会组建提供了信息支撑。

惠农区开展“双述双评”强化党内监督 助力全面从严治党主体责任落地生根

罗万信

一、开展“双述双评”强化党内监督的主要背景

近些年来，一些地区对党内监督进行探索，纷纷建立了同级党政班子成员和下级党政主要负责人向同级纪委全会述责述廉制度，对监督同级监督和监督下级主要负责人作出了积极实践。但受纪委全会原则一年一次等因素制约，一届内纪委全会监督下级党政主要负责人难以全覆盖，对其他党员领导干部监督没有纳入其中，各级党组织党内监督主体责任有缺位现象。党的十八届六中全会指出：“党内监督没有禁区、没有例外。”《中国共产党党内监督条例》第二十三条规定：“党的领导干部应当每年在党委常委会（党组）扩大会议上述责述廉，接受评议。”2017 年初，惠农区认真学习党的十八届六中全会精神，创新党内监督方式，研究出台了《惠农区党员领导干部“双述双评”实施办法（试行）》，组织四套班子党组织和 95 个基层党组织的 382 名领导干部在各级党组织扩大会上述责述廉，接受党组织委员、纪委委员和党代表的评议和监督（以下简称“双述双评”），将全面从严治党的责任和压力向各级党组织层层传导，实现了对党员领导干部党内监督无禁区、常态化、全覆盖。

作者简介 罗万信，石嘴山市惠农区委常委、纪委书记。

二、开展“双述双评”的主要做法和特点

(一)突出“两大主题”,明确党内监督重点

1. 述责突出“三必述三自查”。即执行政治纪律和政治规矩必述，自查贯彻落实党的理论和路线方针政策、党中央的决策部署情况；履行管党治党责任必述，自查党组织主要负责人履行第一责任人责任，其他班子成员履行职责范围内管党治党责任情况；推进党风廉政建设和反腐败工作必述，自查党组织推进全面从严治党的具体措施和成效，以及党员领导干部抓好职责范围内党风廉政建设和反腐败工作的情况。

2. 述廉突出“四必述四晾晒”。即执行《中国共产党廉洁自律准则》情况必述，晾晒遵守“四个必须”“八条规范”情况；执行“六大纪律”和民主集中制情况必述，晾晒重大问题决策、重要干部任免、重大项目安排和大额资金使用情况；落实中央“八项规定”精神必述，晾晒个人加强作风建设情况；个人重大事项报告必述，晾晒配偶、子女从业以及家教家风建设等情况，并将个人有关事项在一定范围内公开。

(二)严把“四道关口”,提高党内监督质量

1. 科学确定对象关。按照“党内监督必须加强对党组织负责人和关键岗位领导干部的监督”要求，规定区委班子成员“双述”对象须经常委会研究确定，区人大、政府、政协“双述”对象须经各自党组研究确定，各乡镇、街道和区直部门(单位)经党委(组)会议或支部组织生活会研究确定。“双述”对象确定后，提前一周通知本人，并在一定范围内公示。

2. 认真撰写报告关。“双述”对象在深入听取本地区、部门(单位)干部群众意见的基础上，按照规定内容，认真撰写个人“双述”报告，并做到“三个三分之一”。即讲工作措施占三分之一、讲问题不足占三分之一、讲下步打算占三分之一。区级领导的“双述”报告由各党委(党组)主要负责人审定，各乡镇、街道和部门(单位)的由本级党组织负责人审定，避免将“双述会”开成“表功会”、将“述责述廉”变成“典型发言”。

3. 组织“双述双评”关。区委召开四届二次全体扩大会议，9 名班子成员带头向区委委员、纪委委员和部分党代表、基层党组织负责人述责述

廉，主动接受监督。区人大、政府、政协党组党员领导干部纷纷在党组扩大会上进行“双述双评”，各乡镇、街道和区直部门(单位)党员领导干部在党委(党组)、总支、支部扩大会上“双述”。参会的两委委员和党员代表对其进行民主评议，其中，委员测评成绩占评议成绩的70%，代表测评成绩占评议成绩的30%。区纪委和区委组织部做好指导和督导工作。

4. 做好反馈整改关。“双述双评”结束后，各党组织将日常掌握、述责述廉、现场测评、梳理意见建议情况进行汇总分析，形成对述廉述责对象的综合评价意见。区级领导由“四套班子”主要负责同志审定，并在一定范围内公开；乡镇、街道和区直部门（单位）由本单位党组织负责人审定，并以适当形式进行反馈。“双述双评”对象收到反馈意见后，按要求做好整改落实工作，并在一个月内将整改情况书面报送区纪委和区委组织部备案。

（三）坚持“三个注重”，增强党内监督实效

1. 注重双述结果运用。区委将“双述双评”评议结果和整改情况作为乡镇、街道、部门（单位）党政领导班子及领导干部年度考核、业绩评定、奖励惩处、选拔使用的重要依据，并装入领导干部个人廉政档案。

2. 注重监督执纪问责。对测评结果满意度较低的单位和个人，区纪委将对相关人员进行约谈，并对相关问题进行跟踪督办，确保整改任务有效落实。对问题不重视、整改不到位的，实行“一案双查”，严肃问责。2017年，依据“双述双评”结果和“一案双查”，约谈领导干部32人，追究主体责任5人，问责处理14人。

3. 注重建立长效机制。坚持把“双述双评”活动与各级党组织落实全面从严治党主体责任结合起来，纳入党风廉政建设责任制年度考核，强化“双述双评”的刚性约束，确保长管长严长监督。

三、开展“双述双评” 强化党内监督的工作成效

经过近一年的探索实践，惠农区开展“双述双评”工作实现了“三个转变”，提升了党内监督位阶，推动了党内监督主体责任落地生根。

(一) 实现由“纪委专责监督”向“党委全面监督”转变

区委站在全面从严治党的高度，对“双述双评”活动进行统筹安排部署，将以前普遍开展的下级党组织负责人向区纪委全委会述责述廉，提升为向各级党组织扩大会述责述廉。既突出了党组织管党治党的政治责任，强化了党内监督的主体责任；又提升了党内监督位阶，落实了“由纪委专责监督向党委全面监督”的现实要求，通过党员领导干部“三必述三自查”和“四必述四晾晒”，让各级党组织掌握其思想、履责、作风、生活等状况，真正把主体责任扛起来，加强对领导干部的日常监督管理监督。

(二) 实现由“五年一述一评”向“一年一述一评”转变

区委、区纪委注重做好“常”“长”文章，明确要求：“各级党员领导干部每年都要参加所在党组织扩大会‘双述双评’活动”，由过去下级党政负责人五年参加一次纪委全委会述责述廉，变为全体党员领导干部每年参加一次各自党组织扩大会述责述廉，将党内监督经常化、常态化，不仅增强了党员领导干部接受党内监督的自觉性，时刻提醒“一岗双责”和廉洁从政的重要性，做到谨慎用权、廉洁用权；而且激发了党委委员、纪委委员和党员民主监督的积极性，有效解决了“管得了看不见，看得见管不了”监督难题。

(三) 实现由“监督主要负责人”向“监督全体党员领导干部”转变

惠农区规定各级党组织党员领导干部为“双述双评”对象，将以往主要监督下级党政主要负责人，向监督所有党员领导干部转变。乡镇、街道又将村居书记纳入“双述双评”范围，形成了区、乡、村居三级立体式“双述双评”工作模式，实现了党内监督对象无禁区、全覆盖。惠农区的“双述双评”工作经验被市委和市纪委在全市推广，自治区纪委主要领导也给予高度肯定，并在全区纪检系统年度重点工作督查通报中予以表扬。

盐池县纪委建立远程监管平台 拧紧纪律审查安全阀

孙佰柱

盐池县纪委全面贯彻执行《中国共产党纪律检查机关监督执纪工作规则（实行）》和区、市纪委执纪审查工作会议精神，以开展乡镇纪委“纪律审查规范年”活动为契机，以“科技+制度”为抓手，建立纪律审查远程监管平台，不断规范执纪审查工作细节，有力地促进了纪律审查规范化、安全化，多年来，未发生过一起安全事故。

一、盐池县纪委建立远程监管平台的主要做法

（一）抓硬件设施，夯实基层纪委办案场所

针对办案场所安全设施不完备，办案存在安全隐患的问题，在投入400余万元建立县纪委标准化谈话室的基础上，2017年重点加大乡镇纪委谈话室的建设力度，投资50万元，在县纪委和8个乡镇、2个部门纪委共建立谈话室12个（其中，标准谈话室4个），配备办公、监控录音录像设备，将各谈话室的录音录像通过专线同步传输至县纪委管理平台，实现了对办案情况的远程实时监控和指导。此外，对无法在谈话室进行谈话的，通过配备使用执法记录仪录音录像。目前，全县纪检监察系统执纪审查硬件设施全部达到规范，有力促进基层纪委执纪审查工作的规范化和安全化。

作者简介 孙佰柱，盐池县委常委、纪委书记。

（二）抓关键环节，压实安全文明办案主体责任

把纪律审查安全作为工作的重中之重来抓，牢固树立“万无一失、一失万无”的安全理念。

1. 压实责任，筑牢办案安全防线。县纪委分别与乡镇、部门纪委签订《纪律审查安全责任书》，定期不定期地对纪律审查情况进行督导，对存在安全隐患的责任人及时进行提醒约谈，问题严重的对责任人进行问责或给予党政纪处分。针对在纪律审查过程中存在的被谈话人随身携带手机、钥匙等影响安全文明办案的隐患问题，先后开展提醒谈话 10 人次，切实压实安全责任，使执纪人员牢固树立执纪审查安全意识，时刻紧绷安全这根弦，把安全责任贯穿到每一次任务、渗透到每一个环节，做实做细执纪审查安全工作。

2. 建章立制，立好办案安全规矩。结合工作实际，在谈话室的管理、谈话工作的规范等方面，修改完善了进出谈话室、陪护值班、保密等七项制度，并按照谈话工作的流程建立了一套表册，从谈话工作的每一个细节上进行规范，切实加强谈话室的日常管理，规范纪律审查谈话工作。同时，在每月乡镇纪委书记例会、委局干部周例会上，县纪委主要负责人、纪律审查分管领导逢会必提文明办案、安全办案，逢案必讲办案纪律成为常态制。

3. 注重预防，加强办案安全预警。为了做好突发事件的应急处置工作，县纪委制定了《盐池县纪委监察局纪律审查谈话突发事件应急预案制度》，发生突发事件，立即启动预案，妥善处置。针对应急机制和措施跟不上，没有相应的医疗设备和驻点专职医生的问题，与医疗单位分别建立了县乡纪委急救绿色通道，落实具体的医护人员，发生突发事件，限时到场处置，并配备了必备的急救药品和设施。2017 年 7 月，举办了全县纪律审查医疗急救技能培训班，邀请县医院急诊科主任、大夫就急救知识进行讲解和实战演练，不仅提升了案件查办过程中调查对象发生急重病症的应急救援能力，也保障了办案安全。

（三）抓细节管理，全面规范执纪审查工作

盐池县通过建立管理平台，从“细、严、实”入手，对各谈话室谈话情况实行集中监管。从程序上规范。县纪委依据执纪审查工作环节要求建立“五表一书”规范谈话工作程序。“五表”即安全检查登记表，谈话登记表、临时谈话审批表、谈话对象送达表。在谈话的过程中必须填写五表，完成谈话规定的必要程序。“一书”即下发的监督检查建议书。县纪委案件监督管理室通过平台的视频监控，对每一次的谈话进行监督检查，对存在的问题下发整改建议书，要求存在问题的纪检监察室、乡镇纪委及时纠正、及时整改，力促谈话的规范，严格落实工作规则。从行为上规范。做到“五监督”，即对重要谈话、审查谈话、谈话室工作的纪律、对谈话人员的不文明行为、谈话的安全五个方面进行监督。重要谈话、审查谈话通过履行谈话审批表制度落实进行监督，乡镇（部门）纪委、纪检监察室在谈话前必须填写谈话审批表，并将审批表交案件监督管理室后，方可进入谈话室谈话。谈话室工作的纪律、对谈话人员的不文明行为、谈话的安全通过平台实时进行监督，对存在的问题及时提醒，或下发监察建议书进行整改。通过“五监督”，促进了执纪审查工作的制度化和规范化。要求各基层纪委在执纪审查的重要谈话、审查谈话全部进入谈话室，实现全程监督。

二、盐池县纪委远程监管平台取得的成效

科学的方法是提高工作效率的有效途径。县纪委通过科技手段实行平台集中管理的运行，在乡镇、部门纪委建设执纪审查谈话室，并通过纪律审查远程监管平台监管，是盐池县贯彻落实《中国共产党纪律检查机关监督执纪工作规则（试行）》的重要举措之一，既提高了乡镇、部门纪委办案效能，又有利于增强办案人员依法依纪办案意识，还维护了谈话对象合法权益，充分保障了办案安全。

（一）规范了办案谈话行为

通过平台的监督，我们发现各乡镇纪委谈话前没有进行安全检查，没有收取谈话对象的钥匙、手机等物品，对冯记沟乡纪委在谈话中被谈话对象坐姿不端、抽烟的问题，青山乡纪委工作人员在谈话时接打手机等问题，县纪委及时下发监察建议书，要求立即进行整改。

（二）案件质量大幅提升

县纪委案管室确定专人对各办案点谈话进行实时指导，主管领导可以随时对疑难案件进行远程指导，办案质量随之提高，工作效能大幅提升。截至目前，8个乡镇纪委自办立案案件30件，比2016年同期增长200%，特别是花马池镇、大水坑镇、高沙窝镇纪委案件办理数量都在9件以上。

（三）节约了行政成本

通过平台监督管理，在县纪委就可以对委局执纪审查人员和全县8个乡镇纪委的谈话情况进行监督检查，不再需要安排人员、安排车辆多次深入基层进行实地监督检查。

（四）确保了纪律审查工作安全

截至目前，全县纪律审查工作初核问题线索100件，立案审查57件，给予党政纪处分46人，没有发生一起安全责任事故，做到了全面及时地监督管理，也落实了纪律审查安全责任，保证执纪审查工作的安全规范文明，推进了执纪审查工作规则落实。

调研篇

DIAOYAN PIAN

对自治区纪委派驻(出)机构工作情况的调研报告

马国俊

为了解自治区纪委派驻（出）机构（以下简称“纪检组”）实行全覆盖以来，纪检组在深化“三转”、聚焦主责主业、履行监督执纪问责情况，政策法规研究室分别对驻党委、政府部门、群团组织、司法机关等 11 家纪检组进行了实地调研，对驻党委办公厅等 28 家纪检组进行书面调研，在全面总结工作和梳理研究分析问题的基础上，提出了一些工作建议。

一、自治区纪委派驻(出)机构履职尽责基本情况

（一）监督主体责任落实力度加大

按照自治区党委《关于落实党风廉政建设党委主体责任和纪委监督责任的意见(试行)》要求，各纪检组主动作为，协助驻在部门党组(党委)增强党组（党委)履职主体责任的意识，明确主体责任内容、履职方式等，并将主体责任向基层党组织延伸。每年年初都督促、协助党组（党委)安排部署年度工作任务，层层签订党风廉政建设责任书，适时对任务落实情况进行督查，推动工作落实。驻高院纪检组出台了《自治区高级法院党风廉政建设履责全程纪实制度(试行)》，对班子成员履职情况全程纪实。驻教育厅纪检组建立了党风廉政建设“三清单两报告一考核”制度，将主体责任落实到人。

作者简介 马国俊，自治区纪委政策法规研究室副主任。

驻水利厅、人社厅纪检组制定了《党风廉政建设工作提醒通知书》，督促班子成员定期向纪检组报告“一岗双责”情况。

（二）聚焦主责主业逐步到位

各纪检组认真贯彻落实自治区党委《关于加强宁夏回族自治区纪委派驻机构建设的意见》精神，持续深化“三转”，明确职责定位，聚焦监督执纪问责主业。纪检组组长不再分管驻在部门其他业务工作，不再参与主责主业以外的议事协调机构，注重加强组织协调、严明纪律、强化纪律审查、加强监督问责、突出警示教育抓早抓小，工作重点更加明确，力量更加集中，效果更加明显。

（三）执纪监督问责工作成效明显

各纪检组结合监督单位的特点，精准监督执纪。

1. 推动中央“八项规定”精神落到生根。围绕重要时间节点，针对“四风”新情况新动向，采取明察暗访、不定期督查等方式，加大督查力度和频率，并对典型案例点名道姓公开曝光。扎实开展“回头看”，不断巩固深化成果。

2. 注重对党组（党委）决策的监督。各纪检组负责人通过列席驻在部门党组（党委）会、厅（局）长办公会，对一把手“五不直接分管”“三重一大”等事项进行监督。

3. 扎实开展巡察或专项督查。针对驻在部门重要岗位和关键领域，坚持问题导向，加强监督检查。按照自治区纪委监察厅部署，驻自治区农牧厅、民政厅、财政厅、住建厅、水利厅、交通厅、人社厅纪检组对16个扶贫领域违纪违法问题线索移交基层单位，并跟踪督办。驻公安厅纪检组开展了作风集中整顿活动，查找在思想、组织、工作、纪律4个方面18类219个问题，制定措施，逐一整改。驻文化厅纪检组对厅机关及直属事业单位财务使用管理情况进行了内部巡察，下发建议书43份，对相关责任人进行了问责处理。

4. 严把选人用人廉洁意见回复关。各纪检组从民主推荐、谈话考核、讨论决定等各个环节全程参与监督，对不符合任用条件的干部提出暂缓或停止提拔使用。驻国土厅纪检组在向党组回复廉政意见函前，组织人员对干部的廉洁情况进行全面考察。

（四）纪律审查工作取得新进展

各纪检组坚持把纪律挺在前面，有效运用“四种形态”，全面了解本部门本系统“树木”和“森林”的关系，加大纪律审查力度。2017 年 1—9 月，39 个纪检组共收到信访举报 577 件（次），处置问题线索 540 件（次），立案 135 件，结案 87 件，给予党纪政纪处分 88 人，其中，县处级干部 47 人。立案数、结案数和处分人数分别比 2016 年同期增长 59.3%、48.2%、45.5%。立案数为零的纪检组数量由 2016 年同期的 24 个减少到 7 个。特别是驻教育厅、环保厅、交通厅、水利厅、文化厅、林业厅、国资委、质监局等 8 个纪检组立案数大幅增加。

注重做好纪律审查的“后半篇”文章，采取专题党课、大讲堂、观看警示教育片、参观警示教育基地、座谈交流等形式，加强对党员干部党章党规党纪的宣传教育。驻财政厅纪检组以董锋案件为反面典型开展警示教育，督促被监督单位建章立制，加强财政资金管理。驻教育厅纪检组协助驻在部门在教育系统开展了 40 多场“全面从严治党、全面从严治校”大宣教活动。驻水利厅纪检组利用“水慧通”政务平台和“上善若水”微信群对准则和条例进行宣传和解读，提升党员干部的党章党规党纪意识。

（五）各项工作机制不断完善

1. 建立相互协调的联动机制。驻水利厅纪检组建立党风廉政建设联席会议制度，督促驻在部门党组班子成员、机关处室、厅属单位抓好党风廉政建设工作。驻公安厅纪检组建立每月通气、双月研判制度，及时沟通苗头性、倾向性问题。

2. 建立权力运行的内控机制。驻农牧厅纪检组构建“1+X”扶贫领域项目资金监管的模式，督促对扶贫项目和资金进行全程留痕监督。驻国资委纪检组出台了《关于在区属国有企业推进权力运行监督体系建设的指导意见》，加强对企业党委领导班子成员、中层以上领导干部权力运行的制约监督。

3. 规范工作制度。为进一步规范工作程序和标准，各纪检组均出台了加强监督的办法，明确监督的内容、方式方法和具体措施。制定了谈话函询办法、信访件受理规程、工作纪律要求等制度，逐步规范工作流程。同时，各纪检组结合自身建设，出台加强纪检监察干部管理的各项制度，从严监督管理干部。

二、派驻(出)机构履职中存在的主要问题及原因

（一）“两个责任”仍存在意识不强、边界不清、包办替代、监督不力等问题

一些驻在部门大力支持纪检组开展工作，但仍把主体责任的工作交由纪检组去办；个别党组对纪检组“三转”认识不到位，一些重大问题、重大决策不提前与纪检组主动沟通、通报，致使对一些重要工作的监督比较被动。一些纪检组习惯于过去“双重领导体制”及工作方式，以协助党组抓党风廉政建设为借口，仍然承担党组(党委)主体责任工作，亲自抓党风廉政建设工作部署、签订责任书、制定主体责任清单、替代参加会议，甚至抓日常监督考核。从客观看，驻在部门机关党委普遍人少、业务不熟，客观上也无法承担主体责任的日常业务，致使纪检组在具体工作中由帮助指导变成代替。同时因纪检组长要参加驻在部门班子的考核，纪检组其他人员长期与驻在部门人员工作生活在一起，受熟人关系、干部民主测评等因素影响，开展监督有畏难情绪，尤其是对领导班子成员存在不敢监督、不愿监督的问题。

（二）工作机制还没有完全理顺

1. 与自治区纪委机关的关系没理顺。在行文办理上，自治区纪委、驻在部门、本系统上级机关三者在行文、发文、办文方面有待规范。自治区纪委监察厅对各部门党组（党委）的工作部署和要求往往直接给纪检组发文，驻在部门就一律交由纪检组办理；自治区纪委监察厅各厅部室多头向派驻纪检组发文要文字材料；纪检组有时一个问题协调、业务咨询与多个部门对接时意见不一致；自治区纪委监察厅各纪检监察室对所联系纪检组业务指导少；各纪检组之间缺乏相互交流工作机制。

2. 与区直机关纪工委的关系不顺畅。2015 年 7 月下发的自治区党委《关于加强宁夏回族自治区纪委派驻机构建设的意见》(以下简称党委《意

见》)规定："派驻机构根据职责查办驻在部门有关案件，提出党纪处分建议，涉及处级干部时，指导驻在部门机关纪委做好向自治区直属机关纪工委报审工作。"但在具体操作中，一方面，受区直纪工委人员少等因素制约，各纪检组普遍反映移送审理的案件时间过长，个别案件因与自治区纪委、区直纪工委处理意见的沟通不充分，导致驻在部门党组提出的处理建议和纪工委处理的决定不一致，造成工作被动。另一方面，派驻机构和区直机关纪工委都是自治区纪委的派出机构，纪检组反映纪工委有时给纪检组部署工作任务，由平行关系形成事实上的领导与被领导上下级关系。

3. 与驻在部门的关系没理顺。有的驻在部门过分强调纪检组长是驻在部门班子成员，仍把纪检组作为驻在部门的一个内设处室，致使纪检组与机关党委的职责不清。按照规定，纪检组查办案件后，要指导区直机关纪工委报审，实质上纪检组完全包办整个纪律审查工作。

（三）后勤保障还没有完全到位

党委《意见》规定"派驻机构的工作经费在驻在部门预算中单列"。截至目前，派驻机构的工作经费还没有纳入自治区财政预算，并在驻在部门的预算中单列，而是驻在部门从自己的经费中支付，致使有的驻在部门保障纪检组工作不力。随着监督执纪问责力度加大和巡察工作的开展，各纪检组的专项督查、外调、巡察的频率逐渐增加，车改后纪检组没有办案用车，特别是查办案件任务重时，影响了查办案件进展。在使用查办案件手段方面，如银行查询、房产调查等需要到自治区纪委监察厅办理手续，审批程序多、时间长，影响工作效率。一些驻在部门没有符合条件的谈话室，安全问题影响了查办案件的积极性。

（四）干部配备管理需进一步加强

1. 纪检组人员的业务素质不适应岗位要求，"本领恐慌意识"不强。大部分人员都是刚从驻在部门业务岗位上划转到纪检岗位，纪检监察业务水平不高，缺乏监督执纪实践经验。

2. 干部交流使用慢、出口不畅。有些纪检组长及其他人员多年驻在一个部门，缺乏与业务部门干部交流，普遍反映看不到个人进步的出路，某种程度上影响了工作积极性。有的认为，自治区纪委监察厅在纪检组干部交流、提拔、使用时，纪检组组长的话语权少，不利于干部的教育管理。

3. 人员力量调配仍不均衡。人员编制一般按照综合派驻部门和人员的多少而定，但工作性质、驻在部门的纪检机构设置和人员不同，派驻纪检组的人员编制还存在与业务工作量不够匹配的问题。个别纪检组增编人员还没有落实到位。

三、加强纪委派驻(出)机构工作的对策建议

（一）加大督查力度，深化“三转”，推动“两个责任”落实到位

一方面，自治区纪委要采取随机抽查和专项督查等方式，每年组织对驻在部门党组(党委)落实主体责任情况进行督查，重点对党组(党委)领导班子成员履行主体责任的内容、具体承担主体责任日常工作部门的落实和人员配备、所属基层单位深化“三转”等情况进行督查，指出存在的问题，要求限期整改，进一步提高党组（党委)领导班子成员对履行主体责任、深化“三转”重要性的认识，增强履行主体责任的自觉性和主动性。另一方面，对有些纪检组存在畏难情绪不敢监督的问题，要从全面从严治党形势、肩负的使命担当上进一步提高思想认识，使纪检组人员放下包袱、轻装上阵，把监督责任扛着肩上、抓在手上、落实到工作中。另外，加大对履行“两个责任”不到位的问责力度，对典型案例通报曝光。在年终的责任制考核中，探索增加党组（党委）履行主体责任的权重赋分，倒逼“两个责任”落实。

（二）强化工作指导，理顺工作关系

1. 制定新一届自治区纪委监察厅领导联系派驻纪检组工作制度。自治区纪委监察厅领导要定期深入纪检组进行调研，加大对纪检组指导力度，帮助解决遇到的问题和困难，督促纪检组履职尽责。自治区纪委监察厅各纪检监察室通过召开所联系单位片会、定期深入纪检组调研等方式，全面了解纪检组纪律审查工作情况，探索建立协作区交叉办案制度，重要案件以协作区为主导，统筹协调力量，逐步解决纪检组办案力量薄弱、不会办案、不敢办案的问题。自治区纪委监察厅重要工作部署及综合材料应有办公厅统一发文，各厅部室要求纪检组报送的材料要经自治区纪委监察厅分

管领导批准。

2. 加强工作协调，理顺与区直纪工委的工作关系。探索建立处级干部违纪案件季度督查制度，由自治区纪委监察厅案件审理室牵头，对由纪工委审理的案件程序、标准及定性量纪情况进行督查，解决工作中存在的问题，加快进度，提高质量。区直纪工委要加快审理进度，提高效率，在作出处分决定前主动加强与纪检组的沟通。

3. 强化纪检组与驻在部门党组（党委）的监督被监督关系。认真贯彻落实2016年5月30日许传智同志在自治区纪委派驻机构业务培训班上的讲话要求："派驻纪检组组长虽然担任驻在部门党组成员，但只是为了方便监督，不意味着业务工作接受驻在部门党组（党委）的领导。""派驻监督的性质是上级纪委对下级党组织的监督，不是同级监督，派驻机构与驻在部门不是领导与被领导的关系，而是监督和被监督的关系""派驻机构是自治区纪委工作的延伸，要一心一意对自治区党委、纪委负责"。待中央按照十九大精神赋予党组处分权后，纪检组要强化纪律审查工作，完善纪律审查程序。除案件线索和纪律审查工作按照规定向自治区请示汇报外，建议增加列席驻在部门重要会议、提请驻在部门党组（党委）审议重大议题、参与研究重大事项、牵头开展监督监察活动等事项，每月一报，强化监督职责履行。

（三）加强后勤保障。落实纪检组工作经费单列

监察体制改革后，成立的纪检监察组独立性进一步增强，工作量增大，查办违纪违法案件增多，经费保障和自主使用尤为必要。建议由自治区纪委监察厅牵头协调，督促财政部门尽快将纪检组的工作经费在驻在部门预算单列。自治区纪委监察厅尽快出台纪检组办案经费使用办法，明确办案经费使用事项、审批程序等，由纪检组自主使用，切实解决办案车辆保障、调查取证等经费问题。各纪检组根据业务工作量、监督部门的多少、纪律审查案件的数量，每年定期向自治区纪委监察厅上报办案经费金额，自治区纪委监察厅根据每个纪检组的具体情况，统一向自治区财政报送办案经费预算，确保办公经费和办案经费落实到位。

（四）加强队伍建设和干部管理

1. 进一步加大纪检组人员的培训针对性。重点对运用“四种形态”开展纪律审查、加强日常监督管理、纠正“四风”等专业性较强业务知识进行专题培训，提高培训实效。采取让纪检组人员到自治区纪委监察厅跟班学习、以案代培等形式，加强实践锻炼，提高履行能力。要有计划抽调纪检组人员，既要满足抽调需要，也要不影响纪检组的工作，更要注意全面锻炼纪检组干部。

2. 加强纪检组干部选调、使用、交流、提拔等工作，自治区纪委监察厅机关和派驻“一盘棋”，一视同仁，统筹规划。为避免派驻时间过长被同化，甚至出现“两头表决心、两边做好人”的问题，对纪检组长或副组长在同一个部门任职达五年的，原则上要进行交流；对任纪检组长时间达 8 年以上的，应考虑转岗，畅通出口。为避免派驻干部“在自治区纪委监察厅机关是客人，到驻在部门是外人”的不认同感，要加大自治区纪委监察厅机关和纪检组、纪检组之间、纪检组和驻在部门之间干部内外交流力度，拓宽交流渠道，激发干部队伍活力。在提拔使用纪检组干部时，要采取适当方式征求纪检组长的意见，增强纪检组长的话语权。

3. 合理调配纪检组人员力量。在控制编制总量不变的情况下，通过划转、调剂等方式，增加系统规模较大、直属单位较多、监督对象较多部门人员，实现业务量和人员数相匹配。

（五）实行纪检组长履职不力终身追责制度

按照《中国共产党问责条例》等有关规定，建立健全追责制度，实行对纪检组长在任职期间所驻部门发生的重大问题进行倒查，如果纪检组应当发现而没有发现，或者发现隐瞒不报，不论过后时间多长，一律对相应履职期间的纪检组长追责，最大程度传导责任压力，从根本上解决不愿监督、不敢监督的问题。

自治区第十一次党代会以来
党风廉政建设和反腐败工作民意调查报告

马　兴

为全面评估自治区第十一次党代会以来党风廉政建设和反腐败工作成效，自治区纪委政研室委托统计局社情民意调查中心，于 2016 年年底在全区开展了党风廉政建设民意调查。本次调查共发放问卷 10000 份，其中有效问卷 9252 份，占比 92.5%，统计分析数据具有一定的客观性、代表性、科学性。

一、党风廉政建设和反腐败工作满意度、遏制度和信心度创下历史新高

96.8%的党员干部群众对党风廉政建设和反腐败工作成效表示满意，比 2012 年提高 15.6 个百分点；97.3%的党员干部群众认为查处领导干部违纪违法案件有力度，比 2012 年提高 17.6 个百分点；96.7%的党员干部群众认为反腐败斗争必将决战决胜，比 2012 年提高 14.6 个百分点。

通过对比数据看出，与 2012 年相比，党风廉政建设和反腐败工作的满意度、遏制度和信心度，提高幅度均在 15 个百分点左右，创下了历史新高。特别是不同受访群体中，党员干部、基层群众和年龄越低的群体对工作成效评价较高，反映出党风廉政建设和反腐败工作的拥护基础广泛、信

作者简介　马兴，自治区纪委政策法规研究室副主任。

任度较广。

这充分说明，自治区第十一次党代会以来，全区各级党组织认真学习领会党的十八大和十八届中央历次全会精神，深入贯彻落实习近平总书记系列重要讲话特别是来宁视察重要讲话精神，坚定不移推进全面从严治党。各级纪检机关在中央纪委和自治区党委的坚强领导下，围绕中心任务，聚焦主责主业，持续深化“三转”，强化监督执纪问责，全区党风廉政建设和反腐败工作取得重大成效。五年来，各级党组织管党治党主体责任明显增强，党的纪律建设全面加强，中央“八项规定”精神得到坚决落实，反腐败压倒性态势已经形成，政治生态持续优化，党心民风更加凝聚，形成了推动改革发展的强大正能量。

二、全面从严治党各项标本兼治措施得到党员干部群众的高度认可

过去四年多，十八届中央、中央纪委以高超的政治智慧和顽强的意志品质，大力推进党风廉政建设和反腐败工作理念创新、内容创新、机制创新和方式创新，形成了“压紧压实‘两个责任’”“作风建设永远在路上”“坚持纪严于法、纪在法前”等一系列重大策略政策，开创了工作新局面。从宁夏情况看，这每一招都很高明，都很接地气、富有成效。

比如，2016 年，97.5%的党员干部认为本地区本部门党委（党组）重视履行主体责任，比 2015 年提高 1.1 个百分点；97.6%的党员干部认为本地区本部门纪委（纪检组）重视履行监督责任，比 2015 年提高 0.91 个百分点。反映出管党治党主体责任向下传导越来越实，各级党委（党组）开始在主体责任上投入主要精力，注重做好业务工作和党的建设“两张答卷”；各级纪委（纪检组）聚焦主责主业，职能作用进一步彰显。

还比如，2016 年，97.8%的党员干部群众认为落实中央“八项规定”精神、持续纠治“四风”有效果，本地区本部门“四风”突出问题得到遏制，比 2015 年提高 1.6 百分点；95.5%的党员干部群众认为治理侵害群众利益的不正之风和腐败问题有效果，比 2015 年提高 8.1 个百分点。反映出纠治“四风”越往后执纪越严，特别是全面从严治党向基层延伸，进一步

提升了群众的获得感和幸福感。

再比如，2016 年，92.4%的党员干部群众认为把纪律挺在前面，抓早抓小这一治理本措施有效果，所参加的党规党纪教育活动效果好，比 2015 年提高了 3.6 个百分点；91.4%的党员干部群众认为对领导干部权力行使的监督有效果，比 2015 年提高 4.9 个百分点。说明各级党组织和党员干部的党规党纪意识进一步增强，领导干部依规依权成为常态。特别是 97.8%的党员干部群众对纪检机关和纪检干部选择信任，说明其没有辜负党和人民的重托，基本做到了以干净担当诠释忠诚。

三、全面从严治党永远在路上

关于当前哪些领域党风廉政建设和反腐败问题仍然突出，排名前五位的是：

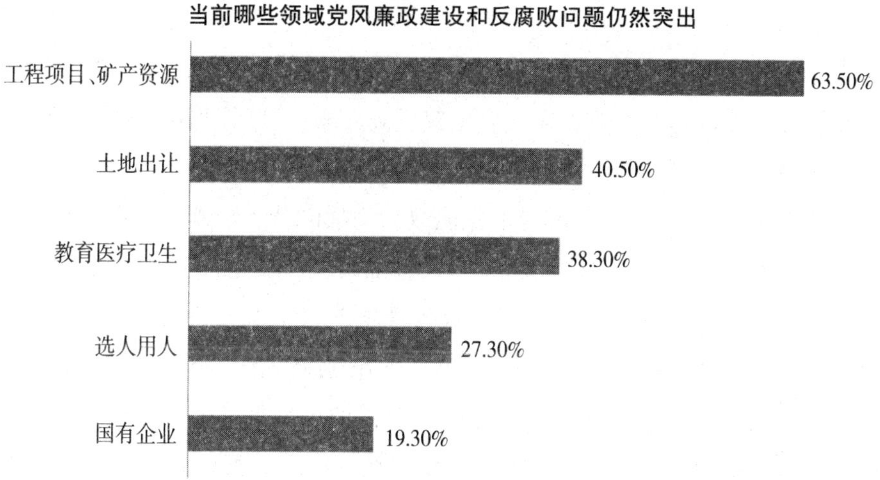

与 2012 年相比，教育医疗卫生领域排位靠前，选人用人问题得到有效治理，排位有所靠后。

关于当前农村党风廉政建设和反腐败问题仍然比较突出，排名前五位的是：

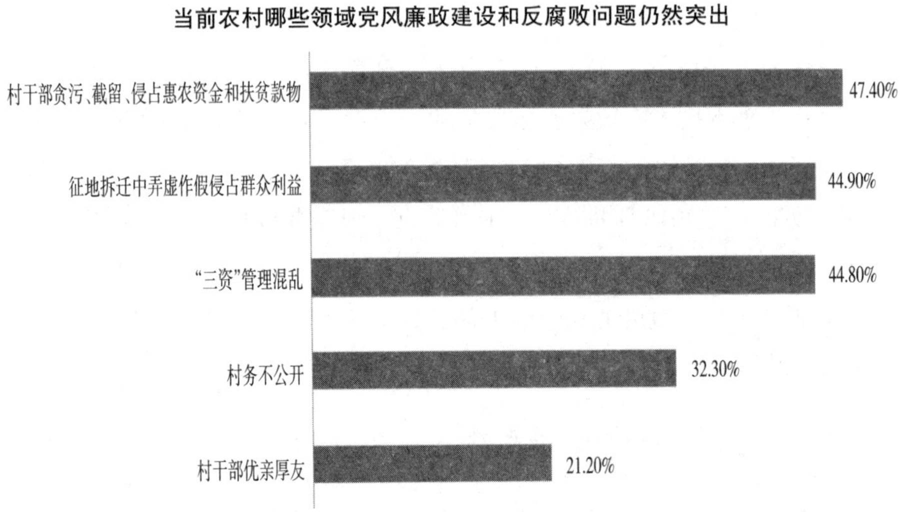

上述数据表明，目前管党治党宽松软问题尚未根本改变，反腐败斗争形势依然严峻复杂，全面从严治党依然艰巨繁荣，须臾不可松懈。特别是广大受访的党员干部群众立足工作实际，提出1714条意见建议，对做好今后党风廉政建设和反腐败工作具有重要借鉴作用。可以归纳为六个方面。

（一）进一步严明党的纪律，营造风清气正的政治生态

认真贯彻落实《关于新形势下党内政治生活的若干准则》《中国共产党党内监督条例》，按照自治区党委《关于推进全面从严治党若干问题的意见》要求，从党内政治生活严起，重点检查各级党委（党组）和党员领导干部开展严肃认真的党内政治生活情况，努力营造风清气正、山清水秀的政治生态。加强对“一把手”和重点领域、重要岗位、关键环节的监督，督促领导干部切实增强政治定力、纪律定力、道德定力、抵腐定力，把好用权“方向盘”、系好廉洁“安全带”。坚持纪在法前、纪严于法，精准运用监督执纪“四种形态”，督促各级党组织抓日常、抓平常，使党员干部切身感受到组织的关心、监督的存在、纪律的严明。

（二）从严从细管党治党，以强有力的问责督促责任落实

坚持有责必担、强化压力传导，把主体责任落实情况作为巡视巡察和执纪监督的重要内容，推动管党治党政治责任在县（区）、乡镇（街道）、事业单位、高等院校和国有企业落地生根。严格执行《中国共产党问责条例》和自治区党委“两个责任”追究办法，对党的领导弱化、党的建设缺失、从严治党责任落实不到位的，对维护党的政治纪律和政治规矩失责、贯彻中央“八项规定”精神不力、选人用人问题突出、腐败问题严重、不作为乱作为的，对巡视巡察发现的问题拒不整改或整改不到位的，严肃追责问责。进一步强化“一案双查”，对该问责而不问责的，也要严肃问责，推动管党治党不断从“宽松软”走向“严紧硬”。

（三）持之以恒改进作风，巩固深化作风建设成果

坚持十八大以来作风建设的好做法好经验，在坚持中深化，注重在“常和长”“严和实”“深和细”上下工夫，严肃查处违反中央“八项规定”精神的隐性变异问题，坚决防止享乐主义和奢靡之风反弹，及时研究解决“八项规定”执行过程中出现的新情况、新问题。加大对形式主义和官僚主义的整治力度，注意发现和纠正把同党中央保持一致当作口号等问题，着力整治少数党员干部中不担当、不作为等问题。加强改进作风长效机制建设，认真践行党的群众路线，加强党员干部家风建设，构建“亲”“清”政商关系，坚决反对特权思想、特权现象。

（四）着力推进标本兼治，巩固反腐败斗争压倒性态势

一方面要严查重点岗位。紧盯重要领域和关键环节，严肃查处领导干部违规插手建设项目招投标、政府采购、土地出让，侵吞国有资产，买官卖官、腐化堕落、失职渎职案件，形成持续震慑。另一方面要严惩小官大贪。发生在群众身边的“微腐败”，虽然“吸血”不多，但其害如“虎”，也能成为“大祸害”。严肃查处“小官大贪”、侵占挪用、克扣强占以及向扶贫民生款物伸手等侵害群众利益的问题，加大对“村霸”和宗族恶势力的整治，以实实在在的成效取信于民。

（五）加强组织和制度创新，不断深化纪律检查体制改革

党代会报告提出要“推进纪检体制和监察体制改革”，这是推动党风廉政建设和反腐败工作向纵深发展的必然要求。按照中央统一部署，积极稳妥推进监察体制改革，整合反腐败力量，组建区市县三级监察委员会，实现对所有行使公权力的公职人员监察全覆盖。创新组织制度，调整内设机构，实行区、市纪委执纪监督、执纪审查部门职责分离，使执纪监督、执纪审查、案件审理各环节相互协调、相互制约。持续深化“三转”，重点研究解决县及县以下纪检机构职能定位、工作方式和转变作风问题。进一步健全巡视工作机制，创新巡视方式方法，拓展巡视监督内容，拓宽发现问题途径，高质量完成新一届党委巡视全覆盖任务。深入推进市县党委巡察工作，完善工作机构和运行机制，扩大巡察覆盖面，构建横向到边、纵向到底的巡视巡察一体化格局。巩固深化派驻机构改革成果，切实发挥好“前哨”和“探头”作用。

（六）坚持不懈加强自身建设，以干净担当诠释绝对忠诚

按照党代会报告“加强纪检监察干部队伍建设”的要求，首先要把思想政治建设摆上突出位置，教育和引导纪检干部牢固树立“四个意识”，自觉同以习近平同志为核心的党中央保持高度一致。进一步加强干部队伍建设，切实加大系统内外交流、业务培训力度，不断增强干部队伍生机活力。严格执行监督执纪工作规则，完善内控机制，防止滥用权力、以案谋私，努力打造一支让党放心、人民信赖的纪检干部队伍。

一是严明党的纪律，加强和规范党内政治生活。主要包括加强党内政治文化建设、精准运用监督执纪“四种形态”等。二是从严从细管党治党，推动“两个责任”落地生根。主要包括压力传导向基层延伸、强化责任追究等。三是持之以恒改进作风，促进风化俗成。主要包括严防“四风”反弹，整治“为官不为”和“文山会海”等。四是着力推进标本兼治，巩固反腐败斗争压倒性态势。主要包括严肃查处工程建设、土地出让、医药购销等领域腐败问题，加强国有企业、高等院校党风廉政建设，强化对“一把手”权力行驶的制约监督。五是加强组织和制度创新，不断深化纪律检查体制改革。主要包括积极稳妥推进监察体制改革，扩大市县巡察覆盖面等。六是坚持不懈加强自身建设，以干净担当诠释绝对忠诚。主要包括提升纪检干部能力素质、健全内控机制等。

石嘴山市涉农扶贫领域腐败问题调研报告

——以惠农区为例

杨肖琳　葛建华　马桂琴

打赢脱贫攻坚战，是党向人民作出的庄严承诺。习近平总书记在2015年11月召开的中央扶贫开发工作会议上强调："脱贫攻坚战的冲锋号已经吹响。我们要立下愚公移山志，咬定目标、苦干实干，坚决打赢脱贫攻坚战，确保到2020年所有贫困地区和贫困人口一道迈入全面小康社会。"同时，在2017年初召开的中央纪委七次全会上，习近平总书记强调："要推动主体责任和监督责任一级级向基层延伸，让广大群众在全面从严治党中增加获得感，不断巩固党的执政基础。"为确保扶贫目标顺利实现，中央纪委和地方各级纪检监察机关认真落实中央要求，不断加大对扶贫领域腐败的查处力度，强化基层监督执纪问责，确保民生资金用到位、脱贫攻坚见实效。为此，石嘴山市纪委专门组织调研组，就石嘴山市涉农扶贫领域腐败问题开展专题调研，从而为全市推进扶贫领域监督执纪问责工作提供决策参考。

一、调研的基本情况

惠农区下辖3乡3镇6个街道办事处，38个行政村、45个社区居委

作者简介　杨肖琳，石嘴山市委党校公共管理教研室主任，副教授；葛建华，石嘴山市委宣传部宣传科科长；马桂琴，石嘴山市委党校行政科副主任科员。

会，总人口20.78万。其中，农村人口6.33万，占全区总人口的30.46%。调研组通过与惠农区纪委、相关乡镇、村干部及村民代表座谈了解，深入村民代表、扶贫农户家中走访问询等方式，在惠农区红果子镇、尾闸镇、庙台乡进行了调研走访。调研组了解到，从2017年3月开始，惠农区加大扶贫领域腐败打击力度，惠农区各级纪委根据自治区、市深入开展查处涉农扶贫领域腐败问题专项行动的安排部署，在全区开展涉农扶贫领域腐败问题专项行动。截止到2017年11月底，通过群众举报、专项检查、巡察等方式，共收到和发现侵害群众利益的不正之风和腐败问题线索20件，其中虚报冒领7件，侵吞挪用8件，优亲厚友2件，吃拿卡要2件，克扣挤占1件。目前函询2件，初核12件，经查举报失实4件，正在核实8件，已立案11件，正在调查2件，给予党政纪处分7人。

（一）加强组织领导，完善工作制度

一是按照“党委挂帅、纪委牵头、部门协调”的工作机制，建立联席会议制度，不定期召开会议，研究解决新情况新问题。二是各责任单位结合自身职责厘清承担的监督职责，对工作流程、重点环节和廉政风险点进行全面梳理。三是建立重点督办制度。针对涉农扶贫领域问题线索多的单位、部门和重点问题，实行季度督办，区纪委班子成员包办、职能部门领办、协作区交叉办理，同时加大问责力度。四是开展重点扶贫领域巡察。

（二）强化宣传动员，加大公开力度

一是在惠农区政府公众网、惠农电视台、惠农区纪检监察网等网络媒体上开设专栏，及时公开惠民扶贫政策、惠农资金使用情况等，提高群众知晓率和参与率。二是实行“村廉通”监督新模式。自2016年实行“村廉通”以来，目前全区6个乡镇38个行政村全部开通“村廉通”，村集体如发生50元以上的村级收入及支出，村监会、村民代表、乡镇分管财务领导等均可收到手机短信提醒。三是每季度末由委托代理服务中心会计将各村银行对账单及财务收支明细在村级财务公开栏进行二次公开，接受群众监督。

（三）开展巡察自纠，排查摸清底数

按照“谁主管，谁排查”，“谁审批，谁排查”的原则，自查自纠

2013年以来涉农扶贫领域资金管理使用情况。对在督查、检查、审计中发现的问题线索进行排查、梳理、登记、汇总，提出整改方案、期限和进度，并在一定范围内公示，接受群众监督。此外，还专门针对重点扶贫领域开展巡察。目前，已完成对2个乡镇的农业灌溉水费收缴和棚户区拆迁安置情况巡察，发现问题39个，整改落实39件；查找问题线索9件，立案5人，移送司法机关1人，提醒谈话1人。

（四）收集问题线索，加大案件查办力度

充分发挥信访举报机制，加大在群众来信、来电、来访及审计、巡察中发现、收集问题线索的力度，建立涉农扶贫领域问题线索台账，实行动态管理，办结销号。通过排查问题线索，惠农区对2016年以来反映涉农扶贫方面的26条问题线索进行了再排查、再清理，仔细甄别，确保每个问题线索都能得到有效落实。此外，持续保持查处和通报曝光的高压态势，对扶贫领域违纪问题坚持零容忍，快查快办，持续释放出“敢动扶贫奶酪必将严惩不贷”的强烈信号。

（五）群众对反腐的认同度提高，期待值也更高

当前，随着各项惠农措施的进一步公开透明和各级纪委监督执纪力度加大，群众对反腐的认同度普遍提高，对党和国家反腐败的信心进一步增强。特别是2017年以来，石嘴山市坚决贯彻自治区纪委部署和要求，坚持重心下移，把开展查处涉农扶贫领域腐败问题专项行动作为一项重要的政治任务，采取一系列有力措施，抓好贯彻落实，取得了明显成效。但与此同时，随着群众维权意识、法律意识的不断增强，群众也期待更多的涉农扶贫事项能够少一点暗箱操作，多一点阳光透明。这也对今后的纪检监督工作提出了更高的要求。

二、当前惠农区涉农扶贫领域存在的主要问题

2017年以来，惠农区坚决贯彻市纪委的部署和要求，把开展查处涉农扶贫领域腐败问题专项行动作为一项重要政治任务，采取有力措施，狠抓贯彻落实，有力地维护了广大群众的切身利益，监督执纪工作取得了明显的成效。但是，我们在调研中也发现，目前还存在以下几方面的问题。

(一)“六个方面”的典型问题仍然不同程度存在

在自治区查处涉农扶贫领域腐败问题专项行动协调会上所列举的主要包括骗取冒领、截留挪用、优亲厚友、吃拿卡要、挥霍浪费、监守自盗等六类典型问题，目前还在一定程度上存在。如惠农区纪委2017年重点查处的刘某某侵害残疾人利益问题；园艺镇原安乐桥村党支部书记、主任马某某将村民树木补偿款据为己有问题；礼和乡红柳岗村违反财经纪律，截留村民土地征收补偿款问题；红果子镇白某某套取国家粮食直补问题；尾闸镇张某某侵占残疾低障人员财务、套取国家农业补贴违纪问题等，都体现出当前涉农扶贫领域的腐败问题依然不同程度的存在。

(二)新的腐败形式有所显现

一是公款吃喝方式更加隐蔽。个别单位存在套取涉农项目资金支付就餐费，个别单位将就餐地点转移到农家乐等一些偏远隐蔽场所，逃避检查和举报。二是巧借名目公款旅游。部分单位存在绕道旅游，超期返回，甚至借学习培训之名公款旅游的问题。三是私车公用、私车公养问题比较突出。有的以使用私车办公事为由，将私车费用在单位报销。有的长期从领导的亲属、朋友等特定利益关系人手中租车，并向其支付高额租车费用。有的“下车上用”，以各种名义长期借用、占用下属单位车辆，让下属单位支付油费、维修费。这些新的腐败形式方式更加隐蔽，也更加不易被发现。

(三)部分基层干部对当前形势理解还不到位

在调研中我们也发现，一方面，部分基层干部对当前从严治党的形势认识还不到位，对中央反腐败的决心认识不足，只是从自身工作角度出发，认为基层工作难做，违点小纪、出点格无所谓，只要不是为个人谋利益，就不应该“小题大做”。另一方面，部分基层干部对当前精准扶贫的任务要求理解不到位。比如，当前我国的低保政策是一种兜底性的社会救助政策，但是有的村干部对此理解不到位，认为有的不符合规定的群众还有其他方面的困难，也应该给予低保救济。

(四)部分基层干部不愿作为、不敢作为、不会作为现象突出

在调查走访过程中，通过与乡镇、村干部座谈，我们也发现随着监督执纪问责力度的加大，一些乡镇、村干部因为曾经被村民举报而心灰意冷，产生消极情绪，导致不愿作为，或者因为怕碰触纪律红线而不敢作为。还有一些乡镇、村干部则因为无法适应新的形势而对新任务新要求感到无所适从，导致不会作为。

三、对惠农区涉农扶贫领域存在问题的原因分析

当前，涉农扶贫领域腐败问题多样化且呈现出不同的表现形式。究其原因，无外乎客观和主观两方面的原因。

（一）客观方面

1. 制度设计不够完善。在调研中发现，目前在粮食补贴、低保等领域内，因为制度到位，程序严格，村民反映较好。但是，在拆迁补贴、土地征收、荒地开发、集体土地的收益等领域，对权力的监督制约还存在漏洞，缺乏更加有效严密的监管制度；在低保领域，目前存在低保户动态管理不够完善、退出机制不健全、农村贫困党员的生活救助不足等问题。

2. 农村监督机制落实不到位。当前涉农领域的监督主要包括村民组织的内部监督和各级纪委及相关部门的外部监督两种形式。村民组织的内部监督主要有村民个人、村监会和村民代表大会等形式，监督机制比较健全。但是这样比较完善的监督机制目前还无法真正落实到位。主要原因是目前留在农村的基本上都是老弱病残幼群体，普遍缺乏民主监督的意识，涉及自身利益才会关注，否则就不闻不问。而担任村监会成员和村民代表的村民也受年龄、学历、能力素质等因素的影响，能够充分履行职责的人也很少。

3. 基层干部的激励和保护机制缺乏。虽然经过几次调整，但是目前村干部薪酬还是偏低（仅比宁夏最低工资标准多500元左右，且不交社保），加上村干部不是严格意义上的国家公职人员，不属于行政事业人员序列，因此在政治上无法得到提拔升任，导致部分村干部事业上缺乏“奔头”，服务群众的积极性不高。而另一方面，各级各部门也在进行职能下移，不仅加重了村干部的工作任务，而且出了问题责任也由村干部承担，导致部分村干部觉得“出力不讨好”，工作缺乏积极性和主动性。

（二）主观方面

1. 文化素养缺乏。由于村委会的自治性质，其成员大部分出自本村村

民，只有少部分是大学生村官，因此绝大部分具体工作还是由本土村干部完成。但比较现实的问题是目前农村文化层次较高的、能力素质较强、较年轻的农民基本都外出打工创业，很少留在农村，因而导致村干部普遍年龄偏大，文化知识层次较低，组织领导等各方面素质较低。

2. 政治素养欠缺。从惠农区 2017 年通报的涉农案件中可以看到，村干部因违反政治纪律而被查处的也为数不少。我们在调研中也感到一些乡镇、村干部说话做事政治敏锐性和鉴别力非常缺乏，只关注自己身边事，对国情党情、发展形势等关心较少。

3. 法纪观念不强。一些基层干部法纪意识不强，特别是忽视组织纪律，有的认为只要是出于公心，不把钱装到自己的口袋里，就不应该计较具体方式和程序；有的不认真学习党纪条规，对当前新的党纪党规知之甚少，等到发现时错误已经造成；有的虽然知法懂纪，但工作中存在侥幸心理，缺乏严格执纪的观念和意识。

四、遏制涉农扶贫领域腐败问题的对策建议

有效预防和治理涉农扶贫领域腐败问题，必须针对其产生的根源，积极探索对策，坚持标本兼治、惩防并举的方针，狠抓落实，讲求实效。

（一）加强基层干部的监督管理，特别是要注重过程监管

要进一步从损害群众利益和腐败问题易发多发的重点领域、重点部门、重点环节、重要岗位入手，对用权过程进行梳理，查找基层党员干部的廉政风险点，明确廉政风险防控内容，注重全过程的监管。

1. 要注重事前的教育引导。要针对基层干部对政策了解不多、理解不透等问题，要在事前帮助他们更好地了解掌握当前的政策要求，找准风险点，理清纪律底线。

2. 加强事中的监督检查。要通过经常性走访了解，切实帮助基层干部解决在干事创业过程中的困惑和难题，引导他们既守住纪律红线，又推动工作展开。

3. 加强事后的总结疏导。事后要帮助他们反思存在的问题，总结经验教训，端正态度、放下包袱，积极投入新的工作。

（二）进一步完善相关制度设计

要进一步梳理涉农扶贫领域内的相关制度设计，查漏补缺，划清政策边界，特别是当前容易出问题的土地征收、拆迁补贴、荒地开发等方面，要细化工作流程，完善工作程序。此外，还要进一步完善低保的退出机制和农村贫困党员的救助机制。

（三）健全基层干部激励保障和容错机制

健全完善村干部激励保障和容错机制，有利于激发村干部行使职责、开展服务的主动性和积极性，对于预防涉农扶贫领域腐败问题具有积极的作用。一是要认真落实村干部工资增长机制，根据农村居民收入水平，稳步提高村干部工资、补贴标准。二是健全村干部绩效考核机制，将扶贫工作落实情况、廉洁工作情况等列入考核指标中，将考核结果与村干部的选拔任用结合，形成优胜劣汰的任用制度。对工作成绩突出、群众公认的村干部，通过一定的物质或提高其政治待遇等形式给予奖励。三是建立容错机制，为基层干部创造相对宽松的干事创业环境。

（四）畅通人民群众诉求表达渠道，加大案件查处力度

要完善信访举报电话、网站、政风行风热线等民意诉求表达渠道，引导群众依法有序积极地参与涉农扶贫领域腐败问题的监督工作。对群众反映的基层党员干部的不正之风和腐败问题，发现一起、查处一起，绝不手软、绝不姑息，切实维护和保障人民群众权益。要保持反腐的高压态势，坚持力度不减，从而形成有效的震慑。当然，对恶意举报也要严加惩治，保护干部的积极性。

（五）加强基层干部队伍建设

1. *要加强基层党员干部的政治教育，筑牢思想防线。*要在全市干部教育培训体系中加大对乡镇、村干部、村监会成员培训力度，定期举办专题培训班，提高他们的政治素养，同时通过开展形式多样的政治学习和警示教育活动，引导基层党员干部牢固树立宗旨意识，自觉遵守党纪国法、严格按照法律法规和政策办事，筑牢拒腐防变的思想道德防线。

2. *注重基层党员干部的能力素质提升。*要通过定期或不定期的能力培训和部门业务培训以及邀请专家学者到基层授课等形式，有意识提高基层党员干部的知识水平，培养创新意识，引导他们更好适应时代发展的要求。

3. 要鼓励基层党员干部自觉提高文化素养。采取措施鼓励基层党员干部自主参加业大、党校学历班，提高自身文化程度。

（六）加强基层纪检监察队伍建设

要根据新形势下基层纪检监察工作的需要，健全组织机构，完善工作机构，选好配强班子，充实工作人员，抓好基层纪检监察干部队伍的规范化管理和建设，强化纪检监察干部的日常教育和监管，为切实解决好涉农扶贫领域腐败问题提供组织保证，把基层党员干部的权力关在制度的笼子里。

自治区卫生计生委直属医疗卫生机构违纪问题易发高发调查与防控对策研究

开永安　齐世龙

医疗卫生系统一直是违纪问题的易发高发频发领域。近年来，自治区卫生计生委各级党委（党组）和纪检监察机构按照中央纪委和自治区纪委的指示要求，认真贯彻落实中央和自治区党委党风廉政建设重大决策部署，紧跟形势任务，积极落实“两个责任”，坚持纪严于法，强化监督执纪问责，党风廉政建设和反腐败工作呈现出强势推进、向上向好的态势，但违纪问题易发高发的形势依然不容乐观，特别是在直属医疗卫生机构表现突出，需要进一步加强防控研究、探索和实践。

一、直属医疗卫生机构违纪问题易发高发点

自治区卫生计生委直属医疗卫生机构 19 个，其中直属医院 7 个。分析研究近年来自治区纪委和派驻纪检组查办的违纪违法案件，感到当前直属医疗卫生机构主要存在三个违纪问题易发高发点。

（一）单位“一把手”是直属医疗卫生机构违纪易发高发人群

2015 年至 2017 年 9 月，驻委纪检组共受理群众信访举报 179 件（次），涉及直属单位领导干部的有 58 件（次），占总数的 32%；先后有 4 名直属

作者简介　开永安，自治区纪委派驻卫生计生委纪检组组长；齐世龙，自治区纪委派驻卫生计生委纪检组正处级纪检员组长。

单位“一把手”受到党政纪处分。有5名“一把手”，其中包括4名直属医院院长，犯罪或涉嫌犯罪被移交司法机关处理。

（二）行风建设“九不准”是直属医疗卫生机构违纪易发高发问题

2015年至2017年9月，先后有22名医务人员因收受医药产品回扣，医疗卫生服务中乱收费等违反“九不准”问题被查处，给予2名当事人留党察看和撤职处分，3名当事人行政记过，10名当事人党内或行政警告处分，对7名当事人进行诫勉谈话、通报批评，收缴违规所得17.7万元。处理人数占总处理人数的25%。

（三）违反中央“八项规定”精神是直属医疗卫生机构违纪易发高发领域

自中央“八项规定”颁布以来，先后查处了直属医疗卫生机构22起违反中央“八项规定”精神的问题，因公款旅游、违规发放津补贴福利、违规收送礼品礼金、违规举办婚丧事宜、超标准接待等受到处理的干部有25人，其中受到党纪政纪处分的3人，收缴违规发放的津补贴、福利及补助等233.3万元。

二、直属医疗卫生机构违纪问题易发高发原因分析

（一）医疗卫生体制不健全，是违纪问题易发高发的根本原因

当前，医疗卫生体制还不完全与经济社会发展和人民群众需求相适应，配套的法律法规及调控手段不健全在某种程度上直接诱发了违纪问题发生。“医药合一、以药养医”使医院的盈利欲望急剧膨胀，少数院长把医院当成了企业，一切向“钱”看，对科室的考核指标设定偏离公益定位；把自己当成了“老板”，紧握人权、财权和重大事项决定权，搞“一支笔”“一言堂”。政府对医院的投入和补偿也不到位，医务人员的技术、知识、风险价值得不到充分合理地体现，导致部分医生背弃了服务宗旨，冲破医德防线，把收受药品耗材回扣当成了补偿途径。

（二）主体责任落实不到位，是违纪问题易发高发的直接原因

一些医疗卫生机构对党风廉政建设不够重视，对当前党风廉政建设和反腐败斗争严峻复杂的形势认识不透，片面地认为党风廉政建设是党政机

关的工作，与医院这样的业务部门“不沾边”，存在重形式轻落实、重部署轻检查、重业务轻党建等问题，没有认真履行党要管党、从严治党的职责，导致干部职工违纪违规违法的情况时有发生。

（三）重业务轻教育，是违纪问题易发高发的主要原因

医疗卫生机构注重医疗业绩和专业队伍建设，忽视政治学习和思想教育的问题比较普遍，党组织生活会、民主生活会搞形式、走过场，廉政警示教育活动针对性实效性不强，带来的后果就是干部职工经常给自己打上“业务干部”“业务人员”标签，宗旨意识弱化、党纪法规观念淡化，甚至滑出纪律“底线”、踩上法律“红线”也浑然不觉，直至在贪腐的路上越走越远。

（四）权力缺乏监督，是违纪问题易发高发的重要原因

直属医疗机构纪委“三转”落实还不彻底，人员少、素质弱，参与业务工作多，畏难情绪重，不愿监督、不敢监督、不会监督的问题比较突出，没有发挥应有的监督作用。特别是直属单位“一把手”的监督缺乏，“上级监督不到，同级监督太少，下级监督不了”，失去监督的权力必然导致腐败。由于医疗卫生机构人员多、管理难度大，业务专业复杂，一旦监管不力，必然会造成医院管理失控、医生行为失范。

三、对防控医疗机构违纪问题易发高发的对策建议

习近平总书记在中纪委十八届七次全会上指出，反腐败斗争压倒性态势已经形成，但是，管党治党宽松软问题尚未根本改变，全面从严治党仍然任重道远，党风廉政建设和反腐败斗争形势依然严峻复杂，要克服“届末之年反腐败可以收官”的思想，做到惩治腐败力度决不减弱、零容忍态度决不改变，坚决打赢反腐败这场正义之战。医疗卫生系统各级党委（党组）和纪检监察机构要深刻理解中央对党风廉政建设和反腐败斗争形势的新判断，紧紧围绕违纪问题易发高发点，主动抓责任、积极抓教育、深入抓监督、从严抓查处，不断推动医疗卫生系统党风廉政建设和反腐败工作深入开展。

（一）持续加压发力，层层夯实全面从严治党主体责任

夯实全面从严治党主体责任是抓好直属医疗卫生机构违纪问题易发高发点防控的关键。各级党组织落实党风廉政建设主体责任，就是在推进党风廉政建设和反腐败工作中要担负起主要责任，既当领导者和组织者，也当执行者和推动者。

1. *落实领导责任*。坚持把党风廉政建设与各项业务工作同部署、同落实、同检查、同考核，主要领导要切实履行好第一责任人的责任，亲自抓、主动抓、严格抓、经常抓，班子成员要按照“一岗双责”的要求，抓好分管范围内的反腐倡廉工作。要经常听取党风廉政建设和反腐败工作汇报，大力支持派驻纪检组和纪检监察机构的工作，针对机构合并和领导人员变动情况，及时调整健全党风廉政建设和反腐败工作领导小组，不断加强党风廉政建设的组织保障。

2. *明确责任分工*。定期召开党风廉政建设和反腐败工作会议，总结经验教训，安排部署工作，组织领导干部、党员干部人人查找廉政风险点、作出廉政承诺，主要领导与各分管领导，各分管领导与分管处室、单位层层签订《党风廉政建设责任书》，层层传导压力，形成一级抓一级，层层抓落实的工作格局；制定全面从严治党责任清单、问题清单、问责清单，厘清党委（党组）和派驻纪检组（纪委）的责任界限，持续强化党要管党、从严治党的政治责任。

3. *要完善落实制度*。健全完善和落实好重大事项集体决策、廉政谈话、向上级党委和纪委定期汇报、诫勉谈话和函询、医药购销领域商业贿赂不良记录等制度规定，尤其要建立健全改进作风常态化制度，落实好领导干部直接联系和服务群众，艰苦奋斗、勤俭节约，选人用人等制度，织紧编密制度的“笼子”，让干部职工穿上“防水鞋”“防水服”。

4. *要严格责任考核*。进一步完善党风廉政建设考核办法，将党风廉政建设重点任务完成情况与业务工作、党建工作一并进行考核，强化考核结果运用，对发生重大腐败案件和不正之风长期滋生蔓延的单位和部门实行“一案双查”，严格按照《中国共产党问责条例》问责追责，以问责倒逼管党治党责任落实。

（二）加强学习教育，铸牢崇廉尚洁的思想基础

对党员干部甚至是普通群众来说，思想上的滑坡是最严重的病变。思想上松一寸，行动上就会掉一尺。抓好直属医疗卫生机构违纪问题易发高发点防控，必须要管住思想教育这个根本。只有切实加强思想教育，促进干部职工凝神聚魂、修身养德，才能增强拒腐蚀、永不沾的免疫力和自觉性。

1. 抓好理论武装固根守魂。结合推进“两学一做”学习教育常态化制度化，坚持用马克思列宁主义、毛泽东思想和中国特色社会主义理论体系，习近平总书记系列讲话精神和治国理政新理念新思想新战略武装干部、教育群众，引导大家筑牢信仰之基、补足精神之钙，始终保持对党绝对忠诚，坚定“四个自信”。

2. 抓好道德建设固本培元。习近平总书记指出，国无德不兴，人无德不立。修身养德，是底气之源、成事之基。要结合开展八项规定“回头看”、民主评议卫生计生行风、进一步改善医疗服务行动和“廉洁诚信医院”“平安医院”创建活动，积极培育和践行社会主义核心价值观，不断加强医德医风宣传教育，引导广大党员干部和医疗卫生从业人员树立正确的人生观、价值观、权力观和利益观，自觉把“做官”与做人、“立行”与“立德”统一起来，践行医疗卫生职业精神，形成 “珍惜高尚职业，构建廉洁卫生”的良好风尚。

3. 抓好警示教育警钟长鸣。加强反腐倡廉宣传教育，深入开展法制教育、纪律教育，强化正面激励和反面警示教育，特别是要以案为鉴，坚持用身边的事、身边的人教育广大党员干部和医疗卫生从业人员，让大家受警醒、明底线、知敬畏，主动在思想上划出红线、在行为上明确界限，真正敬法畏纪、遵规守矩。

（三）践行“四种形态”，严格监督执纪问责

“四种形态”抓住了党员干部违纪违规行为的共性规律，刻画出从破纪到破法、从小病到重病、从量变到质变的发展轨迹，阐明了把纪律和规矩挺在前面的基本路径，明确了党风廉政建设和反腐败斗争的着力点，也为抓好直属医疗卫生机构违纪问题易发高发点的防控指引了方向。

1. 要早教育常提醒，着力构建“不想腐”的警示机制。探索建立党员干部廉政教育培训制度，形成具有医疗卫生系统特色、贴近干部职工思想实际的廉政警示教育内容和形式；抓住重要节点和干部选拔、调整交流，及时开展廉政谈话，提醒党员干部清醒做事、清廉履职；紧盯重点岗位和重点人员，坚持疏堵结合，一方面强化制度的约束力，另一方面搞好关爱式教育，开设廉政风险防范培训，增强党员干部的自律意识。

2. 要早监督善约束，着力构建“不能腐”的制约机制。针对人、财、物等容易产生廉政风险的环节，加大内控机制的创新力度，加强权力监督和制约，规范权力沿着正确的轨道行使。强化对党委（党组）决策的监督，督促健全完善分工责任制，落实党政一把手“五个不直接分管”、末位表态和“三重一大”问题集体研究决定制度。加强干部选拔任用的监督，坚持从民主推荐、谈话考察、讨论决定各个环节全程参与监督，对反映的问题线索及时进行调查核实，对不符合任用条件的干部按照有关程序取消其任用资格，严防“带病提拔”等问题发生。注重依托信息化手段进行监督，按照“制度+科技”廉政风险防控管理的新思路，进一步加强信息云平台建设，研发医疗机构“防统方”等监督软件，打造信息化监督体系，为进一步高效监督奠定基础。

3. 早遏制严惩处，着力构建“不敢腐”惩戒机制。实践“四种形态”，并不意味着反腐节奏要放缓、惩治力度要减弱，而是要按照中纪委十八届七次全会的要求，持续保持遏制腐败高压态势。要抓大不放小，不能使小问题演变成大问题；对轻微违纪违法行为，形成露头就打的高压态势，把问题遏制在初起之时。要抓住领导干部违纪、违反行风建设“九不准”、违反中央“八项规定”精神和自治区若干规定的典型案例从严处理，点名道姓公开曝光，达到“处理一个、警醒一片”的目的，发挥震慑和警示作用。

（四）坚持固本开新，充分发挥直属医疗卫生机构纪委的职能作用

直属医疗卫生机构违纪问题易发高发点防控的成效如何，不仅取决于“两个责任”落实、思想道德建设等因素，更取决于直属医疗卫生机构纪委能否发挥作用，有无执纪能力。要进一步深化“三转”，按照全面从严治党的新要求，把不该管的工作分离出去，把应该管的工作切实管好，将有限的工作精力集中到纪检监察主业上来，以实际行动抓落实，做到维护党的路线不走样，执行党的纪律不动摇。要不断强化双重领导制度，按照《监督执纪工作规则》明确的纪律检查工作双重领导体制，进一步理顺派驻纪检组和直属医疗卫生机构党委对直属医疗卫生机构纪委的权责关系，通过制度改革与创新，弥补直属医疗卫生机构纪委对同级党委的监督缺位，加强对同级党委特别是班子成员的监督，承担起加强党风廉政建设和组织协调反腐败工作的责任。坚持直属医疗卫生机构纪委书记、副书记以及监察室主任的提名和考察以派驻纪检组会同人事部门为主，增强直属医疗卫生机构纪委监督权的相对独立性和权威性，提高监督力度和效能。要大力加强纪检队伍建设，按照“打铁还需自身硬”，建设忠诚干净担当的纪检干部队伍的要求，把好纪检干部“入口关”，切实把有能力、敢监督、真负责的干部选拔到纪检队伍中来。大胆选派直属医疗卫生机构纪检干部参加中央纪委和自治区纪委举办的各类培训、到自治区纪委和派驻纪检组跟班学习；建立完善纪律审查领办工作制度，指导直属单位纪检干部依纪依规开展纪律审查，推动纪检干部队伍业务能力和水平不断提升。

构建交通运输系统良好政治生态调研报告

贺　华　盛常华

政治生态是相对自然环境生态而言的一种社会政治状态，它是一个地方政治生活现状以及政治发展环境的反映，是党风、政风、社会风气的综合体现，是一种"软环境""软实力"，其核心是党员领导干部的精神状态和作风问题。良好的政治生态环境是抵御消极腐败现象和保持"政通人和"的重要保障，是反腐倡廉建设是否取得成效的检验标准。政治生态好，可以凝心聚力，鼓舞士气，激发斗志。反之，则会涣散人心，败坏风气，滋生腐败。为深入了解交通运输系统当前政治生态的现状及存在的问题，并为解决这些问题"开处方""治病灶"，近日，驻交通运输厅纪检组组成课题组（以下简称"课题组"），专门就构建交通运输系统良好的政治生态这个课题进行了深入调研与思考。

一、调研的基本情况

党的十八大以来，交通运输厅党委牢固树立"四个意识"，坚决贯彻党中央坚持全面从严治党的各项要求，严格落实自治区党委、纪委从严治党部署的各项任务，特别注意做好"破"和"立"两篇大"文章"。一方面，

作者简介　贺华，自治区纪委派驻交通运输厅纪检组长；盛常华，自治区纪委派驻交通运输厅副处级纪检监察员。

通过严肃查处史自刚等严重违纪的典型案例，下大力气拔“烂树”、治“病树”、正“歪树”；另一方面，通过深入开展群众路线教育、讲纪律守规矩教育、“三严三实”和“两学一做”等系列教育实践活动，全面清理、修订和制定各项制度，将制度“笼子”越扎越紧，坚定不移地从制度上纠正“四风”，以完善的制度固化党内外一切活动。通过“破”“立”双轮共同发力，党风政风进一步好转，领导干部作风进一步改进，广大干部群众凝心聚力，坚持交通科学发展、又好又快发展的氛围更加浓厚，政治生态总体向好。但是，通过近年来的信访和查处的违纪违规问题来看，我们清醒地认识到，这些成效只是阶段性的，在一些部门、单位和一些党员干部身上，还存在为官不廉、作风不实等诸多问题，这些问题如果不从根本上解决，良好的政治生态环境也就无法得到长期巩固。课题组针对当前实际，精心制作了调查问卷。问卷一共设置了 26 个问题，在形式上既有选择题，也有主观题。在内容上，涵盖了对当前基层政治生态的看法、意见、建议等。从 2017 年 3 月 28 日开始至 4 月 13 日，课题组分成六个调研组，实行全覆盖，分别下到银川市、石嘴山市、吴忠市、中卫市、固原市和宁东片区交通运输系统，在交通运输厅机关、公路管理局及各市分局、道路运输管理局及各市局、公路建设管理局及分布在各市的项目部，天豹运输公司及各市汽车站、宁夏路桥公司、交通物流公司、宁夏公路设计院等大大小小共 50 多个单位，对各个层级的干部职工、服务对象进行了问卷抽样调查和专题座谈。为保证调查的客观性、公正性，问卷采取不记名、背靠背方式填写，谈话采取一对一闭门交流。先后召开了 37 场专题座谈会，发放调查问卷 1359 份（回收有效问卷 1309 份，其中处以上干部 83 份，占 6.3%；中层干部 228 份，占 17.42%；群众 998 份，占 76.28%），访谈各层级干部、群众 588 人，征求意见建议 150 条。从调研结果看，交通运输系统干部群众普遍比较关注政治生态建设。绝大部分被调查者认为，党的十八大以来的基层政治生态建设取得了较好成效，特别对作风建设的成效评价普遍较高，对以习近平同志为核心的党中央的治国理政充满信心，对从严治党衷心拥护。

二、当前交通运输系统政治生态建设存在的主要问题

通过对数据的全面分析和谈话整理，课题组从干部作风建设、选人用人、干群关系、反腐倡廉等方面，梳理出当前基层政治生态建设存在的问题主要有以下几个方面。

（一）干部作风不实的问题还比较普遍

主要还是集中在“四风”方面。有26.97%的人认为，单位领导存在家长制作风，有62.9%的人认为单位的干部存在形式主义，39.42%的人认为单位的干部存在官僚主义，认为干部弄虚作假的有10.62%，认为干部门难进、事难办的有10.47%。对这些干部作风问题，群众在谈话中用事实作了说明。个别干部总是高高在上，说话都是以命令的口吻，对群众意见只是形式上征求一下，执行的时候根本没有把群众意见当回事，都是自己说了算；有一些干部在其位不认真履职，当一天和尚撞一天钟，得过且过；有一些干部没有把精力放在干事创业上，热衷迎来送往拉关系；有的衙门作风严重，对群众诉求，能推则推，能拖则拖；等等。

（二）选人用人上还存在不正之风

有35.6%的被调查者认为在干部选拔任用上存在任人唯亲问题，有24.83%的人认为存在跑官要官问题，有10.62%的人认为有买官卖官问题，有38.58%的人认为存在远疏近亲现象，有26.97%的人认为存在拉票问题，有27.43%的人认为存在以工代干问题，有38.73%的人认为存在能力不足的干部当领导的现象，有15.51%的人认为干部还存在搞团团伙伙问题。一些群众谈话中提到，系统内有一部分干部能力较弱，但是还占着领导岗位。相对而言，一些有能力的同志一直得不到重用，才能得不到充分发挥；有一些单位不是以政绩、能力用干部，而是搞论资排辈，造成人才浪费，等等。

（三）脱离群众的问题不同程度地存在

谈话中，一些群众反映，一些干部对群众反映的问题和切身利益关心不够。比如，公路管理局的数千名收费员长期在一线收费，劳动强度大，月收入却只有2000多元，特别是劳保费，10年前就定的6元钱，到现在一分钱没有增加；许多收费员饱受腰椎、颈椎等职业病之苦，至今无人问

津，也没有任何疾病补贴；对收费员文明服务的规范动作要求严格，而对于收费员长期受到汽车大量尾气的伤害却熟视无睹；个别养护中心地处偏远山区，连洗澡的设施都没有，干部职工长期过着“汗浴”生活；一些单位在落实中央“八项规定”精神中，严重脱离实际，将职工所有福利取消，群众意见大；一些干部把和群众的关系从“鱼水关系”变成了“蚌水关系”，当需要群众之“水”时就跳到水里，满足了自己需要后就跳回“岸上”。突出的是一些机关领导干部走马观花到基层“逛”一下，所谓下到了基层调研，实质什么问题也不解决。20.1%的人反映干部关心职工不够，反映差的也有3.44%。

（四）滋生腐败的土壤仍然没有铲除

在反腐倡廉方面，一些群众谈话中反映，某些干部长期把持“肥缺”部门、关键岗位不“动窝”，这样极容易滋生腐败。被调查者有53.78%的人认为手中有行政审批权的易生腐败，有39.34%的人认为有人事权的也容易发生腐败，认为财权容易发生腐败的人员有35.91%，认为有物品管理权发生腐败的被调查者最少，仅有13.52%。同时，多数人认为工程建设领域的招投标最容易发生腐败问题。

三、构建交通系统良好政治生态的对策和建议

对交通运输系统政治生态当前存在的一些问题，课题组认为，要解决这些问题，既要在严格遵循全面从严治党规律的基础上加强整治，更要注重加强政治生态的培育和建设，只有进行综合治理，才能促进政治生态的良性循环。

（一）要久久为功，驰而不息加强干部作风建设

干部作风，关乎党的形象，决定人心向背，攸关生态存亡。十八大以来，通过大力开展反“四风”，干部作风虽然好转，但是“四风”问题树倒根还在，稍有松懈，就会死灰复燃。各级党委一定要充分认识“四风”的消极影响和危害性，切实把作风建设作为政治生态建设的核心内容，摆上党风廉政建设的重要位置，传导压力，让干部始终绷紧作风建设之弦。要大兴务实之风，鼓励干部深入一线调查研究，深入基层、深入群众查实情、

办实事，解决群众所需所盼，真抓实干，不空喊口号，不搞“花架子”，对关乎群众切身利益的事要多做、快做。要大兴清廉之风，教育干部牢记“两个务必”，坚持勤俭办事，自觉抵制拜金主义、享乐主义、极端个人主义的侵蚀。要加强作风建设宣传，特别是加强典型案例的警示宣传，对作风问题案件进行深入剖析，让广大干部切实认识到放松作风建设的危害性。要敢于向不良的作风问题“开刀”，对“四风”问题露头就打，坚决铲除作风方面一切“疑难杂症”。

（二）要匡正选能任贤的用人风气

古人言：“用得正人，为善者皆劝；误用恶人，不善者竞进。”培育和打造良好的政治生态，必须严把选人用人关，它是政治生态建设的基石。任人唯贤，导向正确，就可以使干部积极性竞相焕发，使一个地方的政治生态良性运行；任人唯亲，导向错误，不仅会挫伤干部的积极性，还会摧毁整个基层的政治生态。防止用人上的不正之风，根本出路在改革。这次调研，43.16%的人认为，干部在一个岗位上干满三年就应该轮岗或交流；46.98%的人认为领导干部在同一岗位长期不交流是个问题；有 35.75%的人认为干部提拔任用应该交流到系统外的单位，这样可以预防“近亲繁殖”，搞团团伙伙。对群众反映的这些问题应该及早纳入改革目标。同时，应将干部人事制度改革中经过实践检验的成功做法及时上升为制度，把主要靠领导者个人选人，逐步转到主要靠制度选人方面来；把由上级部门对干部的制约，逐步扩大到由民意和社会舆论来加以监督；逐步扩大干部选拔任用信息公开的内容和范围，让干部的选拔、任用、评估等在阳光下运行。要严格按照习近平总书记提出的“信念坚定、为民服务、勤政务实、敢于担当、清正廉洁”20 字标准，坚持德才兼备、政绩突出、群众公认，切实把政治上靠得住、工作上有本事、作风上过得硬、群众信得过的干部选拔出来。要做到在标准面前人人平等，一视同仁，一碗水端平，一把尺子量人，不厚此薄彼，远严近宽。大力选拔有较强群众工作能力和应对突发事件、驾驭复杂局面能力的干部，大胆使用政治过硬、敢于担当、经得住风浪考验的干部，大胆提拔关键时刻能够站出来、冲得上、顶得住、打得赢的干部。

(三)要大力培育正确的价值观

首先要加强理想信念教育。理想信念是思想和行动的“总开关”。理想信念不坚定，精神上就会“缺钙”，就会得“软骨病”。现实中，一些党员干部在市场经济大潮中“头晕目眩”，失去自我，严重“缺钙”。如不对其强化“补钙”，其很容易摔跟头。因此，必须强化党员的理想信念教育，特别是党的纪律教育，以确保党员政治上清醒坚定、在大是大非问题上经得起考验。其次，要从根本上解决政治生态的价值判断问题。在现实生活中，有人唯实用主义至上，利欲熏心；有人无视组织纪律，放弃党性原则，唯我独尊，搞“一言堂”；有人不择手段地搞政绩工程；也有人以老好人为价值取向等等。这些问题归根到底都是价值观失衡了。为此，要通过大力宣传和弘扬树立科学发展观，正确政绩观、权力观、利益观、法治观以及为民服务的观念来进行价值观纠偏。只有这样，才能促进政治生态向“青山绿水”转变。

(四)要在创新监督方法上下工夫

干部作风不实、选人用人风气不正等问题的存在，既有主体责任不落实问题，也有监督责任缺失问题。如何解决监督不到位问题？我们认为，必须拓展思路，创新方法。首先要在改变“上热中温下冷”上寻突破。“上面九级风浪，下面纹丝不动”是当前监督中存在的普遍问题。压力传导到基层之所以层层递减，确实有个别纪检干部不作为、不会为的问题，但是客观上基层纪检监察干部严重“短缺”却是一个不可忽视的重要原因。如公路管理局各市分局，每个局平均都在1400人以上，而一个局包括纪委书记在内仅有两个纪检干部编制，工作长年处于“拉不开栓”状态。针对基层监督力量严重不足现状，课题组建议，应该效仿红军当年在三湾改编中将支部建在连上的做法，实行纪检监督员全覆盖，即在每一个支部设立一名纪检监督员，通过业务培训，教会他们干什么、怎么干等工作方法，监督工作“下冷”现象便会迎刃而解。诸如此类多一些“发明创造”，就能够始终牢牢把握反腐败斗争的主动权。其次要改进监督方法。在制度设计上，要重点加大第一和第二种形态的监督力度，如党委负责人对部下“咬耳朵”“扯袖子”要实行过程“纪要”制，不能凭报数据了事；被函询、诫勉谈话的领导班子成员要在民主生活上对个人存在的问题进行检查，并进行批评和自我批评，即使没有问题也要讲清楚、说明白；其他党员干部要在党支部组织生活会上进行检查和批评与自我批评；受到党纪政纪处分以上处理的干部必须在全系统进行通报，让“红脸出汗”成为常态。对腐败问题易发的工程建设领域的监督可采取制度加科技的手段，如在施工、监理等项目工地安装签到视频记录仪，实时记录参建单位主要人员在岗在位情况，并及时跟踪检查，以此预防工程违法转（分）包和资质挂靠、围标、串标等行为。对一些问题反映比较集中，群众意见较大的单位或者行业，应该采取措施开展专项监督，集中力量打“歼灭战”。

（五）要坚定推进反腐败斗争不动摇

惩治腐败这一手任何时候都不能放松。要继续按照中央纪委和自治区纪委“力度不减、节奏不变，坚决减少腐败存量，重点遏制增量”的指示精神，重点查处不收敛不收手，问题线索反映集中、群众反映强烈，现在重要岗位且可能还要提拔使用的领导干部；查处违规插手工程项目建设谋取私利，在工程建设领域围标串标，在材料采购、设计变更上弄虚作假，在施工方面借用挂靠资质、层层转包、违法分包，在行政许可和执法上吃拿卡要，在职场上跑官要官、买官卖官等贪污受贿、谋取私利行为。对一些站、所、队等基层单位存在的侵吞挪用、克扣强占等“微腐败”和群众身边的不正之风同样要高度关注，坚决查处。在查处以上腐败问题的同时，还要对党员干部中“不想为、不敢为、不会为”的现象高度重视和警惕。有一些人走上领导岗位前还是“拼命三郎”，当上领导后工作热情大幅度“降温”，就开始过着尸位素餐的生活，工作安于现状、按部就班；有的畏首畏尾、患得患失，甚至为了不出错，宁肯不干事；有的面对形势变化，无所适从，无从下手，要么迷茫焦虑，要么思路不宽，不得要领。这种“三不为”现象是新形势下的另一种腐败，它的危害性往往比经济腐败还要严重，只要发现，就应该及时清除，绝不姑息。

宁夏安监系统党风廉政建设暨依法行政情况调查报告

赵　捷　杨建平

为落实全面从严治党要求，系统掌握全区安监系统党风廉政建设和依法行政状况，以问题为导向跟进整改整治，推动安全生产形势的持续稳定发展，2017年8月中旬至9月下旬，驻自治区安监局纪检组会同机关党委，对全区安监系统党风廉政建设暨依法行政情况进行了专题调研。

一、调研工作的基本经过和具体做法

本次调研工作采取发放问卷、个别谈话、实地走访、统计分析等方式，坚持不听汇报、不让陪同，与谈话对象一对一，直面问题听意见、讲差评。共调研基层安监部门11个、谈话各类人员109人，邀谈企业35家、实地走访企业13家、谈话各类人员123人，征求市县纪委驻安监部门人员意见8人，发放调查问卷370份，收集到涉及党风廉政建设、作风建设及依法行政等方面的各类意见和建议174条。

二、全区安监系统党风廉政建设暨依法行政基本情况

近年来，全区安监系统认真贯彻全面从严治党要求，以问题为导向，

作者简介　赵捷，自治区纪委派驻自治区安监局纪检组组长；杨建平，自治区纪委派驻自治区安监局纪检组副组长。

以改革为动力，不断创新方式方法，强化党风廉政建设“两个责任”落实，持续组织开展党风廉政和效能作风建设系列主题教育实践活动，坚持把纪律挺在前面，持之以恒纠治“四风”，扎实推进中央“八项规定”落地生根。全区安监系统政风行风、干部作风明显改善，服务群众、服务基层水平不断提升，依法行政、廉洁自律成为自觉。以事故总量和死亡人数连续14年“双下降”为标志的全区安全生产形势，显现出持续稳定向好的发展态势。

调研问卷统计显示：“干部作风”评价较好以上占86.01%；“依法行政”评价较好以上占90.65%；“廉洁从政”评价较好以上占92.68%（见图1）。这些成效的取得，得益于以下几个方面的工作：

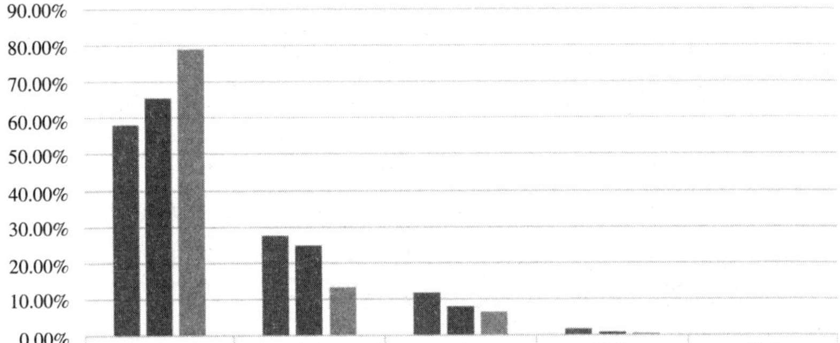

	很好	较好	一般	较差	很差
■干部作风	58.16%	27.85%	11.89%	1.75%	0.35%
■依法行政	65.76%	24.90%	8.06%	1.00%	0.28%
■廉洁从政	79.22%	13.46%	6.55%	0.54%	0.23%

■干部作风 ■依法行政 ■廉洁从政

图1　全区安监系统廉政勤政建设调查问卷情况统计图

（一）狠抓廉政勤政教育，干部作风建设逐年深入

坚持把党风廉政建设摆上重要日程，与业务工作同部署、同落实、同考核，常抓不懈。以“活动”抓思想。以主题教育活动为载体，全面夯实党的建设。2013年至2015年，结合开展党的群众路线教育实践、“两学一做”学习教育等系列活动，围绕为什么干、干什么、怎么干等问题，连续三年组织开展了全区安监系统作风、制度、能力“三项建设”，深入进行“学、查、改”，统一思想、凝聚共识，不断推进自身建设。以“教育”抓

预防。多管齐下抓教育，润物无声提素养。自2013以来，通过专题学习、讲座、视频、研讨等方式，坚持将廉政勤政和作风建设要求纳入安全发展“周五大讲堂”和党支部“三会一课”。通过官方网站、文化走廊、廉政专栏、微信等平台加强廉政文化阵地建设。持续组织开展了廉洁书画摄影展评、廉政勤政专题党课、进法庭旁听案审、进监狱听取服刑人员现身说法等系列廉政教育，增强干部职工抵御腐败的能力，营造了风清气正的良好氛围。以“整改”抓作风。以问题为导向，针对2016年群众评议机关与干部作风和效能考核“双垫底”深刻反思，组织开展了正党风、清行风、强作风“三风建设”，深挖问题找根源，正视问题抓整改。

（二）狠抓监督方式创新，助力“两个责任”落地生根

近年来，自治区安监局党组和驻局纪检组不断强化责任担当和监督意识，在规范党内政治生活、夯实廉政基础建设、构建监督制约机制上下工夫，取得实效。建立“九巡察”内控机制。针对安全生产监管行政执法、行政许可、事故调查、教育培训、中介机构监管“五权”运行廉政风险和“三重一大”事项监管要求，逐步推行“九巡察”工作机制，强化行政监督，不留死角。推进“九跟进”运行机制，实行“每月每周跟进荐书荐言、干部任用跟进知纪考廉、常态监督跟进正反教育、重大事项跟进监督检查、问题动态跟进谈话函询、节日节点跟进察访提醒、部署安排跟进督查督办、问题导向跟进机制创新、执纪问责跟进整改整治”等“九跟进”措施，强化廉政监督，不留盲点。夯实廉政台账“十个一”基础建设。在各党支部深入推进“一人主事廉政、一纸工作计划、一本工作记录、一本学习笔记、一次工学例会、一次责任承诺、一次谈心谈话、一次廉政党课、一次支部生活、一次述职述廉”等“十个一”廉政台账基础建设，并将其纳入效能目标管理“月评月考月示”之中，强化效能建设，不走过场。实行“廉政勤政监督卡”制度。为增进安监干部廉政勤政意识，背“戒尺”、带“探头”开展执法服务，要求自治区安监局各处室、单位，在安全生产行政执法、事故查处等10项执法服务事项中主动出示监督卡，由服务对象评价后，直接寄送或传真给驻安监纪检组，纪检组进行分析梳理，向安监局党组提交处理意见和整改建议，强化外部监督，跟进执纪监督。

(三)狠抓监管机制建设,保障发展能力不断增强

"十二五"以来,全区安监系统以简政放权、放管结合、优化服务为手段,以转职能转方式转作风、净化权力空间、权力内部制衡、规范行政行为为目的,相继推进了"三轮"安全生产监管事权改革,成效显著。

1. 依法治安责任体系不断健全。将党风廉政建设和反腐败监督制约机制有机纳入安全生产监管监察机制改革中,扎紧扎密制度的笼子。修订惠及企业和安全监管方面的政策法规、具体标准和规范性文件53项;建立反腐倡廉建设教育、监督、惩治、纠风等方面的规章和规范性文件42项;完善机关内部管理制度24项;编制7万余字的《自治区安监局廉政风险防范管理手册》,配套制度5项。

2. 监管方式不断创新。推行技术审核与行政审批分离管理,调整事故调查由分散到集中管理,实行执法案卷由抽检到年度评比,实现安全生产与职业卫生监管事项归口"一体化"管理,采取行政执法、技术抽检、专家会诊、第三方服务"四位一体"监管模式。宁夏经验做法得到国务院安委办、国家安监总局的充分肯定,被确定为全国安全生产综合改革、隐患排查治理体系建设和企业应急管理标准化建设"三个"试点省份之一。

三、安监系统党风廉政建设暨依法行政存在的问题

(一)安全生产监管和执法力量相对不足

安全生产法规政策方面的上传下达、隐患排查治理方面的督查整改等工作难以做到横向到边、纵向到底,映射出精神懈怠的危险、能力不足的危险,工作效能和服务质量受限。

1. 人员机构不足。目前,全区安监系统实有工作人员460人(行政编253人,参公编40人,事业编85人,聘用和"三支一扶"人员82人)(见图2)。自治区级安监人员编制数不足50名,市级平均人员编制数19.5名,县(区)级平均人员编制数9.7名。与全国平均人员编制水平(分别为82名、29名、16名)相比,差距明显。27个产业园区有23个未设置安监机构,且多数为兼职人员。大部分乡镇(街道)挂了安监站牌子,仅有一名兼职人员负责安全生产管理。县级除中宁县外均没有设立执法机构。

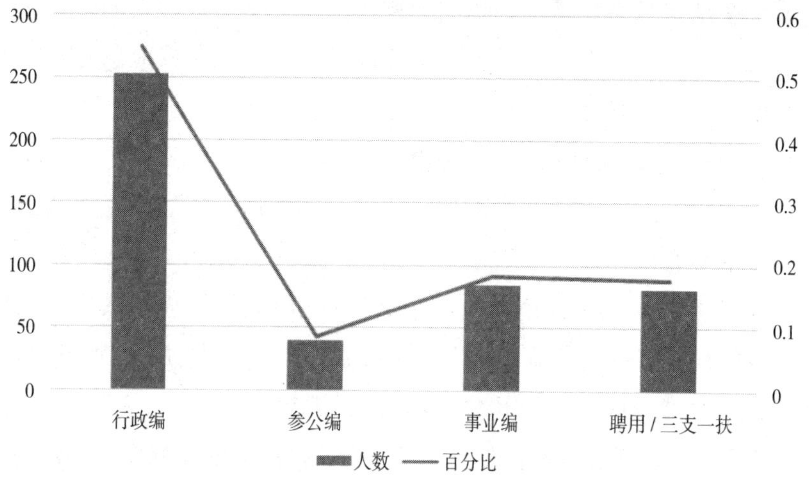

图 2　全区安监系统工作人员组成情况图

2. 专业化水平低。全区安监系统具有相关专业的人员 53 名（安全工程专业 5 人，化工专业 31 人，矿山专业 17 人），仅占人员总数的 11.52%（见图 3）。11 个县（区）安监部门无专业人员，系统整体专业化水平较低，与安全生产形势和监管任务差距较大。

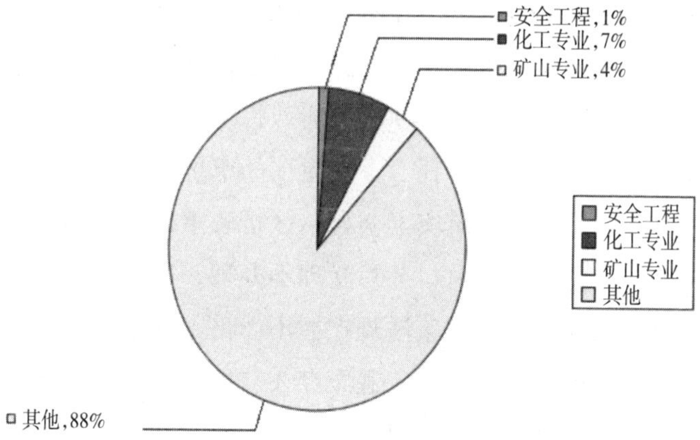

图 3　全区安监系统工作人员专业结构图

3. 人员流动大。目前，全区进入安监系统工作不足 2 年的安监“新兵”有 152 人，占总人数的 33.04%，其中，新调整的班子成员有 53 人，占各级安监部门班子成员总数的 54.08%。人员更换频繁，流动性大，造成工作连续性不足。四是装备保障不足。装备配备能力不足，执法检查凭经验，靠眼看、手摸、耳听、鼻闻、嘴问的方式多，安全监管方式的科学化、技术化有待提高。公车改革后，各级安监部门普遍无执法或应急专车，发生事故和紧急情况时应对不畅、处置不便。

（二）安全生产文件和督察检查相对较多

形式主义、官僚主义有所表现，改进工作作风、密切联系群众的八项规定精神落实有待加强。

1. 文件多。从国家到地方的自上而下部署、督办繁多，其中，为应对上级必要的检查督查，各地各部门往往要转发、印发大量的文件、简报。同一工作，区、市、县（区）还要层层转发，常常“一事收多文”。仅在2017年9月上旬前，自治区安委办就发文110份、自治区安监局发文302份。

2. 检查多。同一时段不同层级不同部门的各类安全生产检查、巡察、督查、调研、考评等形式摩肩接踵，已经超出了很多地方政府的承受能力，基层安监部门和企业忙于“迎来送往”，很难集中精力盯问题抓整改。仅在2017年9月上旬前，来宁检查、巡察和督查的工作组就有国务院安委会、安委办和国家安监总局，前后四次，每次1个月左右。

（三）行政审批改革“放”“管”“服”存在断档

按照“简政放权、放管结合、优化服务、整体推进”深化经济体制改革工作要求，自治区安监局将90%的行政许可事权委托、下放到市级安监部门。有的安监部门对于委托、下放事项的审批工作要求、程序范围不清楚；有的理解有误区，在落实上与自治区行政审批制度不接轨，工作流程不统一；有的安监部门“窗口”只受理不办理，具体审核办理工作由业务科室完成；个别安监部门政策法规把握不严格，对委托许可的申请材料要件擅自调整，许可审批不严肃，甚至存在“超权限办证、超范围许可”的问题。自治区安监局对行政许可“放”的同时，须在“管”和“服”的监督制约和培训指导机制建设上加以强化。

（四）安全生产监管执法能力有待进一步强化

新形势下，全区安全生产监管工作面临新情况和新问题，有的问题还相当突出。

1. 重行政许可，轻后续监管。一些市级安监部门“重审批轻监管”的现象依然存在，行政许可的后续监管工作较为薄弱。一方面，行政许可机关后续监管的程序性规定不明确，存在监管制度不够健全、监管环节不够严密、监管方法不够科学等问题。另一方面，后续监管责任承担机制不合理，行政处罚的严厉性不够强，现有行政许可机关后续监管责任承担机制的有效性有待提高。

2. 重行政命令，轻法律手段。安全监管中，运用发文件、下通报、搞“运动式执法”等行政命令的监管方式较为普遍，而依靠法律手段推动企业落实安全生产主体责任、运用法治思维方式解决安全生产矛盾等方面的问题依然存在。有的地方还存在畏难情绪，一味强调程序性的执法过程，对发现的安全生产违法行为不依法严肃处罚甚至不处理，以一般性工作检查代替执法检查、以“安全生产整改通知书”代替行政处罚的现象比较普遍。

（五）安全生产监管职责有待进一步明确

目前，各地在建立健全安全生产责任体系、强化安全生产职责和责任追究、践行安全发展工作理念方面，还存在不少突出问题。

1. 安全监管职责划分不清晰。在安全生产监管实际工作中往往混淆了各级负有安全生产行业监管职责的部门与安委办及安监局之间的工作关系，涉及安全生产监管方面的牵头任务，都认为是安监局的主责主业，致使一些涉及“安全生产”的事宜就批转安监局，安监局安全监管有限责任被扩大化。安监部门证明“监管和执法到位”难，承担“无限监管责任”多，安全生产监管人员压力大、有不稳定情绪。

2. 安监部门监管职责与企业安全生产主体责任界限不清。有的基层安监部门的执法工作走入误区，以检查代替监管；有的采取“保姆式”的检查方式，常常代替生产经营单位查隐患、找问题，成了事实上的企业“安检”，造成安全生产责任和压力没有真正有效地传递到安全生产主体——企业和员工中去，致使企业的“主体”地位和作用得不到充分调动与发挥。“政府热、企业冷”的现状依然存在。不但没有落实好监管主体职责，也让企业无从落实安全生产主体责任，一旦发生事故，两个“主体”都势必要被追究责任。

（六）安全生产专家和技术服务机构管理有待进一步加强

自治区级建立有300多名各类专家组成的“安全生产专家库”和12个二级“安全技术服务机构”，但在监管机制建设方面还存在不少问题。

1. 安全生产专家服务意识、服务能力不强。有的安全生产专家个人利益为先，服务意识淡薄，在安全生产检查、技术抽检等活动中，但凡下基层的请不动，遇到有报酬的争着上；有的能力不足，对安全生产新知识、新技术不了解，仅凭原有经验进行安全评价，对策措施针对性不强，技术服务质量难以保证，影响了安全生产服务工作的整体效能。

2. 安全技术服务机构管理不规范、评价质量不高。有的安全技术服务机构专业技术人员结构配置不合理、力量不足，对安全评价服务工作认识不到位，致使现场勘察走过场，所提解决方案缺乏针对性和可操作性；有的重经济效益轻社会效益，违规聘用兼职安评师“滥竽充数”，出具的评价报告抄袭“模板”“照猫画虎”，不能与企业实际相结合，严重脱离了实现企业本质安全的初衷和实际需求；有的采取低价竞争等手段获取评价项目，扰乱正常的市场监管秩序。

3. 对安全生产专家和安全技术服务机构的监管还不到位。市级安监部门对安全生产专家和安全技术服务机构出具的安全评价报告质量监督、把关不严，对安全生产行政许可管理有待加强；区级安监部门对安全生产专家和安全技术服务机构的安全评价过程控制和监督考评机制的建立还不够完善。

以上这些问题，在一定程度上影响着全区安监系统廉政勤政和政风行风建设，不利于安全生产监管责任的落实和企业的健康发展。

四、对加强安监系统党风廉政建设暨依法行政的对策建议

（一）加强安监部门监管能力建设

1. 加强队伍建设。落实《自治区党委人民政府关于推进安全生产领域改革发展的实施意见》，参照全国安监部门监管执法机构、人员配置标准，提出与宁夏经济发展水平及产业结构相适应的机构设置、人员编制及装备配备的基本标准，在完善区、市、县（区）“三级”安监机构的单列体制

建设的同时，为全区乡镇、街道（社区）增设安监机构、编制及装备。

2. 注重素质提升。制定各类监管人员基本业务素质标准和准入条件，规范监管人员选拔、聘用、考核和辞退管理等程序，同时，加大教育培训力度，落实监管人员先培训后上岗制度，加强多种岗位锻炼学习，切实提升履职本领，不断提升安全监管队伍素养。

（二）完善安全生产社会化服务体系建设

1. 完善服务机制。建立完善安全生产专家管理和中介服务机构的规范标准、监管考评、服务承诺、限时办结、执业公示、失信惩戒制度及专业技术人员能进能出、定期更新的动态管理机制，推进建立安全生产社会化服务体系。

2. 建立共享机制。建立完善安全生产专家库和中介服务机构区、市、县三级“联网互通”平台，实行资源共享，最大限度发挥专业技术人员作用。

3. 强健执法主体。参照公安和城管部门的管理办法，健全安全监管技术人员聘任和基层安监协管员队伍建设等，充实和强健执法主体。

（三）坚持“放、管、服”安全监管改革方向

1. 深化“放管服”改革。“放”，就是要进一步确立企业在安全生产中的主体地位，提高其市场主体的获得感和满意度；“管”，就是要加强事中事后监管，落实安全生产“黑名单”制度和失信惩戒、守信激励机制，加快诚信体系建设；“服”，就是要更多运用市场化、社会化、信息化方式优化政府服务，积极推广“互联网+政务服务”，推进数据资源共享开放，切实提高政务服务质量与实效。

2. 改变执法监督方式。改变现行的“保姆式”执法方式，变替企业查隐患为对企业隐患自查整改情况开展执法；突出企业这个“主角儿”，对企业主要负责人履职尽责情况依法开展执法，变事故后追责为事前防范，增强企业落实安全生产主体责任的主动性和自觉性；强化执法与服务并重，严格履行安全生产法定责任，指导企业建立健全自我约束、持续改进的内生机制和生产经营全过程安全责任追溯制度，依法帮扶企业解决存在的问题，防止以政府监管代替企业内部安全管理，促进企业主体责任落到实处。

（四）推进行政审批工作规范有序

1. 要理顺职能。落实《自治区安监局安全生产行政审批管理办法》等3个文件精神，主动做好下放行政许可职能的对应衔接，加强对下级安监部门许可事项的事前指导检查、事中科学评判、事后跟进监管，将日常的监管责任落实到部门、到岗位、到人头，保证审批项目“放得下、接得住”。

2. 要规范流程。对保留实施的审批项目，要在合法的前提下规范审批行为，进一步简化审批流程，科学压缩审批时限，确保审批事项提速提效，按时办结。

3. 要强化监管。行政审批改革要坚持“减负不减责”的原则，在下放行政审批事项的同时，要全面加强事中、后续监管，对审批事项进行网上全程监控和检查，以更有效的“管”促进更积极的“放”，实现从“重审批、轻监管”向“宽准入、严监管”转变。

（五）健全执法监管制度机制

自治区安监局要以问题为导向，着眼制度建设，突出机制创新，做好顶层设计，进一步完善全区安全生产责任体系、监管方式和问责机制。

1. 要健全责任机制。明确各级党政主要负责人安全生产责任，厘清安全生产综合监管与行业监管及企业落实主体责任的关系，完善安全生产巡查和考核制度，健全领导干部干预安全生产监管执法的记录、通报和责任追究制度，建立安全监管执法人员依法履行法定职责制度，制定落实权力和责任的清单。

2. 要健全监管和问责机制。建立事故暴露问题整改督办和事故调查处理评估制度，健全安全风险评估和重大安全风险源头防控制度，严格安全生产和职业健康技术服务机构资质监管办法，坚持“黑名单”制度和失信惩戒、守信激励机制建设，改进办文办会办事方式方法，强化廉政勤政和作风建设监督执纪问责机制等，不断提升安全生产综合监管能力。

（六）持续推进安监系统党风廉政和作风建设

1. 要以上率下，着力推进“两个责任”落实。自治区安监局党组和驻安监纪检组，要按照党的十九大的新理念、新要求，以“使人民获得感、幸福感、安全感更加充实、更有保障、更可持续”为工作标准，努力践行党风廉政建设“两个责任”，切实落实全面从严治党要求。

2. 要以问题为导向，着力构建监督制约长效机制。持续组织开展好全区安监系统正党风、清行风、强作风“三风建设”，进一步规范党内政治生活，培育良好政治文化，重点围绕“教育、制度、监督、改革、纠风、惩治”六项任务，将反腐倡廉建设监督制约要素有机纳入安全监管“五权”运行关键环节和“三重一大”事项监管机制体系建设当中，着力构建反腐倡廉教育机制、权力监督制约机制、改革创新治本机制、纠风治乱长效机制、防控风险内控机制体系，确保权力受到严格的监督和约束，用好的制度管人、管事、管作风、管安全。

3. 要防控风险，切实把纪律和规矩挺在前面。要准确把握监督执纪“四种形态”的深刻内涵，结合安全监管实际和工作特点，积极推行执纪问责负面清单管理，把“不应为、不能为、不许为”事项逐一列出清单，有效防控履职风险。通过健全廉政勤政约谈工作机制，抓早抓小，防患未然；通过观看典型警示案例、参观警示教育基地、营造廉政文化阵地等多种形式，警示教育，筑牢防线；通过严肃纪律审查工作，对违反党纪党规的行为严惩不贷，惩前毖后。

4. 要加强组织协调，强化监督执纪工作合力。驻安监纪检组在组织协调和执纪监督自治区安监局落实“主体责任”的同时，要牵头建立与驻在部门组织人事、机关党委（纪委）和市、县（区）纪委派驻安监机构的沟通协调和联合监督机制，形成党内监督、行政监察、效能监察和执纪监督合力。

大事记

DASHIJI

2017年宁夏反腐倡廉建设大事记[①]

徐东海

2016年12月22日至23日，自治区党委十一届九次全会在银川举行，会议审议通过的《中共宁夏回族自治区委员会关于推进从严治党若干问题的意见》，引起宁夏广大党员干部的高度关注和强烈反响。

1月

4日，自治区2017年将严控“文山会海”，以政府名义下发的文件和召开会议的数量力争比2016年下降5%，防治“四风”反弹，腾出更多精力研究和推动工作。

5日，自治区党委书记李建华主持召开党委常委会议，传达学习习近平总书记关于党内法规制度建设的重要指示和全国党内法规工作会议精神，研究贯彻落实意见。

6日，宁夏回族自治区纪委日前对中卫市政府原党组成员、副市长左新波严重违纪问题进行了立案审查。

6日，自治区党委书记李建华主持召开党委常委（扩大）会议，学习

作者简介　徐东海，宁夏社会科学院社会学法学研究所助理研究员。

①《2017宁夏反腐倡廉建设大事记》主要根据2017年《宁夏日报》、自治区纪委监察厅网站信息整理。

习近平总书记在十八届中央纪委七次全会上的重要讲话精神，强调要深入学习领会，把握精神实质，切实把思想和行动统一到中央的决策部署上来，扎实做好宁夏党风廉政建设和反腐败工作，奋力开创全面从严治党新局面。

7日，《2017宁夏反腐倡廉蓝皮书》发布。

16日，自治区纪委于近日严肃查处了自治区环境保护厅党组成员、自治区纪委驻环境保护厅纪检组组长蔡琦，自治区环境保护厅党组成员、副厅长、自治区环境保护监察执法局局长孔令彬，自治区环境保护厅副巡视员谢利，自治区环境保护厅党组成员、副厅长强小媛4名党员领导干部顶风违反廉洁纪律，自2014年至2016年间收受他人所送购物卡和现金问题。

17日，宁夏回族自治区农牧厅副厅长、党组成员吴万俊涉嫌严重违纪，接受组织调查。

17日，宁夏回族自治区吴忠市政协党组成员、原副主席叶铁强涉嫌严重违纪，接受组织调查。

20日，中国共产党宁夏回族自治区第十一届纪律检查委员会第八次全体会议在银川召开，自治区党委书记李建华强调：加强党风廉政建设和反腐败斗争，推动全面从严治党向纵深发展。

23日，自治区党委书记李建华主持召开纪检巡视干部座谈会，听取对推进全面从严治党、加强党风廉政建设和反腐败工作的意见建议。

2月

3日，自治区人大常委会党组副书记马三刚主持召开党组（扩大）会议，传达学习十八届中央纪委七次全会和自治区纪委十一届八次全会精神。

4日，2017年自治区区直统战系统党风廉政建设工作会议召开。

15日，全区纪检监察机关执纪审查工作会议暨业务培训班在银川举行，会议总结2016年执纪审查工作，部署2017年工作任务。

5日，自治区党委办公厅、政府办公厅下发通报，严肃追究“银川市‘1·05’公交车放火案”中11名干部失职渎职责任。

14日、16日，自治区党委常委、纪委书记许传智在银川市、石嘴山市调研党风廉政建设和反腐败工作时强调，要强化监督执纪问责、推进全面从严治党向纵深发展。

23日，自治区党委常委、纪委书记许传智就脱贫攻坚及党风廉政建设和反腐败工作情况进行实地调研时强调，要严查扶贫领域腐败问题、为打赢脱贫攻坚战提供纪律保障。

24日，自治区纪委召开“查处涉农扶贫领域腐败问题专项行动”协调推进会暨第一次联席会议。

25日，自治区主席、政府党组书记咸辉主持召开政府党组会议，传达学习中央省部级主要领导干部专题研讨班和自治区党委领导干部学习贯彻党的十八届六中全会精神专题研讨班精神，审议通过《自治区政府党组工作规则（试行）》《自治区政府党组关于严格落实党风廉政建设主体责任的实施意见》和《自治区政府党组2017年度党风廉政建设责任书》，研究进一步加强政府党组自身建设的具体措施。

27日，自治区党委巡视工作领导小组召开巡视工作动员部署会，传达学习十八届中央第十二轮巡视工作动员部署会议精神，安排部署十一届自治区党委第十六轮巡视工作。

27日，宁夏回族自治区纪委对吴忠市政协原党组成员、副主席叶铁强严重违纪问题进行了立案审查。

28日，自治区高院召开全区法院党风廉政建设和反腐败工作会议。

28日，自治区区直宣传文化系统党风廉政建设工作会议在银川召开。自治区党委常委、宣传部长赵永清出席会议并讲话，与区直宣传文化系统主要负责同志签订《党风廉政建设责任书》。

3月

20日，自治区纪委监察厅召开机关全体干部大会，传达学习全国两会精神暨全区领导干部大会精神。

31日，自治区政府召开廉政工作会议，学习贯彻党的十八届六中全会、中央纪委十八届七次全会、国务院第五次廉政会议和自治区党委十一届九次全会、自治区纪委十一届八次全会精神，总结2016年全区政府系统廉政建设工作，安排部署2017年政府系统廉政建设工作。

4 月

4 日，固原市 2017 年打造监管平台“331”机制全覆盖，给涉农资金“晒太阳”，清理“微腐败”。

5 日，宁夏回族自治区财政厅副厅长、党组成员董锋涉嫌严重违纪，接受组织调查。

5 日，宁夏农业投资集团有限公司总经理、党委副书记陈延涉嫌严重违纪，接受组织调查。

7 日、10 日至 12 日，自治区党委常委、纪委书记许传智到吴忠市调研脱贫攻坚、党风廉政建设和反腐败工作情况时强调，要准确把握形势，强化责任担当，推进全面从严治党向纵深发展。

5 月

4 日，银川市纪委监察局依据党内法规，结合实际出台了《关于加强纪检监察干部监督的意见》，以“七项纪律、七条禁令、十项措施”规范全市纪检监察干部行为。

15 日，自治区纪委发布消息，2017 年春节后，宁夏开展落实中央“八项规定”精神“回头看”第 5 轮督查，其中 8 家单位存在的问题较多。日前，自治区纪委对这 8 家单位党组织主要负责人和综合监督部门的派驻纪检组组长进行了约谈。

23 日，自治区纪委十一届九次全会在银川召开，会议审议通过了十一届自治区纪委向自治区第十二次党代会的工作报告。

6 月

5 日至 9 日，自治区第十二次党代会在银川召开，从会前、会中到闭幕，宁夏始终将纪律和规矩挺在前面，坚持教育在先、警示在先、预防在先，为确保换届风清气正提供了坚强纪律保证。

14 日，自治区纪委监察厅召开委厅机关、巡视机构、派驻机构干部大会，学习贯彻自治区第十二次党代会精神。

19 日，银川市纪委发布消息，银川市委日前印发了《关于成立银川市反腐倡廉宣讲团并建立宣讲工作长效机制的通知》，对开展经常性反腐倡廉宣讲活动并形成长效机制作出明确规定。

22 日，宁夏回族自治区发展和改革委员会主任、党组书记张八五涉嫌严重违纪，接受组织审查。

7 月

6 日，宁夏回族自治区环境保护厅总工程师、党组成员司继涛涉嫌严重违纪，接受组织审查。

14 日，自治区主席、政府党组书记咸辉日前主持召开自治区政府党组会议，传达学习新修改的《中国共产党巡视工作条例》，中央纪委扶贫领域监督执纪问责工作电视电话会议精神和《自治区党委关于深入贯彻中央八项规定精神进一步加强和改进自治区党委常委会作风建设的若干意见》。

15 日，银川市西夏区日前针对“同级监督”这一党内监督的薄弱环节，率先出台《关于加强纪委对区委常委班子及其成员监督办法（试行）》，推动同级党委权力规范运行，从源头上预防违规违纪。

18 日，自治区政协召开党组（扩大）会议。会议传达学习自治区党委《关于深入贯彻中央八项规定精神进一步加强和改进自治区党委常委会作风建设的若干意见》，传达学习中央新修订的《中国共产党巡视工作条例》。

19 日，宁夏回族自治区纪委于日前对自治区农牧厅原副厅长、党组成员吴万俊严重违纪问题进行了立案审查。

19 日，宁夏回族自治区纪委于日前对宁夏农业投资集团有限公司原总经理、党委副书记陈延严重违纪问题进行了立案审查。

21 日，自治区党委巡视工作领导小组召开 2017 年第三次会议，专题学习新修改的《中国共产党巡视工作条例》，研究宁夏学习贯彻意见。

8 月

9 日，平罗县于近日在全区率先为 6000 余名干部建立电子廉政档案，运用信息化手段加强干部廉政建设。

14 日，自治区党委召开常委会议，传达学习习近平总书记在中央政治局常委会会议上关于上半年经济形势的重要讲话精神，学习贯彻《中国共产党巡视工作条例》《关于市县党委建立巡察制度的意见》，审议并原则通过有关文件。

25 日，宁夏医科大学副校长、党委常委、宁夏医科大学总医院院长杨银学涉嫌严重违纪，接受组织审查。

27 日，宁夏农垦集团有限公司原董事长、党委书记王永忠涉嫌严重违纪，接受组织审查。

9 月

4 日，宁夏回族自治区纪委驻交通运输厅纪检组于日前对宁夏公路建设管理局高速公路建设管理处原处长冯欲晓、建设三处原副处长王建东严重违纪问题进行了立案审查。

11 日，宁夏回族自治区宁东能源化工基地党工委常务副书记、管委会副主任张湧涉嫌严重违纪，接受组织审查。

20 日，宁夏回族自治区纪委于日前对自治区财政厅原副厅长、党组成员董锋严重违纪问题进行了立案审查。

24 日，自治区党委书记石泰峰日前主持召开常委会议，研究审议并通过了《自治区党委巡视工作办法》《自治区党委关于市、县(区)党委建立巡察制度的实施意见》《自治区党委巡视工作规划（2017—2022 年）》，对全区巡视巡察工作进行安排部署。

10 月

1 日，银川市各小学学生于日前领到了《廉洁教育》课本。

17 日，银川市有关部门发布消息，为支持和保护银川市党和国家机关工作人员干事创业、改革创新，营造鼓励干部干事创业的良好环境，日前，银川市出台《支持干部干事创业建立容错机制实施办法（试行)》。

20 日，党的十九大代表、自治区党委书记石泰峰在讨论中央纪委工作报告时指出，要牢记全面从严治党永远在路上，以更大的决心、更大的勇气、更大的气力，奋力夺取反腐败斗争压倒性胜利。

23日，海原县相关部门发布消息，因制止违章建筑、毁林建房、违法占地建房等行为不力，海原县20名涉事干部被该县纪委集中查处，依情节轻重分别给予诫勉谈话、免职及立案审查处理。

30日，为推进全面从严治党向纵深发展、向基层延伸，根据中央和自治区关于开展市县巡察工作的部署，银川市委于近日率先在全区出台《银川市巡察工作实施办法（试行）》，进一步规范市委巡察工作，使巡察工作有章可循、有据可依，为全面落实从严治党责任提供有力保障。

11月

1日，永宁县纪委发布消息，近5年来该县纪检监察机关共初核问题线索411件，立案223件，处分党员干部195人，问责246人次，收缴违纪资金275万余元。

1日，盐池县纪委发布消息，盐池县纪委于日前开展严肃查处违反中央“八项规定”精神和隐形变异“四风”问题专项行动，进一步扩大监督范围和对象，紧盯公款吃喝、婚丧嫁娶大操大办等隐形变异“四风”问题，重在解决一些公职人员存在的认识不高、事不关己、侥幸心理等问题，对违纪行为严打快惩，加强曝光力度，营造良好的社会风气。

6日，宁夏回族自治区纪委于日前对自治区环保厅原党组成员、总工程师司继涛严重违纪问题进行了立案审查。

6日，宁夏回族自治区人大财政经济委员会主任委员、机关党组成员周舒涉嫌严重违纪，接受组织审查。

6日，宁夏回族自治区交通运输厅厅长、党委书记许学民涉嫌严重违纪，接受组织审查。

9日，盐池县纪委发布消息，为解决在打赢脱贫攻坚战过程中存在的侵害群众利益行为突出问题，盐池县纪委日前在全县开展为期1个月的扶贫领域突出问题专项整治活动，围绕8个方面的整治内容，深化扶贫领域监督执纪问责，确保扶贫资金安全。

16日，银川市相关部门发布消息，2017年以来，银川市坚持从严教育、从严监督、从严惩治、从严问责，持续正风肃纪，严厉惩治腐败，全力营造风清气正的政治生态。1—10月，银川市纪检监察机关共初核问题线索932件，立案465件，处分394人，同比分别上升91.4%、72.9%、65.5%。

24日，银川市金凤区人民检察院发布消息，2017年1—9月，该检察院共立案侦查贪污贿赂案件6件11人，与2016年同期相比案件数和人数分别上升50%和63.6%，挽回经济损失49万余元。

28日，宁夏回族自治区纪委于日前对自治区宁东能源化工基地党工委原常务副书记、管委会原副主任张湧严重违纪问题进行了立案审查。

28日，自治区党委书记石泰峰主持召开常委（扩大）会议，传达《中共中央关于张阳严重违纪违法问题及自缢死亡情况的通报》。大家一致表示，坚决拥护党中央对张阳严重违纪违法问题的调查处理，坚决把思想和行动统一到党中央通报精神上来，坚决维护以习近平同志为核心的党中央权威和集中统一领导，在政治立场、政治方向、政治原则、政治道路上同以习近平同志为核心的党中央保持高度一致，进一步增强政治意识、大局意识、核心意识、看齐意识，营造风清气正的政治生态，坚定不移推进反腐败斗争。

12月

7日，石嘴山市相关部门发布消息，2017年以来，通过健全完善制度体系，将“从严管理干部”贯穿于干部选拔任用、培养教育、日常监督、问责追究等环节，推动干部管理监督工作“融入日常、抓在经常、形成长效”。

11日，自治区党委召开常委会议，传达学习习近平总书记关于进一步纠正“四风”、加强作风建设重要批示精神，研究贯彻意见。会议强调，要提高政治站位，持之以恒正风肃纪，紧盯关键少数，坚持以上率下，认真查找和解决“四风”突出问题，以永远在路上的坚韧和执着，锲而不舍推动作风建设取得新成效。自治区党委书记石泰峰主持会议。

11日，自治区党委书记、人大常委会主任石泰峰到银川市就推进国家监察体制改革试点工作情况进行调研并召开座谈会。他强调，要认真学习贯彻党的十九大精神，以习近平新时代中国特色社会主义思想为指导，提高政治站位，吃透中央精神，严格落实责任，严格按照方案实施，确保监察体制改革试点工作有力有序推进。

12 日，宁夏高级人民法院传达学习习近平总书记关于进一步纠正“四风”、加强作风建设的重要批示精神，要求全区法院坚持司法为民、公正司法工作主线，认真查找司法作风中存在的“四风”问题，特别是官僚主义、形式主义等突出问题，坚决纠正慵懒无为、不愿干事、推诿扯皮、怕担责任的现象。